지능의 테크놀로지

정보화 시대의 사고의 미래

피에르 레비(Pierre Lévy) 지음 ■ 강형식 · 임기대 옮김

철학과현실사

파시픽에게

●

●

●

▣ 한국어 번역판 저자 서문

한국어 번역판 출판이 이루어지게 되어서 진정으로 기쁘고 영광스럽게 생각합니다. 이 책을 출판한 이후, 저는 불교도가 되었고, 여러 아시아 문화를 적극적으로 음미하고 있습니다. 제가 생각하기로는 새로운 커뮤니케이션 기술을 통해 서양과 동양이 가장 훌륭한 측면에서 서로 결합될 수 있다고 믿습니다. 더 나아가 이 기술은 인류 전체의 심층적 통일을 실현하게 해 줄 것입니다.

망 안에서의 하이퍼텍스트가 바로 텍스트의 미래라고 제가 10년 전에 이 책의 앞머리에서 말했을 때는, 그 동안 이루어진 월드와이드웹(WWW)의 경이적인 폭발에 의해서 이렇게 마술적으로 그 말이 입증까지 되리라고는 생각하지 못했습니다. 이 책에서의 기술에 대한 설명은 명백한 것이 되었으며, 비록 몇몇은 사장된 것도 있기는 하지만, 그 개념들 자체는 그대로 유효하다고 믿습니다. 사이버 문화의 이론과 실행은 더 인간적이고, 더 우호적이며, 더 자연 존중적인 미래의 탐색과 창조를 위한 가장 훌륭한 통로라고 확신합니다. 이 책의 제Ⅲ부에서 다루어진 문제인 인지 생태는, 상호적 커뮤니케이션에 의한 우리 정신들의 뒤섞임을 지칭할 뿐만 아니라, 모든 생명 형태와 우리가 맺는 상호 연관 관계를 동시에 지칭하고 있습니다.

이 책이 출판된 이후, 10여 권의 다른 책을 출판하였는데, 독자들께서는 첨부된 후기를 통해서 저의 현재 생각을 읽을 수 있을 것입니다.

차 례

차 례

차 례

차 례

차 례

차 례

차 례

서 론

기술에 직면해서

무선 통신과 정보 과학의 세계에서는 사고 방식과 함께 어울리는 방식이 새롭게 만들어진다. 사람들 사이의 관계, 작업 그리고 지능 그 자체도 사실 온갖 종류의 정보 기기들의 끊임없는 변화에 종속된다. 쓰기, 읽기, 보기, 듣기, 구상하기, 배우기 등의 일이 나날이 개선되는 정보 기기에 의해서 이루어진다. 이제 경험과 이론의 옛날 구분 방식을 교정해주는 복잡한 장치가 없이는 과학적 연구도 불가능해진다. 20세기말이라는 현 시점에 이르러, 아직 인식론자들에 의해 검토되지 않은 모델인 *시뮬레이션(모사)을 통한 지식*이 대두되고 있는 것이다.

오늘날 기술은 인간 세계의 자체적 변화가 일어나는 근본적인 차원에 속한다. 사회 생활의 모든 면에 대해 기술-경제적 현실이 점점 더 깊은 영향을 미치고 있고, 지적 영역에서도 눈에 보이지 않는 변화가 일어남에 따라, 현대인들은 기술을 오늘날의 주요 정치, 철학적 주제 중의 하나로 인식하고 있다. 그런데 기술의 발전이라는 세계적 추세에 의해 인간 집단에 제기된 문제들의 성격과 이런 주제에 대한 "집단적" 논쟁 혹은 차라리

*미디어*를 통한 논쟁 상황 사이에는 착각하기 쉬운 차이가 있음을 인정하지 않을 수 없다.

역사적 근거를 통해 이러한 차이를 이해할 수 있다. 정치철학과 지식에 대한 성찰이 구체화된 것은 가공 기술과 통신 기술이 상대적으로 안정되었거나 혹은 예상된 방향으로 발전할 것 같았던 시기에 이루어졌다.

한 세대 정도의 시간 속에서, 사회-기술적 배열이 정치, 군사, 과학적인 사건이 전개되는 *토대*를 형성하였다. 몇몇 전략이 기술 혁신을 중심으로 해서 구체화되었다고 해도, 그것은 예외적인 경우일 뿐이었다[77].[1] 모든 것은 산업혁명과 더불어 변하기 시작했다. 하지만 마르크스나 몇몇 다른 사람들의 분석에도 불구하고 불가해한 부분은 여전히 남아 있다. 20세기에 깊은 성찰의 대상이 된 것은 엔진이나 도구-기계뿐이었지만, 이 밖에도 화학, 인쇄술의 완성, 사무 기기 제조업, 통신과 운송의 새로운 수단, 전기 조명 등에 의해 유럽인의 생활 환경이 변화하고, 다른 지역의 균형이 깨어져 왔다. 진보에 대한 환호성으로 패배자들의 불평이 가려졌고, 사고의 침묵이 은폐되었다.

오늘날 아무도 더 이상 진보를 믿지 않으며, 인간 집단의 기술적 변모가 이토록 명백하게 드러난 적은 결코 없었다. 미디어의 장면이 아니고는, 더 이상 사회-기술의 *토대*는 존재하지 않는다. 사회적 기능과 인지 활동의 기반 자체가 개개인이 직접 감지할 수 있을 만큼 빠르게 변하고 있다. 연도별, 월별로 달라지는 것이다. 하지만 비록 우리가 민주주의 체제에서 살고 있음에도 불구하고 사회-기술의 과정이 명시적이고 집단적으

---

1) (원주) 대괄호 안의 숫자는 책 뒷부분의 참고 문헌을 가리키는 것이다. 또한 각 장에서 인용하거나 참고한 책의 제목은 각 장의 끝에 다시 기록해놓을 것이다.

로 토의되는 일이 거의 없으며, 또한 시민 전체에 의해 결정되는 일도 별로 없다. 기술 현상에 대한 정신적인 재적응은 우리가 기술-민주주의를 점진적으로 건설하는 데 필수불가결한 전제 조건인 것 같다. 우리가 여기에서 기여하고자 하는 것도 바로 이러한 재적응을 위한 것으로서, 지적 테크놀로지라는 구체적 경우를 다룰 것이다.

어떤 민주적인 토론이나 "정치적인" 결정 대상으로 정보 과학의 발전을 다룬다는 것은 별로 적합하지 않다고 반박할 수도 있을 것이다. 그렇지만 우리가 보기에는 기업의 정보화, 정보통신망의 구축 혹은 학교에 컴퓨터를 "도입"하는 등의 작업에는 수많은 방향 결정 토론이 필요하며, 기술, 정치, 문화적 계획이 복잡하게 얽혀진 다양한 대립이나 협상을 야기할 수 있다고 생각한다. 프랑스 학교 정보화를 예로 들어보자. 1980년대에 상당한 액수의 돈이 교사를 양성하고 장비를 갖추는 데 지출되었다. 몇몇 교육자들의 열정을 바탕으로 여러 긍정적인 시도가 이루어지긴 했지만, 전체적인 결과는 상당히 실망스러웠다. 왜 그럴까? 분명히 학교는 5000년 전부터 교사의 말하기 / 받아쓰게 하기와 학생들이 손으로 쓴 글씨, 그리고 4세기 전부터는 인쇄술을 적절히 사용하는 것을 기반으로 지탱되어온 기관이다. 그러므로 (시청각 기기처럼) 정보 기기의 진정한 도입은 1000년 이상 지속되어온 인류학적 체질을 저버릴 것을 전제로 하고 있는데, 그것은 몇 년 안에 이루어질 수 없는 일이다. 하지만 사회 정신의 "저항"은 이것을 태연하게 감수하였다. 정부는 끊임없이 고장을 일으키고, 호환성이 약하며, 교육적인 용도에는 별로 적합하지 않은 가장 나쁜 품질의 장비를 선택했다. 교사들의 교육도 프로그래밍(많은 유형 중의 어떤 한 가지 유형의 프로그래밍) 입문에만 국한되었다. 그것이 마치 컴퓨터의 유일한 용도인 것처럼!

우리는 이 문제에 대해 이전의 수많은 경험으로부터 교훈을 끌어냈는가? 인지 생태(認知生態)에서 일어나고 있는 변화를 분석해보았는가? 또 장기적인 안목에서 교육 체계 발전 방향을 설정하기 위해 지식 구성 및 전달의 새로운 방식을 분석해보았는가? 분명 아니다. 우리는 교실에 새로운 기계를 도입하는 것을 서둘렀다. 기술 발전에 보조를 맞추고 그것을 이용하면서 동시에 기술 발전 방향을 유도해가는 진정한 정치적 계획을 수행하기보다는 단지 어느 장관이 나와서 현대화의 *이미지*를 보여주려고 했고, 실제로 그런 이미지들밖에 얻지 못했다. 기술에 대한 완전히 잘못된 생각, 그것에 "적응"해야만 한다고 사람들이 생각했던 (혹은 하도록 하는) 기술의 소위 "필연성"에 대한 잘못된 생각을 가지고 있던 탓에, 정부와 교육부는 기자재 제작자들이나 소프트웨어 기획자들에게 확고한 제약을 강요하지 못했다. 그들은 발명하도록 요구받지 않았다. 그들의 출자자들은 정책과 문화가 물질적 인터페이스의 세밀한 부분 혹은 잘 고안된 소프트웨어의 시나리오를 통해 걸러져 나올 수도 있다는 것을 이해하지 못한 듯이 보인다.

그래서 나는 이 책에서, 일반적인 의미의 정보 과학이나 컴퓨터의 확고부동한 본질이 존재하는 것이 아니라 단지 논쟁거리가 있고, 부분적으로 규정되지 않은 열려진 새로운 지적 테크놀로지의 영역이 있다는 것을 보여주고자 한다. 아무것도 사전에 규정된 것은 없다. 다국적 기업의 지도자들, 노련한 경영자들 그리고 창조적인 엔지니어들이 완벽하게 알고 있는 점은(교육부는 그것을 몰랐던 것 같다), 성공적인 전략이란 여러 "기술적인" 세부 사항들을 거치게 되며, 그것들 중 어떤 것도 무시할 수 없으며, 그것들 모두 기술적인 동시에 분명히 정치적이고 문화적이라는 사실이다.

그러므로 여기에서는 "기술에 대한 새로운 철학적 비판"을 하려는 것이 아니라, 오직 현장에서만 만들어질 수 있는 기술-민주주의의 실제적인 가능성을 밝혀내고자 한다. 정치철학은 더 이상 과학과 기술을 무시할 수 없다. 기술은 정치적인 논쟁거리일 뿐만 아니라 또한 도처에서 *현재 실현되고 있는 미시정치(micro-politique en acte)* 그 자체다. 이점에 대해서는 앞으로 우리가 정보 과학 인터페이스 경우에 대해 상세히 보게 될 것이다.

기술의 문제는 여러 문제의 교차점에 위치한다. 그 문제가 정치철학을 재검토하도록 유도하면서, 마찬가지로 지식 철학도 새롭게 조명하도록 자극할 것이다. 오늘날 우리는 17세기에 인쇄술이 보급되면서 정착되었던 지식 구성 형태가 개편되는 것을 경험하고 있다. 인지 생태를 해체시키고 다시 만들면서, 지적 테크놀로지는 우리의 현실 파악을 지배하는 거대한 문화적 초석을 파생시키는 데 공헌한다. 나는 신화, 과학, 이론, 해석, 객관성과 같은 지식 철학의 일상적 범주가 몇몇 지적 테크놀로지에 의해 자리매김된 역사적 용도와 긴밀하게 연결되어 있다는 것을 보여줄 것이다. 내가 말하고자 하는 바는, 지식을 사회적으로 운영하는 기본 방식으로서 말, 문자, 정보 과학이 계승되는 것은 단순한 대치에 의해 이루어지는 것이 아니라, 무게중심을 분할하고 이동시킴으로서 이루어진다는 것이다. 구전지식과 문자에 토대를 둔 지식 장르는 물론 여전히 존재하고 있으며, 아마 영원히 존속될 것이다. 따라서 여기서는 정보화가 초래할지도 모르는 문화적 파국을 예견하고자 하는 것이 아니라, 지식 장르와 지적 테크놀로지 사이의 연관성을 정확하게 분석하기 위해 인지심리학과 기록 방법 역사의 최근 작업을 이용하고자 한다. 이것은 우리에게 테크놀로지적인 어떤 결정론을 제공하는 것이 아니라, 비록 역사의 주역들이 주도권과 해석의 여지를 상당히 많이 갖기는 하지만, 표현의 기록과 처리 기술이 어떤 문화적 발전을 *가능하게* 하거나 *좌우한다*는 생각을 갖게 할 것이다.

결국 지적 테크놀로지에 대한 우리의 성찰은 우리로 하여금 인간의 가장 근본적인 몫에 대해 질문을 던지게 한다. 물질적 장치와 사회-기술 집단이 우리의 생각을 속속들이 알고 있을 때, 지식의 주체와 객체간의 명료한 구분은 어떻게 되겠는가? 제도와 정보 과학 기계가 주체의 가장 깊은 곳에 자리잡게 된다. 정신적 테크놀로지와 통신 수단의 다양한 발전은 개인적 주체, 객체, 집단 간의 관계를 끊임없이 재분배하는 *분자적 형이상학 과정*으로 해석될 수 있다. 누가 생각하는가? 객체와 마주한, 있는 그대로의 단세포적인 주체인가? 상호 주체적인 집단인가? 아니면 우리 안에서 생각하고 있는 구조, 언어, *에피스테메(épistémé. 예지)* 혹은 사회적 무의식인가? *인지생태학*의 개념을 전개시키면서, 나는 인간-사물의 사고 집단의 사상을 옹호할 것이다. 그것은 활동적인 독창성과 돌연변이적 주관성으로 가득 찬 역동적 집단이며, 생기 없는 인식론적 주체와 관계가 없고, 또한 "1968년 사고"에서 전성기를 이루었던 형식적 구조와는 거리가 먼 것이다.

『말하는 것과 행동하는 것 사이(*Entre dire et faire*)』[98]라는 책에서, 다니엘 시보니(Daniel Sibony)는 기술적인 대상, 더 일반적으로는 현대적 "작업"의 거대한 기계류가 얼마나 욕망과 주관에 젖어 있는지를 보여주었다. 그가 시도한 열정적인 접근법을 온전히 거부하는 바는 아니지만, 나는 상반된 목표를 추구했다. 그것은 얼마나 많은 *사물*과 *기술*이 지적 무의식 속에 존재하는지를 보여주는 것이다. 사고의 주체가 범세계적인[2] 집단과 가까스로 구분될 만큼(하지만 어쨌든 구분은 되는) 극한적인 정도로 말이다. 이때, 이 범세계적인 집단의 굴곡을 이루는 각 단편들은 차례로 흰색 혹은 장밋빛 색채를 띠는 주관성과 검은색 혹은 회색의 객관성으로 뒤섞이고, 대리석 무늬를 만들거나 혹은 얼룩 무늬를 만든다.

이와 같은 지적 개념에 발맞추어, 나는 기술을 연구하거나 비판하기보다는 *기술이 나의 내면 속에서 사고하도록 종종 내버려두었다*[나의 유명한 선구자인 루이 멈포르(Lewis Mumford)와 질베르 시몽동(Gilbert Simondon)이 그런 것처럼]. 철학가나 역사가가 기술의 지식에 대해 말하기 이전에 먼저 그것을 습득해야 한다는 것은 극히 기본적인 문제다. 그러나 객체의 *영향 아래*에서 가능한 변화에 대해 눈을 뜨기 위해서는 어떤 하나의 "관점"에 머무르지 말고 더 전진해야 한다. 기술, 특히 지적 테크놀로지에는, 철학가들에게는 철학에 대해서, 역사가들에게는 역사에 대해서 가르쳐줄 것들이 많이 내재해 있다.

객체에 의해 전혀 변화되지 않는 사고가 무슨 가치를 지니겠는가? 아마도 우리는 *사물*, 사물에 앞서는 공상, 사물에 활기를 불어넣는 섬세한 기제(mécanisme), 뒤이어 사물이 유도해내는 유토피아에 귀를 기울이면서, 동시에 그것들을 생산하고 사용하고 교환하여 모든 사고와 의사 소통이 가능한 조건과 환경을

---

2) (원주) 세계(*cosmos*)의 시민을 의미하는 *코스모폴리테스(cosmo-politès)*라는 단어는 견유학파 철학자들에 의해 만들어졌고 스토아학파에 의해 다시 사용되었다. 스토아학파의 현자들은 자신이 아테네나 로마의 정치 집단에만 속해 있다고 생각하지 않고, 인간도 노예도 야만인도 별도 꽃도 아무것도 배제하지 않는 우주적인 차원에서 한 도시의 시민임을 알았고 또 그렇게 되기를 원했다. 이 책에서는 범세계주의의 고대 전통으로 돌아갈 것을 권장한다. 그것은 단순히 인류라는 이유에서 뿐만 아니라 성찰과 정치적 행동에서 기술적 차원과 생태적 차원의 완전한 통합을 위해서다.

이루는 주체-객체가 혼합된 집단을 만드는 존재들에 다가가게 될 것이다.

1. 추상성의 오용

문화의 형성과 집단의 지능에서 정보 과학적 테크놀로지의 역할을 알아보려는 이 책의 주된 목표에 접근하기에 앞서, 우선 일반적으로 기술, 오늘날 많은 편견의 대상이 되고 있는 기술이라는 것에 대한 몇 가지 관념을 명시화할 필요가 있는 것 같다.

실제로 최근에 이런 주제를 고찰한 많은 저서가 프랑스어로 출간되었는데, 그 중에 상당수는 대체로 반기술적인 방향을 추구한다. 쟈크 에뤌(Jacques Ellul), 질베르 오트와(Gilbert Hottois), 미셸 헨리(Michel Henry),[3] 어쩌면 다소 정도가 약할지는 모르나 도미니크 쟈니코(Dominique Janicaud) 등이 공통적으로 갖고 있는 과학과 기술의 개념은, 맹목적인 운명의 힘을 동원해 다시금 사회 정신 속에서 인정받으려고 독립을 주장하는 인류의 집단적 변전(變轉, devenir)과 괴리된 것이다. 그들에게서 기술이란 악의 현대적 형태를 구현하는 것이다. 기술을 사악하고 불가피하며 따로 분리된 능력으로 생각하는 것은 불행히도 잘못되었을 뿐만 아니라 파국을 초래한다. 그러한 생각은, 모든 영역에서 권력의 재분배가 협상되고 논의되며 결정적인 것은 아무것도 없다는 것을 잘 알고 있는 새로운 왕자에 대항하는 시민들을 무장해제시킨다. 집단적 변전이나 ("문화적") 의미 작

3) (역주) 참고 문헌의 내용으로 볼 때 "미셸 앙리(Michel Henri)"를 잘못 표기한 것으로 판단됨.

용 세계로부터 인위적으로 분리된 현상에 대해 도덕적인 비난을 *선험적으로* 가하면서, 이러한 개념은 기술과 동시에 기술-민주주의를 생각하는 것을 금지시킨다.

경험적이며 이론적인 수십 개의 연구에 의해 기술 과학에 대한 성찰이 완전히 새롭게 되는 시대에 후설, 하이데거 혹은 에륄과 같은 사람들을 앵무새처럼 되풀이하는 것은 더 이상 있을 수 없는 일이다. 과학과 기술은 정치적이고 문화적인 목적을 내포한다. 그 목적은 너무나 중요해서, 과학에 대해 찬사나 비난을 하는 반목하는 동료들(과학자들이나 과학을 경멸하는 사람들)이 모두 입을 모아 과학을 일상적 사회 작용과 무관한 것으로 치부하는 것을 그대로 둘 수가 없다.

기술 이전에 미리 존재하는 "기술"이 있을 수 없고, 산업 활동 속에서 "기술자 시스템"도 존재하지 않는다. 다만 위치와 시간이 구체적으로 정해진 개인들만이 있을 뿐이다. 집단 생활에서 점점 증가하는 과학과 기술의 중요성을 설명해줄 수 있는 "계산", "형이상학", "서양의 합리성", 심지어 "방법론"조차 더 이상 존재하지 않는다. 이러한 모호한 범-역사적 실재(entité), 가짜-행위자들은 실제로는 아무 효율성이 없고, 따라서 최소한의 실제적인 행위도 초래하지 못한다. 이와 같은 추상적 관념에 직면하면, 어느 누구도 분명히 협상하거나 투쟁할 수 없게 된다. 아무리 세계 최고의 목표를 가지고 있다 하더라도 이런 눈부시고 공허한 거대 개념에 호소하게 되면, 모든 이론이나 설명이나 계획은 단지 판도를 흐리게 하고, 현대의 왕자들을 눈에 띄지 않게 감춰주는 연기 장막을 두텁게 만들고, 시민들이 정보를 얻고 행동하는 일을 좌절시키기만 할 뿐이다.

경제, 사회, 문화 혹은 이데올로기에 의해 기술 과학(techno-science)의 전개를 설명하기 위한 구체적인 분석은 별로 진전되지 않았다. 따라서 우리는 "경제"가 사회를 결정하고, 사회는 이데올로기를 결정하며, 이데올로기는 과학의 일부를 이루고, 과학은 기술에 적용되고, 기술은 생산력의 상태를 변화시키고, 그 상태는 다시 경제를 결정한다는 유명한 도식을 얻을 수 있다.

교차하는 별 모양으로 짜여 있고 필요한 모든 반작용의 고리를 갖춘 도식이라 하더라도 여전히 기만적인 것으로 남게 될 것이다. 왜냐 하면 화살표로 연결되는 것은 *분석의 차원*이며, 더 나쁘게는 분야별로 고정된 시각들이기 때문이다.

하이데거의 말에 의하면, 철학 분야가 과학 분야를 조정한다고 주장한다. 과학의 진실이 형이상학 안에 존재한다는 것이다. 하지만 다른 학문의 분야도 그들의 몫을 똑같이 주장한다. 이를테면 과학은 신학, 역사학, 사회학, 언어학, 경제학 분야와 엔지니어 학파들, 인류학 연구소 등으로 포위되어 있는 것이다. 우리는 포위하고 포위당하는 역할에서 원하는 대로 서로의 상황을 뒤바꾸는 것을 상상할 수 있다. 예를 들어 기술이나 종교가 경제를 결정하고, 경제는 형이상학을 결정한다는 것과 같은 식으로 말이다.

바로 이런 이유에서 기술의 본질이 존재론적이라고 주장하거나(하이데거), 자본주의의 본질이 종교적이라고 주장하는 것(막스 베버) 혹은 형이상학이 결국에는 경제에 종속된다고 주장하는 것(저속한 마르크스주의)은 더 이상 의미가 없다. 사회나 경제, 철학, 종교, 언어, 심지어 과학이나 기술도 실제적인 힘은 아니며, 반복해서 말하자면 분석의 차원, 즉 추상적 관념인 것이다. 이런 이상적인 거대한 실재 중의 어떤 것도 *행동 수단이 없기* 때문에 그 무엇도 결정할 수가 없다.

실제적인 행위자는 시공간에 있는 개개인들이다. 그들은 정열과 도취의 놀이, 권력과 유혹의 술책, 연합과 반연합으로 이루어지는 복잡한 기교에 전념한다. 그들은 수많은 메시지들을 그들 나름대로 훼손하고 왜곡시키고 망각하고 재해석하는 것을 스스로 의무로 삼고, 그것을 상당수의 *방법*을 동원해서 서로 전달한다. 그들은 자기들이 계속해서 변화시키고 왜곡시키는 무수한 *물질적 장치*와 *객체*(기술이 바로 그것이다!)를 교환하는 것이다.

변화하는 집단의 혼탁한 흐름 속에서, 영원하고 축적이 이루어지고 변경이 불가능한 장소는 쉽게 구별된다. 그러나 이와 같은 안정성과 오래 지속되는 경향은 집단의 끊임없는 작업과 경우에 따라서는 내구성이 있거나 재생산이 용이한 *사물*(이것 역시 기술이다!)로 그 작업을 사물화시키는 것을 통해서만 유지된다. 건물, 도로, 기계, 종이 텍스트 혹은 자기 녹음 테이프 등으로 말이다.

인간들을 서로 대립시키고 결합시키는 변화무쌍한 전략을 위해서, 인간은 실제로 동물, 식물, 효모, 색소, 산, 강, 해류, 바람, 석탄, 일렉트론, 기계 등과 같은 비인간적인 힘과 실재를 가능한 모든 방법을 동원하여 이용한다. 게다가 이 모든 것은 무한히 다양한 상황에서 이용한다. 다시 반복하면, 기술이란 비인간적인 요소들을 통해 이루어지는 이러한 전략의 차원에 불과할 뿐이다.

2. 기술이란 전적으로 문화적 · 상징적 · 존재론적 그리고 가치론적인 성격을 띠고 있다

인간과 기술, 생명과 과학, 상징과 실제 작용 혹은 포이에지스(poïésis, 제작)와 검사(檢査) 사이에 아주 명료한 실제적 구분이 존재하는 것은 아니다. 분석 목적을 위해 구분을 도입하는 것은 항상 허용된 일이지만, 몇몇 구체적 목적을 위해 만들어낸 *개념*을 근본적으로 다른 *존재 영역*을 위해 도입할 필요는 없을 것이다.

예를 들어 칸트 이후로 우리는 경험적 영역(지각된 것, 우리가 경험한 것)과 선험적 영역(경험을 가능하게 만드는 것, 지각을 구조화하는 것)을 구분할 수 있다. 『순수이성비판』에서, 칸트는 지각된 세계를 구조화하는 기능을 비역사적이며 불변하는 선험적 주체의 특성으로 간주하고 있다. 오늘날 모든 인종에 대하여 보편적인 인지 특성을 인정한다 할지라도, 알고 생각하고 느끼는 방법은 시대, 문화, 상황에 의해 상당히 조건지워진다는 것이 일반적인 생각이다. 주어진 집단 구성원들의 경험을 구조화하는 것을 *역사적 선험성*이라고 부를 것이다. 우리는 한편으로는 물질적인 도구로서의 사물과 다른 한편으로는 여러 사회 구성원들 눈에 사물들을 *있는 그대로* 나타나게 해주는 이야기, 상징, 상상의 구조 그리고 인식 방법 등이 서로 다르다는 것을 당연히 강조할 수 있다.

그러나 한쪽에는 사물과 기술, 다른 한쪽에는 인간, 언어, 상징, 가치, 문화 혹은 "생명의 세계"를 배치할 때, 사고는 예기치 않은 곳으로 빠져나간다. 다시 한 번 우리는 시각의 차이를 사물 자체를 분리시키는 경계선으로 사물화하는 것이다. 하나의 실재가 경험 대상이 되면서, *동시에* 제도화의 근원이 될 수 있다. 특히 그 실재가 기술에 속하는 경우에 그렇다.

예전의 기술은 문화적이고 가치 있는 것이라고 선언되는 반면에 새로운 기술은 야만적이고 생활에 해로운 것으로 알려질 때, 무분별은 극치를 이룬다. 정보 과학을 비난하는 사람은 결코 인쇄술을 비판할 생각도 하지 못할 것이며, 하물며 문자는 더더구나 비판하지 못할 것이다. 인쇄술과 문자(그것도 기술이다!)가 그를 너무나 *구성하고* 있는 바람에 그것들을 낯선 것으로 지칭할 수 없기 때문이다. 그런 사람은 생각하는 방식, 동료들과 의사 소통하는 방식, 심지어 신을 믿는 방식까지도(우리가 이 책의 다음 장에서 보게 될 것이지만) 물질적 방법에 의해 조건지워진다는 것을 이해하지 못한다.

더 깊이 생각해보면, 기술이란 확실히 역사적 선험성의 성질을 띠고 있다. 지극히 고전적인 예를 들어보면, 우리가 오늘날 유럽이나 북아메리카에서 살아가며 지각하는 시공간이란 시공간에 대한 생각이나 담화에서만 초래되는 것이 아니라 시계, 통신 수단, 운송 수단, 지도제작법과 인쇄 방법 등을 포함하는 거대한 기술적 배열에 의해서도 초래된다는 것을 알 수 있다. 『분배(*La Distribution*)』[97]에서 미셸 세르(Michel Serres)는 증기 기관이 단지 하나의 대상, 기술적 대상일 뿐만 아니라 마르크스, 니체, 프로이트와 같은 학자들이 역사나 심리 현상 혹은 철학자의 상황을 열역학 모델에 의해 생각한 것과 마찬가지로 열역학 모델로 분석될 수 있다는 것을 시사한 바 있다. 나 자신도 『기계 세계(*La Machine univers*)』[71]에서, 컴퓨터는 오늘날 우리가 그것을 통해 세상을 지각하는 이런 기술 장치 중의 하나라는 사실을 보여주고자 했다. 그것은 경험적인 측면(연산 덕택에 이해되고, 화면을 통해 지각되고, 기계를 통해 번역-나열된 모든 현상)에서 뿐만 아니라 선험적 측면에서도 그러하다. 왜냐 하면 오늘날 우리는 점점 더 정보 처리의 눈금을 통해 사회, 살아 있는 사람, 인지 과정을 인식하고 있기 때문이다.

경험은 컴퓨터에 의해 "*구조화*"될 수 있다. 그런데 사물이면서 동시에 선험적 구조가 되는 것은 상당히 많다. 전신기와 전화는 일반적으로 통신을 구상하는 데 쓰였으며, 정보 과학의 구체적 자동 제어 장치와 수학 이론은 가상적 세계관의 기반이 되는 것 등을 거론할 수 있다. 현대 기술의 산물은 도구적이고 산술적인 용도에만 적합한 것이 아니라, 많은 상상 세계의 주요 원천이 되고 지각된 세계를 제도화하는 데에 전적으로 참여하는 실재다.

만약 보고 행동하는 방법들 중에 어떤 것이 오랫동안 많은 사람들에 의해 공유되는 듯하다면(다시 말해서 비교적 지속적인 문화가 있다면), 그것은 제도, 통신 장치, 작업 방식, 자연 환경과의 관계, 일반적인 *기술* 등의 안정성과 수많은 *"주변 상황"*에 기인하는 것이다. 이와 같은 균형은 깨어지기 쉽다. 주어진 역사적 상황에서 크리스토퍼 콜럼버스가 아메리카를 발견했을 때, 유럽의 인간관은 뒤죽박죽이 되었고 콜럼버스 이전의 아메리카 세계(잉카 제국뿐만 아니라 그들의 신, 그들의 노래, 그들 여성의 아름다움, 땅에서 *살아가는* 그들 나름대로의 방식)는 파괴될 위험에 처하게 되었다. 역사적 선험성이 선박 여행에 의해 좌우된 것이다. 만약 사회 집단이 통신의 새로운 장치를 유포시키면, 문자, 알파벳, 인쇄술 혹은 현대 통신 수단과 운송 수단의 경우에서 본 것처럼, 표상과 이미지의 모든 균형이 변형된다.

기술적 변화와 같은 상황이 힘과 표상의 옛 균형을 깨뜨리면, 전대미문의 전략, 들어본 적도 없는 결합이 가능하게 된다. 잡다하고 수많은 사회적 행위자들은 새로운 상황이 잠정적으로 나름의 가치와 도덕과 지역적 문화를 가지고 안정될 때까지 자신들의 이익을 위하여(다른 주체를 희생시키면서) 새로운 가능성을 추구한다. 이런 의미에서 기술적 변화는 선험적 생태학의 역동성에 관여하는 주된 힘 중의 하나다. 기술이란 인간에 대한 망각이나 상징적 고독을 뜻하는 것이 아니라, 그와 반대로 가치론적 풍요의 뿔[4]이거나 형이상학적인 판도라 상자와 같은 것이다.

18세기말에 시작된 현재의 인류학적 변화는, 몇 세기 안에 농업, 축산, 도시, 국가, 문자의 출현을 맞게 한 신석기 혁명과 비교할 만하다. 오늘날 선진국에 영향을 미친 근본적인 모든 변화 중에서 농업 종사자의 소멸, 도처에 깔려 있는 도시 네트워크를 이용한 도시와 농촌 간의 구분의 사라짐, 빨라진 운송 수단과 노동의 산업 구조의 영향을 받은 시공간에 대한 새로운 상상적 세계, 3차 산업을 지향하는 경제 활동의 이동, 생산 활동과 생활 양식에 대한 과학적 연구의 점점 더 직접적인 영향 등에 주목해보자. 시청각적인 통신 도구(제2차 세계대전 말부터)와 컴퓨터(1970년대 말부터)의 급격한 성공에 대한 장기적인 결과는 아직까지 충분히 분석되지 못했다. 하지만 한 가지 분명한 것은, 오늘날 우리는 전환기 중의 한 시대를 살고 있다는 것이다. 표상과 지식의 모든 옛 질서가 아직 안정되지 못한 상상적 세계, 지식의 양상과 사회 조정 양식에 자리를 내주기 위해 동요하고 있는 시기 말이다. 우리는 기술의 새로운 형태, 즉 세계와의 새로운 관계에서부터 출발하여 인류의 한 양식이 창조되는 희귀한 순간을 살고 있는 것이다.

현대 문화의 미래에 대한 어떤 진지한 생각도 전자 미디어(특히 텔레비전)와 정보 과학의 어마어마한 영향을 무시할 수 없다. 지금 이 책에서와 마찬가지로, 『기계 세계(*La Machine univers*)』에서 나는 내가 말하고자 하는 내용을 컴퓨터에 국한시켰다.

그러므로 여기에서 보게 될 것은 일반적인 정보 과학에 대한 예찬이나 비판이 아니라, 증가하는 컴퓨터 사용과 관련된 인류

---

4) (역주) 제우스의 유모인 산양 신의 뿔로서 풍요의 상징.

학적 문제를 평가하려는 시도다. 소프트웨어의 급속한 증가에 직면한 역사적 선험성을 살펴보려는 것이다.

『기계 세계(*La Machine univers*)』가 출판된 지 겨우 2년 만에 거의 비슷한 주제에 관한 이번 책을 집필하게 된 데에는 두 가지 이유가 있다. 먼저 이념적인 측면에서, 지난번의 내 책에 대하여 많은 정당한 비판이 가해졌다.『기계 세계(*La Machine univers*)』에서 설명했던 것처럼, 기술의 발전은, 역사적 변전의 불확실함에서 추출되고 추상화된 구조, 즉 "계산"의 구조에, 동형이나 유추 과정을 통해서 종속되는 것으로 보였다. 게다가 이와 같은 계산 구조는 서양에서 추출된 것이었다. 나는 서양 문화를 복잡한 생태적 역동성과 역사적 상황의 우연한 중첩에서 비롯된 잠정적인 결과로 분석하지 않고, 그리스 이래의 서양 문화를 돌출된 위치, 즉 "계산된" 위치에 자리매김해나갔다. 그리스 문화의 계산적 본질은 번역과 구체적인 매개물에 의해 기술과, 그 뒤에 정보 과학으로 확장되고 강화되면서 우리에게까지 보존되었을 텐데, 이러한 번역과 매개물에 관한 문제, 이런 중요한 문제는, 이미 말했지만, 불행하게도 제기되지 않았거나 혹은 너무 암시적인 방법으로 제기되었다. 그렇다면 이 새로운 책이 순전히 첫 번째 책의 비평이라는 말인가? 아니다. 왜냐 하면 나는 계속『기계 세계(*La Machine univers*)』에서 전개시킨 대부분의 주제, 특히 사고와 세계에 관한 형식적이고 기술적인 이론에 대한 비판을 그대로 주장하고 있기 때문이다. 나는 단지 지난번 저서의 가장 취약한 점에서부터 출발하여 정보 과학의 문화적 귀결에 관한 작업, 즉 사회적 변전을 형성해내는 전달과 번역과 변형을 다루는 작업을 다시 했다는 것을 독자들에게 알리고자 한다. 그러므로 이 책은 바로 인터페이스에 관한 책인 것이다.

두 번째 이유는 대상에 대한 분석자의 입장 변화에서 기인한다. 『기계 세계(*La Machine univers*)』의 저자는 분명히 정보과학과 그 이론, 그것의 실현성과 용도에 대해 길고 세밀한 조사 작업을 추진했다. 그러나 그것은 사회학자로서, 역사학자로서 혹은 철학자로서, 다시 말해 원하건 원하지 않건 간에 *외부로부터* 행한 작업이었다. 반면에 현 저서의 저자는 인식 기술자(또는 인지론자)로서 두 개의 전문가 시스템[5]을 구현하는 데 참여했고, 정보 매체를 통한 대화형 멀티미디어의 여러 계획에 활발히 관여하고 있다. 기술 발전에 관계하는 당사자가 되면서(별로 대단한 역할은 아닐지라도), 일반적으로 말해지는 것보다 훨씬 더 많은 자유의 여지가 이 분야에 존재한다는 것을 알게 되었다. 소위 "기술적 필연성"이란 대부분 계획이나 의도적인 방향 혹은 대립되는 다양한 힘들 사이에 이루어진 타협의 가면에 불과하며, 그것의 대부분은 전혀 "기술"의 특성을 지니지 않는다. 그런데 『기계 세계(*La Machine univers*)』의 관점은 다소 역설적이었다. 물리학, 생물학, 인지학 분야에서는 비결정론적이며 반기계론적이었던 관점이, 기술이 속해 있는 문화적 분야에서는 필연성의 방법들을 유지했기 때문이다.

외부 관찰자의 입장을 버리면서, 나는 모든 거리감과 모든 비판적 정신을 단번에 잃게 되지는 않았을까? 오히려 그 반대다. 우리가 살펴보겠지만, 정보 과학 발전의 주요 경향에 대한 가장 극단적이고 가장 효과적인 비판은 바로 기술의 영역 자체에 위치하고 있기 때문이다. 오늘날 우리가 살고 있는 기술 세계를 만드는 데 공헌하는 발명가나 엔지니어, 과학자, 기업가, 투

---

5) (원주) 『예술의 하나로 생각되는 프로그래밍에 대하여(*De la programmation considérée comme un des beaux-arts*)』, La Découverte, 1992.

자가들은 확실히 경쟁적인 *정치 계획*에 의해 움직인다. 그들은 기술과 사회 관계의 대립적 *상상물*에 관계하는 것이다. 오늘날 도시의 변전이 적어도 선거 결과만큼이나 기술 과학적 발전에 달려 있다면, 내가 기술 활동의 중심부로 가까이 다가감으로써 철학적 의문이나 사회 비판의 영역을 벗어나는 것은 아니다.

이 책의 제 I 부인 "하이퍼텍스트의 은유"는 통신의 정보 과학에 대해 할애된다. 그것이 다른 미디어에 비해 가지는 가장 독창적인 측면을 다루겠다. 우리는 특히 *하이퍼텍스트*(그 개념은 충분히 정의되고 설명될 것이다)가 확실히 쓰기와 읽기의 한 가지 미래상을 나타낸다는 사실을 알게 될 것이다. 그렇지만 후속 내용에서는, 정보 매체를 통한 새로운 통신 기술을 단순히 묘사하는 데 그치지 않고, 항상 기술(記述)의 맥락과 성찰의 맥락을 교착(交錯)시킬 것이다. 의사 소통이란 무엇인가? 의미란 무엇인가? 개인용 컴퓨터의 역사를 추적해보면서, 우리는 기술적 창조가 의미의 해석과 생산 모델에 따라 생각될 수 있고 또 그 모델은 의사 소통의 하이퍼텍스트 이론을 가리킨다는 점을 알게 될 것이다.

새로운 지적 테크놀로지의 출현이 지식 규범의 변화를 동반하는 것이 처음은 아니다. 따라서 책의 제 II 부 "지성의 세 시기 구전·문자·정보 과학"에서는, 오늘날의 발전에 대하여 어느 정도 거리를 유지하면서 역사적인 연속선상에서 그 요소들을 재고할 것이다.

어디에서부터 우리는 정보 과학과 그에 유사한 지식의 유형을 판단할 수 있는가? 우리의 사고 방식에 따라 구전, 문자, 인쇄술에 속하는 모든 것을 분석하면서, 우리는 이전의 지적 테크놀로지와 결부된 정신적 반응 및 기준을 가지고 정보 과학 문화에 적합한 *시뮬레이션을 통한 지식*을 파악한다는 것을 발견하게 될 것이다. 오늘날 그 자리를 잃어가고 있는 이론적이며 비판적인 사고 방식을 절대적인 것으로 생각하지 않고 앞날을 내다보는 것, 그것은 어쩌면 우리에게 의사 소통과 인식의 새로운 방법을 열어줄 피할 수 없는 애도(哀悼)의 작업을 용이하게 해줄 것이다.

이 책에서 주장되는 주제는 관념의 역사보다 더 근본적인 역사, 즉 지능 그 자체의 역사에 근거를 두고 있다. 개개인과 제도, 기술로 구성된 범세계적 집단은 단지 사고를 위한 배경이나 환경이 아니라 사고의 진정한 *주체*다. 그렇기 때문에 지적 테크놀로지의 역사는 사고의 역사를 (결정하지는 않지만) 조건짓는다고 할 수 있다. 바로 이것이 이 책의 마지막인 제Ⅲ부에서 살펴보게 될 *인지생태학*의 주된 주제다. 인지의 생태학적 접근 방법을 제시하면서 현재 진행중인 주체, 이성, 문화의 미래에 관한 논쟁을 새롭게 하는 데 공헌하고자 하는 것이 나의 근본적인 희망이다.

▣ 참고 문헌

CASTORIADIS Cornélius, *L'Institution imaginaire de la société*, Le Seuil, Paris, 1975.

Commission mondiale sur l'environnement et le développement, *Notre avenir à tous* (Rapport BRUNDTLAND), Editions du Fleuve - Les publications du Québec, Montréal, 1988.

DEBORD Guy, *La Société du spectacle*, Buchet-Chastel, Paris, 1967.

DEBORD Guy, *Commentaires sur la société du spectacle*,

Gérard Lebovici, Paris, 1988.

ELLUL Jacques, *La Technique ou l'Enjeu du siècle*, Armand Colin, Paris, 1954.

ELLUL Jacques, *Le Système technicien*, Calmann-Lévy, Paris, 1977.

ELLUL Jacques, *Le Bluff technologique*, Hachette, Paris, 1988.

ESPRIT, numéro d'août-septembre 1983, dossier : *La techno-démocratie, mode d'emploi.*

HEIDEGGER Martin, *Essais et conférences* (trad. André Préaux), Gallimard, Paris, 1958.

HENRI Michel, *La Barbarie*, Grasset, Paris, 1987.

HOTTOIS Gilbert, *Le Signe et la technique*, Aubier, Paris, 1984.

JANICAUD Dominique, *La Puissance du rationnel*, Gallimard, Paris, 1985.

LEVY Pierre, *La Machine univers, création, cognition et culture informatique*, La Découverte, Paris, 1987, et Le Seuil, coll. Points Sciences, Paris, 1992.

MCNEILL. William, *The Pursuit of Power Technology: Armed Forces and Society since AD 1000*, University of Chicago Press, Chicago, 1982.

MUMFORD Lewis, *Technique et civilisation*, Le Seuil, Paris, 1950.

SERRES Michel, *Hermes IV. La distribution*, Minuit, Paris, 1977.

SIBONY Daniel, *Entre dire et faire, penser la technique*,

Grasset, Paris, 1989.
SIMONDON Gilbert, *Du mode d'existence des objets techniques*, Aubier, Paris, 1958.

제 I 부

하이퍼텍스트의 은유

제 1 장

의미의 이미지

1. 문맥 산출

의사 소통의 첫 번째 기능은 정보의 전달이 아니겠는가? 물론 그렇지만, 더 근본적으로 의사 소통 행위는 교환되는 메시지에 의미를 부여하게 될 상황을 규정한다. 정보의 유통은 종종 관계의 상태를 상호 확인하는 기회에 불과하다. 예를 들어, 우리가 동네 상인과 날씨에 대해 얘기할 때, 엄밀한 의미에서 비가 올지 날씨가 좋을지에 대해서는 전혀 알 수 없지만, 우리가 좋은 관계를 유지하고 있다는 것은 서로 확인하게 된다. 하지만 대수롭지 않은 주제에 대해 말하기 때문에 우리의 친밀성이 어느 정도의 선을 넘어서지 못한다는 것도 확인하게 된다.

"개회합니다"라고 선언하거나 몇몇 예외적인 경우에만 말을 하는 것을 통해 행동하는 것은 아니다. 어떤 상황에 참여하는 개개인은 행위나 태도, 말을 통해서 상대방이 염려스러워 하는 표상을 안정화하고 새로운 방향으로 이끌어간다. 이런 관계에서 행위와 의사 소통은 거의 동의어라 할 수 있겠다. 의사 소통은 단지 표현의 측면을 더 직접적으로 겨냥하기 때문에 일반적인 행위와 구분될 뿐이다.

의사 소통 현상의 고전적 접근법에서는, 대화자가 그들에게 던져진 메시지를 해석하기 위해서 문맥을 도입시킨다. 화용론과 의사 소통 미시-사회학의 여러 연구에 의거해, 우리는 여기서 관용적 문제를 뒤집어보고자 한다. 즉 문맥은 단지 메시지를 이해하는 데 유용한 보조물에 불과한 것이 아니라 바로 의사 소통 행위의 대상이라는 것이다. 장기를 둘 때, 매번 두는 수는 앞서 둔 수들을 새롭게 규명해주고 앞으로 두게 될 가능한 수들을 다시 지시해준다. 마찬가지로 의사 소통의 상황에서, 각각의 새로운 메시지는 문맥과 그 의미를 다시 사용하는 것이다. 주어진 한 순간의 장기판 위의 상황은 물론 한 수를 이해하게 해주지만, 연속되는 수가 조금씩 조금씩 그 판을 이루어가는 보충적인 접근법이 아마도 게임의 정신을 훨씬 더 잘 나타내줄 것이다.

의사 소통 활동은 메시지를 이용하여 상대자들이 공유하는 문맥을 명확하게 하고, 조절하고, 변화시키는 것이다. 메시지의 의미는 문맥과 "관련된다"고 말하면서 해결되는 것은 아무것도 없었다. 문맥은 안정된 자료가 아니라 계속해서 재구성되고 협상되는 대상이며 쟁점이기 때문이다. 단어, 문장, 글자, 기호, 얼굴 표정 등은 각기 그 나름대로 이전 메시지 망을 해석하며, 미래 메시지의 의미 작용에 대해 영향을 끼치려 한다.

의미란 상황 속에서 나타나며 주어지는 것이다. 그것은 항상 위치와 시간이 정해지며 일시적이다. 매순간 새로운 설명, 새로운 해석, 새로운 진전에 의해 하나의 문장(예를 들어)이 제시되었을 때 주어졌던 원래 의미가 변경된다.

만약 이와 같은 생각이 어느 정도 유효하다면, 한 조직 안에서 의사 소통을 체계적이고 가상적으로 모형화하는 것은 적어도 불충분하다. 모형화란 거의 언제나 일정 수의 송수신 주체를 지정하고, 필요한 만큼의 반작용 고리를 가지는 정보 흐름 궤적을 그리는 것으로 이루어진다.

조직화된 도식은 정보를 생명력 없는 자료로 축소시키고, 의사 소통을 전달과 해독의 단차원적 과정으로 묘사한다. 그렇지만 메시지와 그 의미는 의사 소통의 한 당사자에서 다른 당사자로 그리고 한 순간에서 다른 순간으로 이동하면서 변화되는 것이다.

정보 흐름의 도식은, 주어진 한 순간에, 의사 소통 구성의 고정된 이미지에 불과하다. 심지어 그것은 일반적으로 그 구성에 대한 하나의 구체적 해석, 의사 소통 활동에서의 하나의 "시도" 일 뿐이다. 그런데 상황은 환경의 변화와 이 변화에 대한 집단적 해석의 부단한 과정의 영향으로 끊임없이 표류한다. 그러므로 조직의 정체성, 구성, 목적은 주기적으로 재규정되는데, 그것은 픽업[6]과 픽업에 의해 수집되는 유효한 정보를 재검토하고, 아울러 조직의 여러 다른 부분들을 각자의 목표로 유도하는 조정 기제(mécanisme)를 재검토하는 것을 의미한다. 의사 소통을 확립시키는 힘은 바로 이와 같이 조직과 환경의 상응적 변모에서 기인된다. 그런 변모는 정보 흐름의 기능적 도식에 의해서는 잘 표현되지 못하는 법이다.

메시지 전달과 처리의 기술적 변화는 통신의 속도와 양태를 변형시키기 때문에, 조직을 재규정하는 데 이바지한다. 그것은 현실의 구성과 해석 활동에서 결정적 행동, 이를테면 "초월적(메타) 행동"이라고 말할 수 있을 것이다.

---

6) (역주) 열, 음성 신호 따위를 전기 신호로 전환하는 장치.

2. 반짝임

그러므로 의사 소통 당사자들은 그들을 하나로 묶거나 대립시키는 의미의 세계를 끊임없이 산출한다. 그런데 문맥을 구성하는 동일한 작업은 메시지에 내재하는 미시 정치의 층위에서 재연된다. 이번에는 작업자들이 더 이상 사람이 아니라 표상의 요소들이다. 예를 들어 구전 의사 소통에서는 단어들의 상호작용으로 청자의 머리 속에 일시적인 의미망이 엮어진다.

내가 한 단어를 들으면, 그것은 즉시 나의 머리 속에 다른 단어와 개념과 모형의 망뿐만 아니라 이미지, 소리, 냄새, 자기 수용적 감각, 추억, 애정 등의 망을 자극한다. 예를 들어 "사과"라는 단어는 과일, 나무, 재생산의 개념을 가리킨다. 그것은 둥그런 모양에 움푹 파인 곳에 달린 꼬리, 다양한 색깔의 껍질로 덮여 있고, 식용 과육(果肉)과 씨를 함유하고 있으며, 먹고나면 속만 남는 대상의 정신적인 모형을 떠오르게 한다.

그것은 또한 톡 쏘는 듯한 그라니 사과, 종종 전분을 많이 함유한 골덴 사과, 감미로운 향기가 나는 멜로즈 사과와 같은 다양한 사과 종류의 맛과 특징을 연상시키며, 노르망디 들판에 있는 마디 굵은 사과나무와 사과 파이에 대한 추억 등을 불러일으킨다. 사과라는 단어는 우리의 기억 전체로까지 점점 확장될 수 있는 이미지와 개념의 망 한가운데 위치해 있는 것이다. 하지만 문맥에 의해 선별된 마디만이 우리 의식 속에 나타날 수 있을 만큼 강하게 자극을 받게 될 것이다.

문맥에 의해 선별된다는 것은 무엇을 의미하는가? "이자벨은 비타민 때문에 사과를 먹는다"는 문장을 예로 들어보자. "사과"와 같은 단어처럼, "먹는다" 혹은 "비타민"이라는 단어는 개념, 모형, 감각, 추억 등의 망을 자극한다. 그리하여 결국에는 문장의 다른 단어들이 동시에 자극하게 되는 사과에 대해 집중된 최소 망의 마디들이 선별될 것이다. 이 경우에는 이미지와 개념이 음식물과 식이요법에 결부된다. 만약 "불화의 씨"나 "뉴턴의 사과"와 관계가 있었다면, 사과라는 단어에 연결된 정신적 이미지와 모형은 차이가 있었을 것이다. 그러므로 문맥이란 주어진 순간에서 거대한 의미 망의 자극 형태를 가리킨다. 의사 소통의 거시적인 접근법을 위해 이미 시도된 바 있는 관점의 전환을 여기에서 반복해보자. 물론 문맥이 단어의 의미를 결정하는 데 쓰인다고 정당하게 주장할 수 있다. 그리고 각 단어가 문맥, 즉 자세히 들여다보면 이미지, 모형, 추억, 감각, 개념, 담화의 부분으로 이루어져 있음이 드러나는 그물 모양의 의미 구조를 산출하는 데 이바지한다고 생각하는 것은 더욱더 정당하다. 가능한 한 넓은 의미로 텍스트와 독자라는 용어를 생각해보면, 모든 텍스트의 목표는 독자에게 거대한 이질적 기억 망의 어떤 한 자극 상태를 유발시키거나, 독자의 내면 세계의 어떤 영역에 대해 독자의 주의를 끌어내거나 혹은 독자의 상상 화면 위에 멀티미디어 광경을 투사하는 것이라고 말할 수 있다.

각 단어는 일정한 선을 따라 자극 활동을 퍼뜨리며 의미망의 자극 상태를 변형시킬 뿐만 아니라, 망의 형태 혹은 그 마디의 구성을 이루거나 재형성하는 데 기여한다. 이자벨이 만두통을 열면서 자기는 식이요법에 신경 쓰지 않는다고 말하는 것을 들었을 때, 나는 음식물과 그녀의 관계에 대한 어떤 이미지를 마음속에 생각했다. 하지만 그녀가 "비타민 때문에" 사과를 먹었다는 것을 알게 되면서, 나는 그녀에 관계된 의미망의 일부를 재정비하지 않을 수 없다. 더 일반적으로 말하자면, 자극 활동의 여정을 지나칠 때마다 어떤 연결은 강화되는 반면 다른 것들은 조금씩 효용 가치를 잃게 된다. 우리의 정신 세계를 구성하고 있는 거대한 연결망은 끊임없는 변모한다. 예를 들어 우리가 담화를 청취할 때 관심의 초점을 매순간 옮긴다면 재조직은 일시적이고 피상적인 것이 될 수 있으며, 우리가 "인생"이나 "오랫동안의 경험"에서 뭔가를 배웠다고 말하는 경우에는 재조직은 심도 깊고 영원한 것이 될 수 있다.

한 단어의 의미란 그 단어 주변에서 한순간 반짝이는 개념과 이미지의 빛나는 얽힘 이외의 다른 것이 아니다. 이와 같은 의미적 광채의 잔류 자기는 다음에 나올 단어에 의해 촉발되는 빛나는 다발의 확장을 유도할 것이며 특별한 하나의 형태, 즉 하나의 총체적인 모습이 의미의 어둠 속에서 한순간 빛을 발할 때까지 그런 식으로 계속될 것이다. 그것은 서서히 하늘의 지도를 변화시키고난 후, 다른 성좌에 자리를 내주기 위해서 사라지게 될 것이다.

3. 하이퍼텍스트의 여섯 가지 특징

의사 소통 당사자나 한 메시지의 요소들은 각각 제나름대로 의미의 세계를 구성하고 개조시킨다. 이번 장 이후에 충분히 살펴보게 될 오늘날의 몇몇 소프트웨어에서 착상을 얻어, 이와 같은 의미 작용의 세계를 *하이퍼텍스트(hypertexte)*라고 부르고자 한다.

우리가 앞으로 살펴보겠지만, 하이퍼텍스트의 구조는 단지 의사 소통만을 설명하지는 않는다. 특히 사회-기술적 과정은, 다른 많은 현상과 마찬가지로, 하이퍼텍스트의 형태를 지니고 있다. 하이퍼텍스트는 아마 *의미 작용(signification)*이 문제되는 모든 현실 영역에 대해서 가치를 지니는 은유가 될 것이다.

하이퍼텍스트의 전형에 대한 다양한 해석의 가능성을 유지하기 위해서 우리는 여섯 가지 추상적 원리로 하이퍼텍스트를 특징짓고자 한다.

1) 변형의 원리

하이퍼텍스트망은 끊임없이 구성되고 재교섭을 하고 있다. 그것은 한동안은 안정될 수 있겠지만, 그와 같은 안정성은 작업의 결실일 뿐이다. 하이퍼텍스트망의 확장, 구성, 윤곽은 관련된 당사자들에게는 끊임없는 쟁점이 되고 있다. 여기서 당사자들이란 사람, 단어, 이미지, 이미지나 문맥의 자질, 기술적 객체 그리고 그 객체의 구성 성분 등을 일컫는다.

2) 이질성의 원리

하이퍼텍스트망의 마디와 연결은 이질적이다. 사람들은 기억 속에서 이미지, 소리, 단어, 다양한 감각, 전형 등을 보게 되고, 그 관계는 논리적, 정서적 등이 된다. 의사 소통에서는 메시지가 다매체적 성격을 띠고, 다양한 양태를 지니며, 유추에 의거하고, 디지털 방식의 성격 등을 지닌다. 사회-기술적 과정은 사람들, 단체, 가공물, 모든 규모의 자연적인 힘들을, 이 요소들 사이에 상상할 수 있는 모든 연상 형태와 더불어서 이용할 것이다.

3) 층위의 다양성과 중첩의 원리

하이퍼텍스트는 "프랙탈"[7] 방식으로 체계화된다. 다시 말해 어떤 마디나 어떤 연결도 분석해보면 하나의 망으로 구성되어 있다는 것이 밝혀질 수 있으며, 그런 식으로 점점 미세한 층위로 무한히 이어진다. 어떤 극단적 상황에서는 한 층위에서 다른 층위로 여러 영향이 퍼질 수가 있다. 예를 들어 어떤 텍스트에서 쉼표(문서의 미세한 망의 요소)의 해석은, 그것이 국제 조약에 관련된 것이라면, 수백만 명의 생활에 영향을 끼칠 수 있다(사회적인 거대한 망의 차원에서).

4) 외재성의 원리

망은 조직적인 통일성이나 내적 원동력을 지니지 못한다. 망의 성장과 감소, 구성 그리고 계속되는 재구성은 새로운 요소의 첨가, 다른 망과의 연결, 최종 요소(픽업)들의 자극 등과 같은 결정되지 않은 외부 요소에 따라 달라진다. 예를 들어, 담화를 듣고 있는 사람의 의미망에서 자극이 활성화되는 상태의 역동성은 단어나 이미지의 외적인 근원에서 유래한다. 사회-기술적 망의 구성에서는 이전에는 속해 있지 않았던 것들, 예를 들어 일렉트론, 세균, 엑스레이, 고분자 등과 같은 새로운 요소들이 언제나 개입하게 된다.

5) 위상(位相)의 원리

하이퍼텍스트에서는 모든 것이 근처나 주변에서 작용한다. 거기에서 현상의 흐름은 위상과 방향의 문제다. 연결하고 해체

---

7) (역주) 자기 자신을 계속 축소, 복제하여 무한히 이어지는 성질을 가리키는 말. 프랙탈이란 말은 IBM 왓슨연구소의 맨델브로(Benoit B. Mandelbrot)가 1975년에 프랙탈 이론을 주장하면서부터 등장했다.

하는 힘이 있고, 메시지가 자유롭게 순환할 수 있는 동질적 보편 공간이란 존재하지 않는다. 이동하는 모든 것은 있는 그대로의 하이퍼텍스트의 망을 차용하거나 혹은 그것을 변경시켜야만 한다. 망이란 것은 공간 안에 있는 것이 아니라 그 자체가 바로 공간*이다*.

6) 중심 이동의 원리

망에는 중심이 없다, 아니 그보다는 항상 여러 개의 중심을 지니고 있다고 말하는 게 나을 것이다. 그 중심들은 끊임없이 움직이며 빛을 발하는 끄트머리의 수처럼 많고, 한마디에서 다른 마디로 건너뛰고, 그 주변에 곁뿌리와 뿌리줄기 같은 수많은 잔가지를 이끌고 다녀서 가늘고 하얀 선들이 잠시 동안 섬세하고 세밀한 지도를 그리고난 후 다른 의미 광경을 그리기 위해 더 멀리 달려간다.

▣ 참고 문헌

ANDERSON John R., *Cognitive Psychology and its Implications* (2e édition), W.H. Freeman and Company, New York, 1985.

BADDELY Alan, *Your Memory : a Users Guide*, McGraw-Hill, Toronto, 1982.

COULON Alain, *L'Ethnométhodologie*, PUF, Paris, 1987.

DELEUZE Gilles, GUATTARI Félix, *Mille Plateaux. Capitalisme et schizophrénie*, Minuit, Paris, 1980.

GARFINKEL Harold, *Studies in Ethnomethodology*, Prentice Hall, Engelwood Cliffs, New Jersey, 1967.

JOHNSON-LAIRD Philip N., *Mental Models*, Harvard University Press, Cambridge, Massachusetts, 1983.

QUÉRÉ Louis, *Des miroirs équivoques*, Aubier Montaigne, Paris, 1982.

STILLINGS Neil *et al., Cognitive Science. An Introduction*, MIT Press, Cambridge, Massachusetts, 1987.

WINKIN Yves (textes recueillis et présentés par), *La Nouvelle Communication*, Le Seuil, Paris, 1981.

제 2 장

하이퍼텍스트

1. 메멕스(Memex)

하이퍼텍스트의 아이디어를 처음 말한 사람은 바네버 부시(Vannervar Bush)로서, 이제는 유명해진 그의 1945년도 논문 「우리가 생각할 수 있는 것처럼(As We May Think)」[62]에서다. 부시는 수학자며 물리학자로서, 1930년대에 초고속 아날로그 계산기를 구상했으며, 최초의 디지털 전자계산기인 애니악의 자금 조달에 중요한 역할을 했다. 그 글이 발표된 시기에, 부시는 전쟁을 위한 미국 과학자들의 연구를 조율하는 기관의 책임자로서 루즈벨트 대통령을 위해서 일을 하고 있었다.

그런데 왜 「우리가 생각할 수 있는 것처럼(As We May Think)」인가? 부시에 의하면, 과학 분야에서 사용되는 정보의 색인 및 조직 체계들은 대부분 인위적이라고 한다. 각각의 사항(item)들은 단지 하나의 항목 아래에만 분류되었고, 배열은 단순한 계층적 구조(부류, 하위 부류 등등)를 이루고 있다는 것이다. 그런데 인간의 정신은 그런 식으로 움직이지 않으며, 연상에 의해 작용한다고 바네버 부시는 말한다. 인간의 정신은 서로 얽힌 망을 따라서 하나의 표상에서 다른 표상으로 건너뛰고, 계속 분기되는 여정을 그려내고, 1945년대의 천공 카드로 된 정보 체계나 오늘날의 데이터베이스보다도 더 복잡한 그물망을 무한히 엮어낸다. 부시는 우리 지능 활동에 내재하는 그물 모양의 과정을 반박할 수 없다는 것을 알고 있다. 그는 단지 거기에서 착상을 얻고자 하는 것이다. 그리하여 부시는 *메멕스*라는 장치를 고안했는데, 이를 통해 그는 고전적 색인 분류 원리에 덧붙여, 연상에 의한 배열과 선별을 기제화하였다.

그 장치에는 우선 많은 이미지, 소리, 텍스트를 포함하는 거대한 멀티미디어 자료 저장고를 구성해야 한다. 어떤 주변 장치는 새로운 정보의 신속한 통합을 용이하게 해주고, 다른 장치는 음성을 문자 텍스트로 자동적으로 변화시켜줄 것이다. 두 번째로 충족시켜야 할 조건은 이와 같은 거대한 자료를 소형화하는 것이다. 이런 작업을 위해 부시는 당시에 발견된 지 얼마 안 되었던 마이크로 필름과 자기 테이프를 사용하려 했다. 이 모든 것은 사무실 가구 하나의 부피에 상응하는 1 또는 2평방미터 안에 수용되어야 할 것이다. 사람들은 스피커를 갖춘 텔레비전 화면을 통해서 정보에 접근하게 될 것이다. *메멕스*를 소유한 행복한 사람들은 색인 분류에 의한 고전적 접근 방식 이외에, 단순한 명령 하나로 어느 하나의 정보와 아무 다른 정보 사이의 모든 계층적 분류와 다양한 관계들을 독립적으로 연결할 수 있게 된다. 일단 관계가 연결되면, 개별 사항이 표시될 때마다 간단히 버튼을 누르는 것으로 그것에 관련된 모든 것을 순식간에 되살릴 수 있게 된다. 부시는 자신이 상상한 장치의 사용자가 지식으로 뒤덮인 거대한 대륙에서 개성적인 자취를 남기며 횡단하는 모습을 우리에게 묘사한다. 아직은 하이퍼텍스트적인 것이라고 할 수 없는 이런 관계를 통해 새로운 지식의 탐색과 생성 과정 자체의 중요한 부분이, *메멕스*라는 과학적 보조 기억 장치 안에서 실현된다. 심지어 부시는 출판 분야에서 일종의 다리 및 도로 공학에 해당하는 새로운 직업을 생각해내는데, 그 임무는 소리와 이미지, 문자 텍스트 등으로 이루어진 거대하고 지속적으로 증가하는 자료체 내부에서 통신망을 정비하는 일이 될 것이다.

2. 제나두(Xanadu)

1960년대 초반에 이르러 최초의 정보 통신용 군용 시스템들이 설치되기 시작되었으며, 컴퓨터는 그때까지도 데이터 뱅크 혹은 문서작성기조차도 엄두를 내지 못하고 있었다. 그럼에도 불구하고 바로 이 시기에 테오도르 넬슨(Theodore Nelson)은 하나의 정보 처리 체계 안에서 비선형적 쓰기/읽기의 아이디어를 표현하기 위해 하이퍼텍스트란 용어를 만들어냈다. 그 이후로 넬슨은 실시간으로 접근이 가능한 거대한 망을 계속 추구하는데, 그것은 세계의 문학과 과학의 모든 보물을 포함하고 있는 일종의 현대 세계의 알렉산드리아 도서관과 같은 것이다. 수백만 명의 사람들이 *제나두*를 활용해서 글을 쓰고, 서로 접속하고, 상호 반응하고, 망에서 사용할 수 있는 텍스트, 영화, 음성 기록을 논평하고, 논평에 주석을 붙이는 등의 일을 할 수 있을 것이다. 가장 이상적인 정보 운송의 상태라고 말할 수 있는 것에는 오늘날 고전적인 언론, 출판이 담당하는 기능의 대부분이 포함될 것이다. *제나두*는 하이퍼텍스트의 이상적이며 절대적인 지평으로서 인류가 그 자신이나 자신의 과거와 나누는 끊임없고 다양한 대화의 구현과 같은 것이 될 것이다.

어쨌든 바네바 부시와 테오도르 넬슨 이후로 수천 개의 하이퍼텍스트가 개발되고 열람되었음에도 불구하고, 현재로서는 그것들 중 어떤 것도 두 선각자에 의해 상상됐던 세계적인 규모를 갖추지는 못했다. 그것은 세 가지 이유에서 비롯된다. 우선 엄밀히 정보 과학적 측면에서, 일정한 크기의 규모를 넘어서는 데이터베이스를 아직 프로그래밍하지 못한다. 많은 양의 정보를 관리하기 위해 어떤 한계 안에서 효율적이었던 알고리즘은 *제나두*나 *메멕스* 같은 계획에 내포되어 있는 엄청나게 거대한 양의 자료를 취급할 능력이 없는 것으로 드러난다. 두 번째로, 오늘날 수많은 상이한 매체에 흩어져 있는 정보를 색인 분류하고 디지털화하고 획일적으로 배열하는 작업은 개선된 장비를 동원해야 하고, 많은 전문가들이 모여야 하며, 그리고 특히 많은 시간을 필요로 한다. 다시 말해 막대한 비용이 든다. 마지막으로 역시 상당히 어려운 문제인데, 거대한 하이퍼텍스트를 구성하는 일에 전제가 되는 것은 사용자를 조직하고, 구분하며, 연출하고, 그들을 수행해서 방향 제시를 하는 섬세한 작업이다. 또한 이 작업은 아주 다양한 대중에 맞추어 이루어져야 한다. 그런데 1990년대에, 보편적 성향의 하이퍼텍스트 *개념* 구상에 필요한 능력을 갖춘 사람이 누가 있겠는가? 사실 대화형 멀티미디어의 영역에서는 거의 모든 것이 아직 더 발명되어야 하는 상황이기 때문이다.

따라서 오늘날 보편적 하이퍼텍스트는 찾아볼 수 없고, 단지 백과사전의 특성을 지닌 저작물의 CD-ROM(디지털 컴팩트 디스크) 출판, 공동 작업에 필요한 교육과 여러 보조 소프트웨어 등과 같이 아주 개별적인 영역에서 적당한 크기의 시스템을 찾을 수는 있다. 오늘날 실현 가능한 두 가지 예를 들어보겠다.

3. 엔진!

견습 기계공은 자기 앞의 화면에 3차원의 엔진 도식이 나타나는 것을 본다. 마우스에 조종되는 포인터의 도움으로 그는 엔진의 구체적인 하나의 엔진 부품을 가리킨다. 그러면 그 부품의 색깔이 변하고, 그 동안 그 부품의 이름, 예를 들어 기화기(氣化器)가 화면에 나타난다. 젊은 기계공이 다시 기화기를 클릭하면, 그 부품은 화면 전체를 차지할 만큼 확대된다. 견습공은 메뉴에서 "동영상"을 선택한다. 그러면 느린 동작으로 합성 필름이 작동중인 기화기 내부, 연료나 공기의 흐름 등을 잘 보여준다. 그것들은 서로 다른 색깔로 표시되고, 각각의 역할을 이해하기 쉬운 방식으로 나타난다. 필름이 전개되는 동안 화면 밖의 목소리는 기화기의 내부 기능을 설명하고, 엔진 전체 구성 안에서의 역할을 설명하고, 가능한 고장 등을 알려준다.

그 기계공은 필름을 중단하고, 메뉴에서 "처음으로 복귀"라는 옵션을 선택하여 엔진의 처음 모습으로 돌아간다. 이번에는 기관의 그림을 가리키면서 탐색을 시작하는 대신에(그 작업 덕분에 그는 그 기관의 이름과 기능을 알게 되었다), 그는 "나에게 보여줄 것"이라는 옵션을 선택하고 "밸브로커(culbuteur)"라고 자판으로 친다. 그러면 (내연 기관의) 밸브로커가 엔진 전체의 도식에서 드러나도록 채색이 되고, 기계공은 탐색을 계속해나갈 수 있다. 그가 "나에게 보여줄 것"이라는 옵션 대신에 "고장 시뮬레이션"이라는 옵션을 선택했다면, 자동차를 끌고 가는 손님이 나타나고 그 손님에게 카센터에 갈 결심을 하게 만든 여러 이상한 소리와 기능상의 오류를 묘사하는 조그마한 필름이 전개되는 장면을 보았을 것이다. 그러고나서 그 기계공은 고장의 종류를 알아내고 수리하기 위해서 여러 가지 테스트, 시도, 검증 중에서 선택을 했을 것이다. 예를 들어, 그가 "천천히 엔진을 돌아가게 하고 들어보기로" 결심했다면, 그는 실제로 문제의 고장에 관계된 엔진 소리를 들었을 것이다. 만약 견습공이 지정된 횟수만큼 시도와 실수를 거듭한 후에도 무엇이 잘못되었는지를 발견하지 못한다면, 시스템은 고장의 정확한 성격을 파악하기 위한 후속 절차들을 제시해줄 것이다. 시스템은 경우에 따라서 애니메이션 필름을 이용하여 엔진 도표 위에 자동차의 증상과 기능 장애 사이의 관계를 보여줄 것이다. 그리고 실행해야 할 수리를 보여주는 것으로 끝을 맺을 것이다. 1990년에는, 자동차 공학의 실습에 도움을 주는 이러한 시스템의 작동에 필수적인 모든 데이터가 직경 몇 센티미터의 CD에 담겨서, 고감도 마이크로 컴퓨터에서 작동하게 된다. 이와 같은 대화형 데이터 뱅크는 엔지니어링이나 의학의 다양한 전문 분야에서 생각해볼 수 있다.

4. 시세로(Cicero)

라틴 문명을 가르치는 교수가 그의 다음 주 수업에서 다룰 주제인 로마의 여러 오락에 관해 준비해오라고 요구했다. 한 여학생은, 대학의 전산망과 모뎀을 통해 연결된 마이크로 컴퓨터를 자기 집에 갖고 있지 않는 한, 대학 캠퍼스의 한 장소에 설치된 커다란 화면의 단말기 앞에 있게 될 것이다.

그 여학생이 *시세로* 프로그램을 불러내고나면, 화면에 배치된 다양한 아이콘은 로마 문명을 탐색하는 여러 방식들, 즉 시대별, 역사적 인물별, 텍스트별, 로마 안내 여행 등을 나타내준다. 그 여학생은 안내 여행을 선택한다. 그러고나면 프로그램은 그녀에게 방문 주제를 물어본다. 그녀가 "오락"이라고 입력하자마자, 기원 후 2세기의 로마 지도가 펼쳐지면서 공원은 녹색, 공중 목욕탕은 청색, 극장은 노란색, 원형 경기장은 빨간색으로 표시된다. 각각 채색된 장소 이름은 소대문자로 표기되어 있다. 라틴어를 전공하는 이 젊은 학생은 샹드막스 왼편에 있는 마르셀루스 극장을 마우스로 선택을 한다. 왜냐 하면 그녀는 이 지역에 공연장이 굉장히 집중되어 있다는 것을 눈여겨보았기 때문이다. 이 지역에는 폼페이와 발부 극장도 있다. 이와 같이 간단한 동작으로, 이 여학생은 도시로 직접 들어가 자신이 선택한 장소에 정확히 다다르게 된다. 마르셀루스 극장 부근에 로마인 복장의 몇 사람이 서 있는데, 그들은 안내원, 라틴어 가정교사, 노점 서적상들이다. 그 학생은 안내원을 선택하고 그에게 로마의 연극 예술에 대한 일반적인 소개를 요구한다. 안내원 목소리로 설명되는 일련의 건축 도식과 평면도 덕분에, 그녀는 예를 들어 그리스 건축물과 로마 건축물의 차이를 알게 되고, 왜 수많은 로마 극장들이 유명한 정치인의 이름을 지니게 되었으며, 유명한 희극, 비극 작가는 누구며, 연극 역사에서 그들이 무엇을 공헌한 것인지를 배우게 된다. 이와 같은 일련의 일반적 정보 다음에, 가이드는 그녀에게 마르셀루스 사원의 건축 상황을 말해준 뒤, 건물을 같이 한바퀴 돌아보는 동안(마이크로 카메라는 재건한 극장 모형을 촬영했다), 그녀에게 건물의 건축학적 특성을 알려준다. 거기에서 샹드막스를 통해 그들은 폼페이 극장으로 향한다…….

이렇게 다섯 개의 극장을 방문하고나서, 그 여학생은 방문한

동안 메모한 것을 다시 읽어본다. 즉 로마 극장의 건축 도면, 가이드 설명 구절, 연극과 관련된 과거와 현재의 텍스트 문헌 목록 등을 다시 읽어본다. 이렇게 메모해둔 것은 텍스트와 이미지를 담은 그녀의 개인 파일로 직접 옮겨지게 되고, 학교의 실험이나 연습 과정에서 그것을 사용하고 인용할 수 있게 된다. 그녀가 방문하는 동안 안내원이 제공해주거나, 마주친 노상 서점에서 얻었던 참고 문헌 중에서, 별표로 표시된 텍스트는 *시세로*에서 직접 얻을 수가 있으며, 다른 것은 대학 도서관에서 찾으면 된다. 이제 이 여학생은 별표로 표시된 플로트(Plaute)의 *암피트리옹(Amphytrion)*을 알고자 결심한다. 통사 분석기, 형태소 분석기와 라틴-프랑스어 사전("가피오 전자 사전")은 텍스트의 어려움을 빠르게 극복하도록 해준다. 플로트의 작품을 읽으면서 그 학생은 주석을 "여백에" 기입하는데, 그 주석은 다음 독자에게는 보이지 않으며, 화면에 다시 불러서 볼 수 있고 내용을 덧붙일 수도 있다. 텍스트를 모두 읽기 전에 떠나면서, 그 여학생은 자기가 읽었던 마지막 지점으로 자동으로 다시 오게 해줄 수 있는 표시를 남긴다. 다음 라틴 문명 수업 시간에, 학생들은 서로 분담된 각각 다른 내용들을 준비해올 것이다. 어떤 이는 공동 목욕탕을 방문했을 것이고, 어떤 이는 *시세로*에서 로마의 서커스 공연에 대한 오늘날 서적의 발췌 부분을 읽거나 주석을 달았을 것이다.

우리가 지금까지 기술해왔던 교육 문헌 시스템과 완전히 동일한 것은 1990년에는 존재하고 있지 않다. 첫 번째 시스템은 이미 완성되거나 구상중에 있는 여러 소프트웨어를 집적한 것이다. 두 번째 시스템은 로스앤젤레스에 있는 캘리포니아대학의 베르나르 프리셰(Bernard Fricher) 교수[2]에 의해 수행중인 프로젝트 단계에 있는 것을 실현된 것으로 그려낸 것이다. 이와 같은 시스템을 지칭하는 용어도 아직 정해지지 않았다. 상호 작용하는 멀티미디어라고 말해야 할까? 혹은 하이퍼미디어? 하이퍼텍스트? 우리는 여기에서 하이퍼텍스트라는 용어를 택할 것이다. 하이퍼텍스트란 용어는 시청각 차원을 배제하지 않기 때문이다. 조작, 연상, 해독이 상호 작용하는, 그물 모양으로 얽힌 공간 속에 들어가면, 이미지와 소리는 거의 텍스트의 지위를 얻게 된다.

기술적 측면에서, 하이퍼텍스트는 여러 관계에 의해 연결되어 있는 가지들의 총체를 일컫는다. 그 가지들은 단어, 페이지, 그림, 그래픽이나 그래픽의 부분들, 소리 연쇄 등이 될 수 있고, 하이퍼텍스트 그 자체가 될 수 있는 복합 자료도 가지가 될 수 있다. 정보 항목은 가지에 있는 줄과 같이 선형으로 연결된 것이 아니라 각각 혹은 대부분이 그물 망으로 된 별과 같은 모형으로 그들의 관계를 펼치고 있다. 그러므로 하이퍼텍스트에서 항해를 한다는 것은 아주 복잡한 망에서의 여정을 그려내는 것이다. 왜냐 하면 각각의 가지는 나름대로 하나의 완전한 망을 내포할 수 있기 때문이다.

기능적 측면에서 하이퍼텍스트는 지식이나 데이터의 조직, 정보 습득, 통신을 위한 소프트웨어 환경을 일컫는다. 1990년에, 교육용과 학자들 간의 통신용 하이퍼텍스트 소프트웨어가 북아메리카에 있는 20여 개 대학과 여러 대기업에서 실험적으로 개발되고 있다. 이와 같이 개량된 하이퍼텍스트는 상당히 복잡한 기능을 보유하게 되고, 대형, 중형 컴퓨터에서 작동한다. 또한 구매자가 나름대로의 하이퍼텍스트를 구축할 수 있게 제작된 10여 종의 개인 컴퓨터용 소프트웨어가 시판되고 있다. 이러한 좀 불완전한 프로그램들도 연상적, 직접적, 직관적인 접근이 가능하고, 소리, 이미지, 텍스트가 결합된 데이터베이스를 만들 수 있게 한다. 이와 같은 개인 컴퓨터용 하이퍼텍스트 프로그램들의 용도는 1990년대에는 대부분 직업 훈련과 교육과 관계된 것이었다.

5. 문자의 몇 가지 인터페이스

하이퍼텍스트는 과거의 문자 인터페이스를 다시 취하고 변형시키고 있다. 사실 인터페이스 개념을 오늘날의 통신 기술에 국한시키지는 말아야 한다. 예를 들어, 인쇄술은 틀림없이 첫째가는 수량적 작업자로서 사본을 증대시킨다. 그렇지만 그것은 또한 수십 년 사이에 아주 독창적으로 규격화된 인터페이스의 발명품이기도 하다. 즉, 제목 면, 장(章)의 첫머리, 규칙적인 번호 매김, 목차, 주석, 교차 지칭 등으로 규격화되었다. 이와 같은 모든 논리적이고 분류적이며 공간적인 장치들은 경탄할 만큼 체계적인 구조 안에서 서로간에 유지된다. 분명히 구분되고 공시된 장들이 없이 목차가 있을 수 없고, 획일적으로 매겨진 쪽 번호가 없다면 목차, 색인, 문서 안 다른 부분의 참조, 다른 책의 정확한 인용 등이 가능하지 않다. 우리는 현재 이런 인터페이스에 너무도 익숙해져 있어서, 더 이상 그것에 주의를 기울이지 않는다. 하지만 그것이 발명되었을 당시에는, 육필로 통용되고 있었던 것과는 완전히 다른 관계를 텍스트나 문자에 열어준 것이다. 즉 내용을 훑어볼 수 있게 해주고, 텍스트에 비선형적이고 선별적인 접근이 가능하게 되며, 구성 단위별로 지식을 분할할 수 있게 하며, 참고 문헌이나 페이지 하단 주석 덕택에 많은 다른 책에 다중 접속할 수도 있게 된다. “지식”의 변동은 “물질적” 혹은 구성과 관계된 미세한 장치들이나, 기재 내용을 접고 감고 하는 몇몇 방식에서 상당 부분 기인한다.

인쇄술은 그 자체가 15세기 이전에 정착되어 있던, 인위적으로 만들어진, 상당수의 인터페이스적 특성에 근거를 두고 있다. 예를 들어, 두루마리 대신 고문서(접어 함께 철해진 페이지들) 형태로 책을 구성하는 것 ; 파피루스지, 점토판 혹은 양피지 대신 종이를 사용하는 것 ; 유럽의 가장 넓은 영역에서 공통적으로 쓰인 알파벳과 서법이 존재한 것 등이다. 물론 이 서법은 틀림없이 샤를르마뉴 시대에 알쿠엥(Alcuin)이란 사람에 의해 강압적으로 행해진 서법의 개혁 덕택에 이루어진 것이다(표준화와 호환성의 문제는 어제 오늘의 문제가 아니다).

진정한 인쇄술의 변화가 이루어진 것은 고서적의 크기와 무게 변화에 의해 완성되었다. 왜냐 하면 중세 시대에 책은 엄청나게 컸고, 서가에 묶여 있었으며, 선반 위에 올려놓고 큰소리로 읽혀지는 것이었다. 접는 방식을 바꾼 덕택에, 책은 손으로 들 수 있게 됐으며 다량으로 확산되었다. 책의 각 면을 둘로(*이절지 페이지 : in folio*) 접는 대신에, 그 면을 여덟로(*팔절지 페이지 : in octavo*) 접었다. 이와 더불어, *팔절 방식*을 장려했던 베네치아의 인쇄업자 알데마누체(Alde Manuce)가 좁은 이탤릭체 활자를 고안해내고, 수세기 동안 텍스트에 덧붙였던 고증자료나 주석을 빼기로 결정하는 등의 과정을 거쳐 *르티메(Le Timée)*나 *레네이드(L'Enéide)*가 아주 작은 한 권의 책에 담겨질 수 있게 되었다. 이렇게 해서 책은 다루기 쉽고 일상적이며 유동적일 뿐만 아니라 개인 소유가 가능하게 되었다[11]. 컴퓨터와 마찬가지로, 책은 "길이"와 "부피"라는 인터페이스 변수의 가치가 충분히 약화되었을 때 비로소 대중적 매개체가 되었다. 고전 작품을 모든 라틴어 독자들의 손이 미치는 곳에 두려고 하는 정치-문화적 계획은 "책"이라고 하는 인터페이스망과 관련된 수많은 결정, 재조직, 발명 등과 불가분의 관계에 있다.

인쇄된 자료를 구성하고 있던 복잡한 배열은 15세기 이후로 계속해서 그물망을 이루고 덤불 모양으로 자라나고 있었다. 예를 들자면, 오늘날의 도서관은 18세기에 나타났었다. 알파벳 순서로 분류되고, 책의 간지나 색인으로 구성된 도서 카드 목록을 통해 도서관은 방향 표시가 비교적 잘 되어 있는 거대 자료처럼 인식되었는데, 최소한의 훈련으로 찾고자 하는 것을 찾아내기 위해 쉽게 이동하는 것이 가능하게 되었다.

현대 도서관처럼 인쇄술의 산물인 신문이나 잡지는 정보에 직면해 유동적인 주의를 기울이고, 잠재적인 관심을 보이는 태도에 특별히 잘 적응했다. 하나의 구체적인 정보를 추적하고 좇는 것이 아니라, 선입관을 갖지 않고 여기저기에서 수집하는 것이다. *to browse*("수집하다" 또는 "시선을 던지다")라는 동사는 하이퍼텍스트를 항해하는 호기심에 찬 태도를 지칭하는 것으로 미국인들에게 사용된다. 책이나 책장의 네모난 공간에서는 명상이 필요하고 또한 색인, 목차, 목록에 해당하는 카드가 필요할 것이다. 그와 반대로, 신문의 독자들은 직접 눈으로 항해를 시도한다. 큰 제목이 눈에 들어오면 이미 어떤 생각을 갖게 되고, 여기저기에 있는 몇몇 문장, 사진 등을 훑어보다가 드디어 순간적으로 한 기사가 우리 주의를 끌게 되고, 우리는 그것을 음미하고 그것으로 자신의 꿀을 만든다……. 신문이나 잡지의 인터페이스가 얼마나 완전하게 다듬어진 것인지는, 화면과 자판을 통해 훑어보는 것에서 동일한 편리함을 다시 찾으려 할 때 비로소 알게 된다. 신문은 이미 거의 전적으로 드러난 *열려진 영역(open field)* 안에 모든 것이 위치한다. 반면에 정보 과학 인터페이스는 동일한 순간에 직접 접근 가능한 영역이 거의 없는 아주 심하게 포장된 꾸러미를 우리 앞에 제공한다. 따라서 조작이 훑어보기를 대신하게 된다.

6. 하이퍼텍스트의 정보 처리 매체

이와 같이 화면을 통한 조회에 따르는 불편함은 인터페이스의 몇몇 특성에 의해 부분적으로 보완되었다. 그 특성들은 1980년대 정보 과학에서 널리 퍼져 있었고, 인체 공학적 상호 작용의 기본 원리라고 부를 수 있는 다음과 같은 것들이다:

- ▶정보 구조와 명령들을 그림, 도식, 아이콘으로 나타내는 것(코드화되거나 추상화된 표상 방식들과 반대로).
- ▶알파벳-숫자 문자의 연쇄를 통해 입력하기보다, 직관적이고 운동-감각적인 방법으로 화면에서 일어나는 일에 대처하게 해주는 "마우스"를 사용하는 것.
- ▶사용자에게 매순간 그가 실행 가능한 작용을 보여주는 "메뉴"
- ▶고해상도의 그래픽 화면.

하이퍼텍스트가 만들어지고 퍼져나갈 수 있었던 것은 바로 이러한 인체 공학적 정보 과학의 생태적 둥지 안에서다.

1945년대에 생각했던 것과는 다른 기술에 의해서이긴 하지만, 바네바 부시의 꿈을 실현시키면서, 컴팩트 디스크와 같은 *시각적* 기록 매체는 작은 부피 안에 어마어마한 기록 능력을 제공해준다. 그들 매체는 아마도 아주 많은 양의 정보를 하이퍼텍스트 형태로 편집하고 배분하는 데 중요한 역할을 할 것이다. 소형화된 레이저 재생 장치와 초경량 평면 화면은 이와 같은 하이퍼텍스트를 추리 소설처럼 침대나 전철에서 쉽게 열람하도록 해주고 있다.

7. 항해하기

그러므로 하이퍼텍스트는 여러 다른 매체에서 차용해온 특성으로부터 유래한 독창적인 인터페이스망이다. 하이퍼텍스트의 몇 가지 특징(역동적이고 멀티미디어적인 측면)은 시각적이며 자기적인 기록 매체와 "인체공학적 정보 과학" 유형의 조회 환경에서 유래한다. 핵심어에 의한 탐구 가능성과 정보의 내적 구성은 고전적 데이터베이스를 참고한 것이다. 또한 하이퍼텍스트는, 자신의 필요에 맞게, 인쇄술에 고유한 몇 가지 장치를 전용하고 있는데, 그것은 색인, 시소러스, 상호 참조, 목차, 범례 등이다. 범례가 상세하게 표기된 카드나 도식은 이미 비선형적 해독을 하기 위한 복잡 배열이다. 또한 페이지 하단의 주석이나, 별표를 통해 어휘 범례로 방향을 표시하는 것도 역시 텍스트의 선형성을 깨뜨린다. 시소러스, 그림, 한 항목에서 다른 항목으로의 이동 등이 있는 백과사전도 역시 그물 모양의 "멀티미디어" 성격의 인터페이스다. 사전 참조 방식을 생각해보면, 정의나 예문에 쓰인 각 단어는 정의된 하나의 단어로 연결되는데, 이것은 잠재적으로 끝없이 이동하는 회로를 따라 이루어진다.

그렇다면, 이런 점에서 하이퍼텍스트의 특수성은 무엇이란 말인가? 흔히 말하듯이 속도일 것이다. 버튼(다른 가지로 연결되는 화면의 장소)에다 클릭할 때의 반응은 채 1초도 걸리지 않는다. 하나의 가지에서 다른 가지로 이행되는 과정이 거의 직접적이라는 것은 비선형성의 원리를 모든 측면에서 일반화하게 하고, 사용하도록 해준다. 이것은 하나의 규범이 되었다. 새로운 서법 체계며, 항해라고 명명된 해독 방식의 변신이다. "속도"라는 인터페이스의 작은 특징은 모든 텍스트 내적 문헌 배열을 다른 사용 영역으로 옮겨갈 수 있게 한다. 물론 그 한계나 문제점도 존재한다. 예를 들어, 우리는 백과사전에서보다 하이퍼텍스트에서 더 쉽게 길을 잃을 수 있다. 우리가 손에 한 권의 책을 쥐고 있을 때 하게 되는 공간적이고 감각-운동적인 탐지는 화면 앞에서는 더 이상 통용되지 않는다. 그 화면에서 우리가 직접적으로 접근 가능한 유일한 것은 단지 조그만 표면으로서 이 표면은 다른 공간으로부터 비롯되고, 두 세계 사이에 걸쳐져 있으며, 미리 예견되기도 힘든 것이다.

그것은 마치 절대로 접을 수 없는 커다란 지도를 항상 조그만 끄트머리로 탐험하는 것과 같다. 따라서 각각의 작은 표면 부분은 자신의 연결 주소와 더불어 그 부분의 위치를 지시하는 회색으로 된 영역이 있는 모형 지도를 갖고 있어야 할 것이다("당신의 현재 위치는 여기"). 오늘날 항해의 인터페이스 전체가 발명되고 있는데, 그것은 변형되고 재사용되며 전용된 수많은 인터페이스 미세 장치들로 이루어진다.

8. 상호 작용적 지도

우리는 여러 가지 방법으로 하이퍼텍스트의 접속성을 나타낼 수 있다. 그림과 도표로 시각화하는 것은 분명히 가장 직관적인 방법이다. 그렇지만 문헌들의 연결망 안에서 이러한 접속 지도 혹은 개념적 나침반의 구성 범위, 단계, 원리는 무엇일까?

어느 정도 분량의 연결 이후에는 화면 전체가 얽혀진 선으로 가득 차 그 안에서 아무것도 구별되지 않기 때문에, 전체 지도를 읽지 못하게 될 위험은 없을까? 몇몇 현대 연구에서 밝혀진 것에 따르면 3차원으로 연결을 표상하는 것이 평면적인 표상보다 같은 양을 덜 뒤섞이게 하고 더 쉽게 열람할 수 있게 한다. 사용자는 마치 한 입체 안에서처럼 공간 구조 안에 들어가 이동하는 듯한 느낌을 갖게 될 것이다.

우리는 또한 전체 지도를 2차원으로 만들 수 있지만, 그것이 출발 문서이거나 하이퍼텍스트의 뿌리 혹은 현재 활성화되고 있는 문서이든 간에 단 하나의 갈래에서 가능한 길만을 보여줄 뿐이다. 우리가 보르도에 있을 때 보르도에서 다른 도시로 향하는 도로 혹은, 툴르주에 있을 때, 툴르주에서 다른 도시로 인도해주는 도로만 나타내주는 프랑스의 지도를 상상해보자. 매순간 시각적인 복잡성은 이렇게 필수적인 것으로 축소될 것이다.

아직도 주어진 순간에 가장 중요한 정보에 대해 상세하게 초점을 맞추고, 주변 정보는 점선이나 작은 크기로 나타내는 것이 가능하다. 따라서 하이퍼텍스트를 도표나 도식화해서 표상하는 일에 확대경, 줌 시스템, 단계적 축척 등을 사용하게 될 것이다.

우리는 사용자로 하여금 그에게 적합한 하이퍼텍스트의 하위 부류를 표상할 수 있는 가능성을 줄 수 있다. 사용자가 좀더 자주 열람하고, 수정하는 것은 거대 자료의 구조가 아니라 자신에 고유한 "연결 뭉치"의 구조일 것이다. 그는 아주 거대한 일반적인 망보다는 자신의 개인적 하위 망을 큰 걸음으로 다니는 감각을 지니게 될 것이다.

하이퍼텍스트와 멀티미디어 장치들의 구불구불한 통로를 탐험하는 사람들의 길 안내에 도움이 되기 위해서, 몇몇 미로에 지능적 모듈이나 소규모 전문가 시스템[8]을 배치하기도 한다.

---

8) (원주) 전문가 시스템은 인간 전문가가 진단과 조언이라는 자신의 역할을 수행하는 것을 대체하거나 (혹은 더 자주) 도와주는 정보 프로그램이다. 이 시

이 전문가 시스템은 또한 단순한 항해에 만족하지 않을 사람들에게 더 세밀한 정보를 제공할 수 있을 것이다. 현재 벌써 소형 컴퓨터를 위한 표준 하이퍼텍스트들에 단순히 접속시켜줄 수 있는 전문가 시스템 생성기가 존재한다. 전문가 시스템 그 자체도 하이퍼텍스트의 특별한 유형으로서 간주될 수 있다. 즉, 응축되고 포개진 산만한 다층 면(지식 베이스)이 전문가 시스템 사용자가 직면하고 있는 구체적 문제에 따라 추론 엔진에 의해 수천 개의 다른 결정면으로 펼쳐진다. 하이퍼텍스트, 상호작용적 멀티미디어 배열, 전문가 시스템 등은 모두 이러한 다차원적, 역동적 특징을 공유하며, 정적이고, 직선적인 서법을 넘어서서 상황에 섬세하게 적응하는 능력을 지닌다. 이러 이유로 인해 정보 매체의 이러한 각기 다른 표상 방식들이 쉽게 서로 조합되고 망을 이루는 것이다.

사용자들에게 방향을 제시하고, 하이퍼텍스트를 이루는 다양한 문서들 사이에 가능한 길의 조직을 표상하기 위해 고려된 해결책을 이렇게 거론하는 것은 완전하지는 않지만, 1990년에 고려된 해결 유형을 떠오르게 한다. 활자화된 문서를 이해하는 것에 관한 인간공학과 인지심리학 연구에 따르면, 텍스트의 내용을 잘 포착하고 기억하기 위해서는, 열람자는 개념적 거시 구조를 추출하는 것이 불가피하다는 것을 보여주고 있다[49]. 그렇지만 텍스트 혹은 더 일반적으로 복합 정보 구성체의 의미

스템의 "규칙 목록"에는 구체적 영역에 관한 인간 전문가의 지식이 담겨 있다. 즉, "사실 목록"에는 처리해야 하는 구체적 상황의 (잠정적) 사실들이 담겨 있고, "추론 엔진"이 규칙을 사실에 적용시켜 어떤 결론이나 진단에 이르게 한다. 전문가 시스템은 은행, 보험, 의료, 산업 생산 등 다양한 분야에서 사용된다. 우리가 여기서 암시하는 것에 근접한 전문가 시스템들은 경험이 부족한 사용자들이 신속하게 (오랜 사전 교육 없이) "*온라인*"으로 정보를 구하고자 할 때, 수많은 데이터 뱅크와 질문어들의 미궁 속에서 길을 찾게 한다.

를 추상화하고 포괄하는 도표를 제작한다는 것은 어려운 작업이다. 지도제작 유형의 표상은 오늘날 정보 매체를 이용한 지적 기술, 특히 이러한 도표 제작의 문제에서 점점 더 중요해진다. 역동적 도식(diagramme)은 소프트웨어 공학 연구실(프로그래밍 보조)에서 개념화, 서법, 계획 관리 등의 보조 시스템으로 사용된다. 상호 작용적 도표는 텍스트, 멀티미디어 문서, 컴퓨터 프로그램, 정리해야 할 조작들, 준수해야 할 제약들 등의 거시 구조를 명시적으로 이용할 수 있게 하고, 직접 볼 수 있게 하며, 의도대로 다룰 수 있게 한다. 따라서 인간의 인지 체계가 그들의 직업 기억이라고 하는 빈약한 수단이나 혹은 종이와 연필이라는 단편적이고 정적인 수단으로 만들어야 할, 표상을 구성하고 유지해야 할 임무를 컴퓨터에게 넘길 수 있게 된다. 상호 작용적인 도표, 카드, 도식은 컴퓨터 기반의 지적 테크놀로지의 주요 인터페이스에 속한다.

인간의 기억의 특성 상 우리는 공간적 관계에 의해 조직되어 있는 것을 더 잘 이해하고 기억한다. 지식의 어떤 분야를 숙달하는 것은 풍부한 도식적 표상을 지닌다는 것을 거의 항상 내포한다는 것을 다시 한 번 말해 두겠다. 하이퍼텍스트는 하나의 지식 분야에서 취급 가능하고, 역동적인 도식과 망 혹은 개념 카드를 통해 접근 통로와 방향 설정 도구를 제공할 수 있다. 교육의 측면에서 하이퍼텍스트는 전통적 시청각 도구나 일상적 인쇄 매체보다 더 쉽고 더 빠르게 과목을 숙달하도록 여러 측면에서 도와줄 수 있을 것이다.

하이퍼텍스트 혹은 상호 작용적 멀티미디어는 교육적 용도에 특히 적합하다. 배우는 데에 학생의 개별적 관여가 근본적 역할을 한다는 사실을 우리는 오래 전부터 알고 있다. 어떤 사람이 지식의 습득에 능동적으로 참여하면 할수록, 그 사람은 그가 배운 것을 더 잘 동화하고 기억한다. 그런데 상호 작용적 멀티미디어는 그물망 형태 혹은 비선형적 차원 덕택에, 자기 것으로 만들어야 할 대상에 대해 모험적이고 유희적이기까지 한 태도를 조장한다. 그러므로 그것은 능동적 교육에 아주 적합한 것이다.

9. 페이지에 대한 진혼곡

열람자가 백과사전의 소 텍스트들과 그림들이 이루는 망을 이동할 때, 그는 알파벳 순서를 기억하면서 책을 꺼내고, 페이지를 넘기고, 내용란을 눈으로 추적하면서 물리적으로 행로를 개척해야 한다. 브리태니커나 유니베르살리스와 같은 사전들은 무겁고 활기가 없으며 변하지 않는다. 하이퍼텍스트는 역동적이고 끊임없이 유동적이다. 말하자면 손가락이나 눈에 따라 작동하면서 한두 번의 *클릭*으로, 하이퍼텍스트는 열람자로 하여금 어떤 측면, 다른 측면, 상세 확대 측면, 어떤 도식화된 복잡한 구조 등을 제공한다. 그것은 마음대로 접히거나 전개되며, 형태가 변화하고 복제되고 분할되며, 다른 방식으로 접합된다. 그것은 단지 소 텍스트들의 망에 불과한 것이 아니라 가변적이며, 여러 층으로 나뉘고, 접혀져 있는 거대한 메타 텍스트다. 한 단어 아래에 한 단락이 나타나거나 사라지고, 단락 속의 한 단어 아래에 세 개의 장(章)이, 이 여러 장(章)의 단어들 중 하나 아래에 소규모 실험이 나타나거나 사라지는 등 잠재적으로 끊임없이 이중 기반에서 이중 기반으로 이동한다.

15세기에 정착이 되고, 이후 천천히 개량된 문자 인터페이스에서는, 페이지가 텍스트의 기본적인 접기 단위가 된다. 고문서의 접기는 획일적이고, 정해진 크기로 되어 있으며, 번호가 매겨져 있다. 구두점 기호나 장과 단락의 분할과 같은 작은 구겨짐 혹은 접힌 흔적은 소프트웨어적으로만 존재하는데, 그 이유는 이것들은 관습적 기호에 의해 나타날 뿐, 책의 재료 자체에 흔적을 남기지는 않기 때문이다. 반면에 컴퓨터화된 하이퍼텍스트는 상상 가능한 모든 접기를 허용해준다. 즉, 한 단어나 아이콘 뒤에 만 개의 기호 혹은 단지 50개의 접힘이 있을 수도 있고, 복잡하고 열람자들에 따라 가변적이고 적용될 수 있는 접합도 가능하다. 페이지의 획일화된 형식, 필요 없는 종이 접기, 텍스트의 논리적인 구조와 동떨어진 제본술 등은 더 이상 존재할 이유가 없다. 물론 제한된 표면의 화면이 확실히 제한 요소로 남는다. 프로크루테스(Procuste)[9]의 침대 대신에 바로 이 화면을 통해 하이퍼텍스트의 변화무쌍함을 명령하고 관찰하도록 한 것은 바로 인터페이스 창안자들이다. 페이지의 규칙적 리듬 대신에 만화경 텍스트의 영원한 접기, 펼치기 운동이 계승된다.

▣ 참고 문헌

AMBRON Susann et HOOPER Kristina (sous la direction de), *Interactive Multimedia*, Microsoft Press, Redmond, Washington, 1988.

BOORSTIN Daniel, *Les Découvreurs*, Seghers, Paris, 1987 (원판 *The Discoverers*, Random House, New York,

9) (역주) 고대 아티카의 강도 이름. 쇠침대에 사람을 눕혀 침대보다 길면 자르고 짧으면 늘렸다고 함.

1983).
BALPE Jean-Pierre et LAUFER Roger (sous la direction de), *Instruments de communication évolués, hypertextes, hypermédias*, édité par le Groupe Paragraphe de l'université Paris-VIII (2, rue de la Liberté 93526 Saint-Denis Cedex 2), 1990.
DELEUZE Gilles, *Le Pli*, Minuit, Paris, 1988.
Groupware, dossier de la revue *Byte*, décembre 1988.
GUINDON Raimonde (sous la direction de), *Cognitive Science and its Applications for Human-Computer Interaction*, Lawrence Erlbaum, Hillsdale, New Jersey, 1988.
Hypertext, Dossier de la revue *Byte*, octobre 1988.
LAMBERT Steve et ROPIEQUET Suzanne (sous la direction de), *CD ROM, The New Papyrus*, Microsoft Press, Redmond, WA., 1986 (contient la reproduction du texte de Vannevar BUSH, As we may think, originellement paru dans *The Atlantic Monthly* en 1945).

제 3 장

하이퍼텍스트로서의 기술에 대하여 : 개인용 컴퓨터

1. 창조 이전의 혼돈 : 실리콘밸리

1970년대 중반 캘리포니아의 주변적 젊은이들로 이루어진 혈기왕성한 집단이 개인용 컴퓨터를 발명했다. 이 집단의 가장 활동적인 구성원들은 새로운 기반 위에 정보 과학을 창조하고, 동시에 사회를 변혁시킨다는 다소간 분명한 계획을 갖고 있었다. 어떤 측면에서 보면 이 목적은 달성되었다.

실리콘밸리는 겉치레가 아닌 진정한 활동 공간이고, 원시의 액체라 할 수 있는데, 그곳에서 과학연구소, 대학, 전자 산업체 그리고 *히피*를 비롯한 모든 반체제 운동들이 힘을 합쳐 아이디어와 정열, 물건들을 뒤섞어 함께 끓여 반응을 일으키도록 만든다.

1970년대 초반 세계 어느 곳에도, 스탠포드대학 주변 수십 킬로미터 반경의 작은 원형 공간만큼 풍요롭고, 다양하게 전자 관련 자원이 모여 있는 곳은 없었다. 이곳에서는 대형 컴퓨터,

비디오 게임기, 회로, 부품, 다양한 출처에서 나온 온갖 규격의 폐품 등 무수히 많은 정보화 가공품들을 볼 수 있다. 그리고 이 요소들은 모두가 어떤 원초적 우주 발생의 결합적 회오리, 무질서한 시도들에 의해 흩어지고, 실려가며 서로 충돌하는 구성 부분들을 형성한다.

이 실리콘밸리 구역에는 특히 나사(NASA), 휴렛 팩커드, 아타리, 인텔 등이 자리잡고 있다. 이 지역의 모든 고등학교는 전자학 강의를 제공한다. 그 지역 기업에서 일하는 선의의 기술자들은 주말이면 유명한 캘리포니아의 가정 차고에서 취미 작업을 하고 있는 젊은 전자 기기 광들을 도와준다.

이들 청소년 중 스티브 잡스(Steve Jobs)와 스티브 워즈니악(Steve Wozniac) 두 사람을 따라가보자. 그들의 첫째 기계인 *블루박스(blue box)*는 일종의 해적 행위 보조 기구로서, 돈을 내지 않고 전화를 걸기 위한 소형 디지털 장치다. 그들은 규소와 회로의 세계에서 성장했다. 그들은 *하이테크(high tech)* 작업에 아주 유리한, 물질적으로나 인지적으로 환경 친화적인 둥지에서 발전해갔다. 모든 것이 그들의 손이 미치는 곳에 있다. 그들은 샌프란시스코의 한 아파트에서 바티칸(Vatican)과의 (공짜) 전화를 통해 전화 해적 행위에 관한 설명을 듣는다. 그리고 그들은 전자신문을 열람하면서 아이디어를 기록하고 참고 문헌을 적는다. 그리고 스텐포드 도서관에 가서 그들의 연구를 계속한다. 현재 그들은 전자 재고품 가게에 가서 물건을 산다. 현장의 친구 도움으로 그들은 버틀리대학의 컴퓨터를 유용해서 그들 회로의 마지막 계산을 실행한다. 결국 *블루박스* 견본 수십 개가 조립될 것이고, 이 두 스티브가 약간의 돈을 번 뒤, 마피아가 이 사업에 관심을 보이는 것을 알아차리고, 이 일을 포기하게 될 것이다.

수천의 젊은이들이 무선기기, 고감도 앰프 그리고 점점 더 정보 통신 기기, 전자계산기 등을 만드는 일을 이와 같이 즐기고 있다. 가장 좋은 일은 재활용 회로를 이용해 자신의 고유한 컴퓨터를 제작하는 것이었다. 이 기계는 자판이나 화면도 없으며, 그들의 기억 용량도 최하 수준이었다. 게다가 1975년에 두 명의 다른 청년인 빌 게이츠(Bill Gates)와 폴 앨런(Paul Allen)에 의해서 베이직이 출시되기 전에, 그 기계는 프로그래밍 언어도 없는 상태였다. 이 컴퓨터는 거의 아무 데도 쓰이지 못하고, 단지 그것을 만든 즐거움이 전부였다.

버클리 캠퍼스는 그다지 멀지 않다. 전자 작업의 정열은 "반문화" 혹은 *사람을 위한 컴퓨터*라는 슬로건을 핑계로 고차원 테크놀로지를 유용하는 아이디어들과 결합된다. 첨단 테크놀로지를 가로채서 작업을 했던 모든 분명히 드러나지 않은 *언더그라운드* 집단들 중에서, 잡스(Jobs)와 워즈니악(Wozniac)이 참여한 *홈부류 컴퓨터 클럽(Homebrew computer club)*이 가장 활발했다. 물론 가장 부유한 구성원은 다른 사람들과 자신의 기계를 공유하고 아무도 서로간에 어떤 비밀도 없다. 모임의 회의는 스탠포드의 선형가속장치실에서 열린다. 그곳에서 그들은 최근에 실현된 것들을 칭찬하거나 비판한다. 거기에서는 온갖 종류의 부품, 프로그램, 아이디어 등을 서로 거래한다. 완성되자마자 그리고 갓 발표되자마자, 물건과 개념들은 밀도 있는 집단의 정열적인 사람들에 의해 다시 받아들여졌고 변화되었다. 이러한 변화 결과는 각자에게 발명이란 것이 될 수도 있는 빠른 주기를 따라서 재해석되고 다시 사용되었다. 개인용 컴퓨터가 나오게 된 것은 바로 이와 같은 물건, 사람, 아이디어, 정열 등이 만드는 사이클론, 소용돌이로부터다. 1970년대말의 개인용 컴퓨터는 그 크기에 의해 단순히 정의된 물건으로 생각되거나 군인들이 오래 전부터 갖추고 있던 아주 작은 컴퓨터로 인식되기보다는, 전자 회로와 사회적 유토피아의 복합체로 생각될 수 있다. 즉, 국가와 군대 그리고 대기업이라는 관료적 괴물에게서 빼앗아 사람들에게 반환된 연산 능력 바로 그것이 개인용 컴퓨터다.

2. 그 다음의 인터페이스

제프레이 영(Jeffrey Young)[115]에 의해 기술된 애플(Apple)의 경우를 연구하다보면, 개인용 컴퓨터는 점진적으로 인터페이스 하나마다 차례로 만들어졌으며, 각 단계는 서로 중첩되고, 추가되는 새로운 요소들은 먼저 존재했던 것에 새로운 의미를 부여해주며, 점점 광역화된 접속을 허용해주고, 의미와 용법을 조금씩 새롭게 정리해주며, 하이퍼텍스트 구성의 단계 자체를 따라서 구성되어 왔다는 사실을 알게 된다.

워즈니악(Wozniac)은, 다른 많은 사람들처럼 독창적인 회로를 갖춘 컴퓨터를 만든다. 잡스(Jobs)는 그것을 팔고자 했고, 두 친구는 그 목적으로 회사를 설립하는데, 그것이 *애플* 회사다. 1975년에는 실리콘밸리에서 무수히 많은 다른 소규모 마이크로 컴퓨터 회사가 번창하는데, 그들 중에는 오늘날 완전히 잊혀진 더스피어(The Sphere), 골믹스(Golemics), 켄터키 프라이드 컴퓨터(Kentucky Fried Computer) 등이 있다.

잡스와 워즈니악이 그들의 회사를 설립할 당시, 마이크로 컴퓨터 분야에서 이룬 가장 커다란 상업적인 성공은 *알타이르(Altair)*다. 그것은 부품 상태로 팔렸고 첫 번째 버전에서는 모니터나 자판도 없이 인도되었다. 누가 완전히 조립된 컴퓨터를 가지고자 했겠는가?

첫 번째 개인용 컴퓨터 상점인 *바이트 숍(Byte Shop)*은 1975년말에 문을 열었고, 팔고자 하는 물건을 찾는다. 그 가게 소유주인 폴 테럴(Paul Terrel)은 애플1을 받아들이지만 *조립*해줄 것을 잡스에게 요구한다. 조립은 그 자체로 컴퓨터의 새로운 사용자와 함께 하는 인터페이스의 첫 번째 원리였다. 이런 인터페이스의 특질은 기계의 의미 변화를 내포했다. 중요한 것은 더 이상 조립하는 것이 아니라 그것을 사용하는 것이라는 것이다. 사람들은 계속해서 손수 제작을 했지만, 이제는 한 단계 진전된 것이다. 워즈니악에 의해 수정된 두 번째 인터페이스는 베이직 프로그램을 로드시켜주었던 *카세트 판독기*였다. 실제로 애플1의 첫 번째 버전은 판독 장치를 갖추지 못했고, 컴퓨터를 켤 때마다 무엇이든 프로그래밍하기 이전에 프로그래밍 언어를 손으로 쳐야만 했다. 이런 상황에 놓이자마자, 잡스와 워즈니악은 인터페이스의 세 번째 문제가 되는 호환성의 문제에 부딪치게 되었다. 왜냐 하면 애플1에서 작동했던 베이직 버전은 알타이르 버전과는 같은 버전이 아니었기 때문이다. 하나를 위해 만든 프로그램이 다른 것에서는 작동되지 않았다. (15년 후에도 애플은 계속해서 이와 같은 호환성의 문제에 부딪치게 된다.) 잡스와 워즈니악이 새로운 컴퓨터인 "애플2"를 구상하는 일에 몰두하게 된 것은 무엇보다도 바로 이러한 결점을 인간에 대한 좀더 우수한 인터페이스로 보완하기 위해서였다.

애플1에서 프로그래밍 언어(베이직)는 판독 장치의 중계를 통해서 로딩시켜야 하는 덧붙여지는 부품에 불과했다. 애플2에서 그것은 비활성 메모리에 접속되었다. 인터페이스가 내적 구성 요소로 된 것이다. 결과는 이제부터 *우리가 컴퓨터를 켜게 되는 순간부터* 무언가를 할 수 있다는 것이다. 또 한편으로는 배선을 하나 준비해서 표준형 컬러 텔레비전을 컴퓨터의 모니터(화면) 대신 사용할 수 있도록 한 것이다.

1976년초 버전에서 애플2는 두 가지 주요 활동을 가능하게 했는데, 그것은 베이직으로 프로그래밍하는 것과 게임을 하는 것이다. 그때까지는 아직 전자에 빠져 있는 청소년의 세계를 완전히 벗어나지 못했었다. 그렇지만 1976년 가을에 스티브 잡스가 애틀랜타시의 첫 번째 대형 마이크로컴퓨터 전시회를 다녀온 후, 개인용 컴퓨터에 대한 대중 시장이 있다는 것을 믿어 의심치 않았다. 애플이 생존하려면 많은 대중에게 호소해야만 했고, 그것은 새로운 인터페이스를 기계에 도입하는 것을 의미했다. 그후로 애플2는 플러그, 강화 플라스틱으로 된 보호 덮개, 자판기와 함께 팔리게 되었다.

애플의 창시자들에게서 컴퓨터는 기본적인 회로일 뿐이었다. 전원 플러그, 보호 덮개, 다양한 주변 기기들은 사람들로 하여금 회로를 사용하도록 하기 위한 함정이나 혹은 광고 이상도 이하도 아니었다. 마이크로 정보 과학의 의미, 다시 말해서 컴퓨터가 대중 매체가 되었다는 사실을 바로 포착하지 못했던 정보과학자를 용서해야 할 필요가 있다. 심지어 초기에 마이크로 정보 과학의 창시자에게서 조금이라도 컴퓨터의 산술적이고 논리적인 단일체를 구상하는 것으로부터 조금이라도 거리가 있는 모든 것은 진정한 정보 과학으로 간주되지 못하였다.

기계에는 일련의 포장이 씌워졌는데, 그것들은 점점 덜 "기술적"이고, 점점 덜 "하드웨어"적이며, 광고 행위 혹은 잠재 고객들과의 대중적 관계를 위한 일련의 행위를 점점 닮아갔다. 그렇지만 이러한 광고 첨가물들은 조금씩 기계 속에 통합되었고, 결국 기술의 핵심 부분 안에 융합되었다. 그런데 광고란 무엇인가? 그것은 대중과의 관계나 대중과의 인터페이스를 조직하는 것이다. 따라서 시선을 달리하면, 하나의 기술적 대상(여기서는 개인용 컴퓨터)을, 하나의 대상 안에서, 서로간에 비교적 잘 분할되고, 침전되고, 사물화되고, 경화되어버린 일련의 광고 행위라고 간주할 수도 있다. 만일 대상이 인터페이스들의 조립이라면, 광고와 물질적 장치 사이의 차이라고는 기술적 구성의 경화된 핵심으로부터의 유동성과 거리밖에는 없다. 관점에 따라 모든 것이 엔지니어링이기도 하고, 모든 것이 마케팅이기도 하다. 이것은, 결합과 번역을 통해, 기계를 통해 이루어지는 사회-기술적 망을 확장하는 일과 항상 관계되고 있다.

플러그, 케이스, 삽입된 자판기를 갖춘 애플2를 판매하기로 결정했을 때, 잡스가 한 일은 매력적인 로고를 모색하고, 전시회에서 애플 진열대의 배치에 정성을 들이고, *읽기 쉬운* 매뉴얼과 사용법을 작성하고, *플레이보이* 잡지에 대규모 기업 광고를 시도하는 것 등이었다. 인터페이스가 되는 모든 것이 고려되었다.

1970년대말과 1980년대초에 애플2가 개인용 정보 과학 분야에서 가장 커다란 성공을 거두도록 해준 것은 바로 하나의 주변 기기다. 그것은 바로 워즈니악에 의해 설계된 디스크 드라이브다. 그렇다면 왜 이 인터페이스가 그렇게 중요한 역할을 한 것일까? 컴퓨터를 작동시키기 위해서는 수백 개의 명령으로 구성된 프로그램이 필요하다. 이런 명령들은 (애플1에서와 같이) 손으로 입력하거나 혹은 기계가 읽을 수 있는 매체에 기록되어 있어야만 한다. 대형 컴퓨터는 컴퓨터 자기 테이프와 디스켓을 이용하고 있었다. 그렇지만 자기 테이프나 디스켓 드라이브의 제작에 필요한 부품 가격 때문에, 1977년의 마이크로 정보 기기 시장에서는 상당히 비싼 해결책이 되었다. 그래서 이용한 것이 천공 리본이나 카세트형 판독기였다. 그러나 이런 매체들은 약하고 읽기 속도가 매우 느렸다.

워즈니악은 디스켓 판독기를 위한 명령 회로를 구상하는 것을 통해 문제의 조건을 수정했는데, 이 회로는 대형 정보 기기에서 사용되던 것보다 열 배나 적은 구성 부품으로 이루어지며, 더군다나 크기가 훨씬 작고 제작하기가 덜 어려웠다.

애플2의 판독기에서 작동했던 표준 디스켓은 카세트용 디스켓보다도 훨씬 더 우수한 기억 용량을 가졌다. 이 새로운 주변기기 덕택에, 정보 판독과 접근 시간이 당시의 다른 마이크로 컴퓨터보다 훨씬 더 짧았다. 결과적으로 초심자라든지 혹은 확실한 대가이던간에 수많은 프로그래머들은 에플2에서 혹은 에플2를 위한 소프트웨어를 만들어내기 시작했다. 많은 양의 프로그램들을 사용할 수 있게 되자, 아마추어들은 그 프로그램들을 작동할 수 있는 컴퓨터를 갖추기 시작했다. 긍정적 반작용의 과정이 계속되어서 1979년에 애플2의 판매는 정상으로 치달았다. 디스켓 판독기라고 하는 물질적 인터페이스가 소프트웨어 인터페이스들을 증가하게 했다. 이와 같이 이중 팽창의 인터페이스 덕분에 사용의 장이 열렸고, 거의 무제한적인 실용적 접속의 장이 열리게 되었다.

1979년에는 첫 번째 마이크로 컴퓨터용 *문서작성기(Apple Writer)*가 나왔으며 첫 번째 *통계 프로그램(tableur)*(*Visicalc*. 회계와 재정 데이터의 통합 처리와 시뮬레이션용 소프트웨어)이 나왔다. 물론 이루 헤아릴 수 없는 프로그램 언어와, 게임, 전문화된 소프트웨어들은 일일이 거론할 필요도 없다.

마이크로 컴퓨터는 맹목적인 연구 과정 속에서의 연속적인 인터페이스들로 구성되었는데, 그 과정 속에서 더 넓은 망에 점점 더 가까이 접근하게 되어, 하나의 한계를 돌파하게 되고, 교육과 사무의 사회 기술적 순환 고리와 접속이 이루어지게 되었다. 그 결과 이러한 순환 고리 자체가 새로운 기계에 맞추어 다시 정의되기 시작했다. "정보 과학 혁명"이 시작되었던 것이다.

3. 아이콘

1984년에 애플의 매킨토시가 출시되는 것을 통해 통신, 언론, 시청각 장치 등의 세계로 향한 정보 기기의 통합 속도가 빨라지게 되었다. 또한 하이퍼텍스트와 상호 작용적 멀티미디어가 일반화하게 되었다. 매킨토시의 특징적인 많은 인터페이스 특성들이 다른 컴퓨터 제조업자들에 의해 이용되었고, 1990년에 이르러서는 "아이콘"이나 "마우스"가 없는 "인간공학적" 정보 기기들은 상상할 수 없게 되었다.

사람들은 종종 특수 문학에서, 새로운 기계의 탄생을 주재하는 거의 신화적인 "원초적 장면"을 거론한다. 스티브 잡스와 그의 동료 몇몇이 제록스의 팔로알토연구센터(Palo-Alto Research Center. PARC)를 방문하고, 어떻게 해서 추상적인 코드를 거치지 않고 직관적이고 감각 운동적인 방법으로 컴퓨터와 상호 작용할 수 있는지를 처음으로 보았을 때, 그들은 이 방법을 따르게 될 것이라는 것을 즉각 깨닫게 되었다.

알란케이(Allan Kay)에게 자극을 받은 레리 테슬러(Larry Tessler)와 PARC에 있는 그의 동료들은 사무실 환경을 시뮬레이션하는 정보 과학 인터페이스 수정 작업을 하고 있었다. 평평한 면 위에 조그마한 기구(마우스)를 끌어 움직이면서 문서, 서류철, 그림 도구 혹은 곧바로 텍스트나 그래픽의 일부분 등을 표상하는 표의 기호(아이콘)를 컴퓨터 화면상에서 가리킬 수 있었다. 마우스의 버튼을 누르면서("클릭" 하면서), 우리는 지칭된 대상에 대해 다양한 조작을 실행할 수 있다. 암기한 명령 코드를 자판기로 입력하는 것 대신에 "메뉴"를 들여다보고 그곳에서 완수하고 싶은 행동을 마우스로 지적하는 것으로 충분했다. 사용자는 항상 자신의 작업이 진행될 여러 다른 도면들을 볼 수 있었으며, 한 가지 일에서 다른 일로 옮겨가기 위해서는 화면에 나타난 "창"들을 열거나 닫기만 하면 되었다.

잡스는 애플에 도움이 되도록 제록스의 아이디어와 그 직원 일부를 얻어왔다. 그러나 아이콘과 마우스가 매킨토시의 상대적 성공을 모두 설명해주지는 못한다. 동일한 특성을 갖추었지만 별 반응을 이끌어내지 못했던 제록스의 스타(Star)와 애플의 리자(Lisa)가 바로 이 점을 증명해주는 *반대 추론*의 증거다.

매킨토시는 인터페이스의 다른 특성들을 첨가했는데, 이것들은 하나의 하이퍼텍스트에 상호 연결된 텍스트나 그림들처럼, 하나에서 다른 것으로 보내어지고, 상호간에 다시 정의되고, 가치 부여가 이루어진다.

이러한 인터페이스의 모든 특성들 중에서 특히 고려해야 하는 것은 컴퓨터 연산 속도, 크기, 외관, 자판기의 독립성, 아이콘과 창의 디자인 등이며, 물론 기계의 가격도 잊어서는 안 된다(가격 자체가 기계 구상의 능란함, 따라서 제작의 용이함과 관련된다). 가장 눈에 띄게 "기술적"인 측면에서부터 기계 이름(사과의 품종 이름) 등 엔지니어들 사이에 토의할 필요가 없는 미학적 장식에 불과한 것들에 이르기까지, 모든 미세한 세부 사항들에 대해 매킨토시를 구상한 팀은 정열적으로 토의했다.

각각의 인터페이스 특성들은 외부와 관련된다. 즉, 각 특성들에 의해 표상의 측면(아이콘의 이름이나 형태) 뿐만 아니라 실질적 구성 측면(크기, 가격 등)에서 다른 사회-기술적 망에서 실행될 수 있는 실질적 접속이 점선으로 설계되는 것이다. 예를 들어 화면의 넓이는 표준 종이 규격에 의해 정해지는데, 이것을 통해 화면에 보이는 텍스트나 그래픽이, 인쇄된 텍스트나 그래픽과 완전히 동일한 규격이 될 수 있다. 다른 예를 보자. 매킨토시가 비활성(사전 접속된) 메모리 안에 소프트웨어 개발자들에게 필수적인 도구들을 포함시킴으로써, 미래의 적용 과정에서 개발자들과 모두 동일한 인터페이스를 이용하도록 했다. 이렇게 함으로써 소프트웨어를 바꿀 때마다 새로운 방법을 모색하지 않아도 되고, 따라서 매킨토시를 사용하면서 항상 "자기 집에 있는" 것처럼 느끼게 된다.

기획자들의 모든 노력에도 불구하고 매킨토시의 모험은 상업적인 실패로 끝날 뻔했다. 만약에 낮은 가격의 레이저 프린터가 우연히 등장해서 컴퓨터의 도움을 받는 인쇄 과정의 필수적인 연결 고리로 기계가 다시 정의되지 않았더라면, 이 기계는 아마도 그것이 처음 나타났을 때 그랬던 것처럼 명석한 아마추어들을 위한 장난감에 불과했을 것이다. 또다시 예상치 않은 사용으로, 외부 요인에 의해 사후에 기계의 의미가 재정립된 것이다. 하이퍼텍스트 안에서처럼, 사회 기술적 망 안에서 개개의 새로운 연결은 그것이 이어주는 망의 부분의 의미적 윤곽을 재합성한다.

▣ 참고 문헌

YOUNG Jeffrey S., *Steve Jobs, un destin fulgurant*, Éditions Micro Application, 58, rue du Fbg-Poissonnière, 75010 Paris, 1989 (1er édition américaine : *Steve Jobs. The Journey is the Reward*, Scott Foresrnan and Compagny, New York, 1987).

제 4 장

하이퍼텍스트로서의 기술에 대해 : 인터페이스의 정책

1. 더글라스 엔젤바르트 혹은 집단의 엔지니어링

매킨토시의 구상을 지배했던 아이디어들은 오래 전으로 거슬러 올라간다. 1950년대 중반부터 스탠포드연구소의 증가연구센터(Augmentation Research Center. ARC)의 책임자인 더글라스 엔젤바르트(Douglas Engelbart)는 통신과 협동 작업을 위한 소프트웨어[오늘날 *그룹웨어(groupware)*라고 부르는 것으로서 "집단용 프로그램(collecticiel)"이라고 번역할 수 있는 것]를 생각해냈다. 바로 다음과 같은 것들을 ARC에서 처음으로 실험했다.

▶ 여러 작업 창으로 이루어진 화면
▶ 그래픽 기호를 통해 화면에 나타난 정보의 복합체를 마우스의 도움으로 조작할 수 있는 가능성
▶ 데이터베이스 안에서나 혹은 여러 제작자들에 의해 쓰여진

서류간의 결합적(하이퍼텍스트적) 연결 관계

▶개념적 구조를 나타내기 위한 생동적인 그래프("아이디어 처리")

▶소프트웨어에 통합되어 있는 사용자 도움 시스템[2]

이와 같은 인터페이스 특성을 전부 통합한 그룹웨어의 대중발표회가 1960년대말에 많이 실시되었다. 이러한 발표회는 컴퓨터를 제작하고 판매하는 사람들에게 아주 작은 반향만을 불러일으켰다. 그때까지 정보 과학은 지적 테크놀로지가 아니라 자동 연산 기법으로 인식되었다. 우리가 앞서 본 것처럼, 더글러스 엔젤바르트와 그의 동료들이 지니고 있는 아이디어들은 제록스, 애플 그리고 1980년대 중반에 선 컴퓨터(Sun Computers), 특히 ARC에 참여했던 엔지니어들을 매개로 해서 실용화되었고 상업화되었다.

제2차 세계대전 동안 더글러스 엔젤바르트는 레이더 시스템에 관한 작업을 하였는데, 그것은 인간과 음극선 화면 사이의 상호 작용을 내포하는 첫 번째 전기 장치 중에 하나였다. 몇 년이 지난 후, 냉장실 안에 따로 격리되어, 천공지를 삼키고 지옥 같은 둔탁음을 내면서 목록을 토해내는 최초의 정보 기기 괴물을 바라보면서, 그가 가졌던 (당시로는 비현실적인) 비전은 새로운 기계에 의해 집결된 집단의 모습 그리고 격리된 대화자의 동화상과 화면상에서 말하거나 혹은 기호들이 춤추는 화면을 조용히 마주 대하고 작업에 몰두하는 사람의 모습 등이었다.

더글라스 엔젤바르트가 몰두하기로 작정했던 인터페이스들의 미시 정책은, (조그만 외견에도 불구하고) 다양한 조립품인 전자 기기들과 인간 존재의 인지 체제를 구성하는 산만한 모듈(부분)망들을, 수천 개의 다양한 통로를 통해서 섬세하게 연결하고 있다. 우리가 이미 언급한 바 있는 *인터페이스의 일관성*의 원리는 이와 같은 미시 정책을 아주 잘 보여주고 있다. ARC에서 완성한 컴퓨터 지원 협력 시스템에서, *사람들은 체계적으로 적용프로그램마다 동일한 표상과 명령을 사용했다.* 예를 들어, 그림을 그릴 때 그래픽 대상을 지우거나, 글을 쓸 때 단어를 삭제하는 절차가 동일했다. 이런 방법으로 우리가 개별적 프로그램들을 숙달하면 할수록, 다른 것에 대한 습득은 빠르고 쉬워지게 된다. 왜냐 하면 습득된 경험은 다시 사용될 수 있기 때문이다. 이와 같은 아주 간단한 아이디어 덕분에, 사용자는 처음 시도하는 조작을 실행했을 때조차도 친숙한 세계에 있는 것으로 느끼게 되었다. 따라서 사용자는 시스템에서 무관심해져서 일상적인 방법을 사용하는 것 대신에, 시스템이 제공하는 가능성들을 탐구하려는 욕구를 갖게 된다.

더글러스 엔젤바르트의 목적은 지능적 전자 장치를 매개로 해서 인간의 인지 체계들 사이를 서로 연결하는 것이었다. 이러한 장기적 목표를 고려할 때, 인터페이스의 일관성은 일종의 보완적 인터페이스 특성으로서 필수적인 전략적 원리가 된다. 인터페이스의 일관성은 잠재적인 사용자를 매혹시키며, 그를 점점 더 시스템에 매어놓는다. 컴퓨터와의 교신을 추상적이고, 엄격하게 코드화되어 사용자에게는 아무런 의미도 없는 방식이 아니라 직관적이고 은유적이며 감각 운동적인 방식을 사용한 것은 지금까지 우리가 언급한 원리와 함께 "기계의 인간화"를 이루는 데 기여했다. 다시 말해 이러한 인터페이스, 이러한 추가적인 기술 능력을 통해, 우리가 아직도 정보 과학 시스템이라 부르는 지적 테크놀로지와 통신 매체의 복합적 배열이 인간의 인지 체계에 더 동화되고, 더 많이 연루되게 되었다.

비록 엔지니어였지만 혹은 차라리 엄밀한 의미에서의 엔지니어였기 때문에, 더글러스 엔젤바르트는 정보 기기의 사회적 용도에 관한 논쟁을 벌이는 주역 중의 한 명이었다[2]. 그에 의하면, 주어진 한 시기에 동원 가능한 미디어, 지적 테크놀로지, 언어, 작업 방법 등의 다양한 배열들은 한 사회에서 통용되는 사고 방식, 집단적 기능 방식을 근본적으로 조건짓는다고 한다. 네안데르탈인이 발음한 처음 단어로부터 시작된 장기간의 문화적 발전의 연장선상에서 그는 컴퓨터를, 집단적 활동을 긍정적으로 변화시키고 (그의 표현을 빌면) "증가시키는" 도구로 생각하게 되었다. 하지만 진정한 "증가"가 있기 위해서는 인간과 도구의 "*상호 발달*"을 동반해야 하고, 한 걸음씩 유도해나가야 한다. 실제 사용자 집단에서 실행된 지속적인 실험들과 상관없이 단번에 *선험적으로* 하나의 그룹웨어를 구상한다는 것은 있을 수 없다. 인간 인지 체계의 특성에 인터페이스를 긴밀하게 적용하는 것, 이 견본(프로토 타입) 사용자들의 사소한 반응이나 제안에 극도의 주의를 기울이는 것, 작업 집단에 새로운 지적 테크놀로지를 설치하기 위한 (부드럽고 점진적인) 방법을 강조하는 것 등이 바로 더글러스 엔젤바르트의 테크놀로지적 스타일이다.

그가 대중 앞에서 내비쳤던 행동, 글, 강연을 통해 보면, 확실히 ARC의 이전 책임자(더글러스 엔젤바르트)는 아마도 정보과학의 미래상을 개괄적으로 그려내고 있다. 미래의 정보 과학 분야는 지성의 집단적 장치를 책임지게 될 것이고, 개인과 단체의 인지적 공간을 구조화하는 일에 기여하게 될 것이다. 이것은 마치 도시 공학자나 건축가들이 개인 생활과 사회 활동의 거의 대부분이 이루어지는 물리적 공간을 규정하는 것과 같다. 비유를 계속해보면, 미래의 인지 건축가(혹은 인지학자) 팀에서는 유순하고 과거가 없는 개인들을 위해 허허벌판에 새로운 도시를 건설하려 하지 않을 것이다. 오히려 그 반대로, 인지학자들은 인간의 감각적이고 지적인 특이성, 과거의 지적 테크놀로지에서 기인된 습관들, 언어를 필두로 하는 다양한 기호적 배치 주변에 수세기 동안 형성된 실제 행위들 등을 고려해야 할 것이다. 그들은 장소나 문화에 따라 가지각색의 형태를 지닌 조직 안에서 아직도 시행되고 있는 상호 작용의 양식에서 출발해야만 한다. 관련자들의 참여와 더불어 갑작스러운 충격 없이 유지하고 발전시켜야 하는 것은 바로 이미 오늘날 전개되고 있는 인지생태인 것이다.

2. 지능의 공동 장치들

오랫동안 정보과학자들은 기계 전문가로 자신들을 간주하였다. 개인용 컴퓨터의 경이적 성공과 보편적 매개물로 정보 기기가 점진적으로 자리잡아 가고 있음에도 불구하고, 많은 정보과학자들이 아직까지도 이런 생각을 공유하고 있다. 더글러스 엔젤바르트 이후로, 우리는 "*지능의 공동 장치*"를 갖추려는 기획자의 모습과 "*컴퓨터 전문가*"의 이미지를 대립시켜보고자 한다. 대상(컴퓨터, 소프트웨어, 어떤 기술적 모듈)에서 기획(인지 환경, 설정하려는 인간 관계망)으로 강조 방향을 바꾸어야 한다.

오늘날 소프트웨어의 대부분이 *지적 테크놀로지*의 역할을 한다는 것을 반복해두고자 한다. 그 소프트웨어는 다소간 그 사용자들의 세계관을 재조직하도록 하며, 그들의 정신적 반사 행동을 변화시킨다. 정보화가 진전됨에 따라 어떤 기능은 제거되고, 새로운 기량이 나타나고, 인지생태학은 변화한다. 다시 말하면 기계의 전문가만큼이나 지식의 기술자와 조직의 사회 기술적 발전의 주도자가 우리에게 필요하게 될 것이다.

그렇지만 그렇다고 해서 정보 과학의 인간적 측면과 물질적 측면을 두 개의 다른 직업에 할당해서는 안 될 것이다. 가능한 접속 방법(그 유명한 호환성 문제), 다소간 조정 가능한 용도의 범위, 컴퓨터와 함께 일하는 기쁨 혹은 고통 등이 결정되는 것은 바로 프로그램이나 회로를 구상하는 일의 핵심에 속하는 것이다. 점점 더 직관적인 프로그래밍 코드, 실시간 통신, 망, 마이크, 인터페이스의 새로운 원리 등등 정보 과학의 커다란 개혁들은 각각 인간과 컴퓨터의 새로운 관계 가능성을 열었다. 정보 과학 인공물들의 역사에서의 이러한 전환점이 우리에게 중요한 이유는 그것들이 인간과 관계된 것이기 때문이다.

3. 맹인과 중풍 환자 혹은 엔지니어와 사회학자

정보화의 실패는 프로그램의 복잡함 속에 감추어진 아주 사소한 것에서 기인될 수 있다. 몇 가지 추가적인 명령이나 다르게 계획된 소프트웨어가 어떤 기업 직원이 하게 될 수천 시간의 지겨운 코드 작업이나 적절치 않은 조작을 면제해줄 수 있을 것이다. 여기서 말하고자 하는 것은 프로그래밍의 실수에 관한 것이 아니고, 우리가 여기서 정의하고자 하는 의미로서의 *기술적* 무능력에 관한 것이다.

반대로, 마이크로 정보 과학의 몇몇 통합(패키지) 프로그램의 성공은 정해진 용도를 위해 사용자와의 인터페이스가 갖추어야 할 것에 대한 심층적인 몇몇 직관에서 기인한다(*Visicalc. Mac Paint*). 천재성의 번득임 대신에 기획자팀은 사용자의 편안함, 그들의 습관, 요구, 이전 버전 사용자들의 비판 등등에 대해 자신의 주의력을 집중할 수 있다. 기계나 운영 체제의 숨겨진 부분에 대한 지식은 그리하여 간편한 사용을 추구하는 계획에 이용되었다. 기술적인 솜씨가 결실을 맺는 것은 그것이 인간과 기계 사이의 관계들의 축과 접촉점을 옮김으로써, 인지 생태 전체를 간접적으로 재구성하게 될 때 비로소 이루어진다. 기계에 대한 지식과 인지, 사회적 능력을 서로 구분하는 것은 인공적으로 맹인("순수" 정보과학자)과 중풍 환자("순수" 인문과학자)를 만드는 것과 같다. 나중에 이들을 서로 연결하려 해도 이미 발생된 피해로 인해 너무 늦은 일이 되고 말 것이다.

마이크로 정보 기기나 그룹웨어를 발표했던 사람들은 "순수 기술자"들이 전혀 아니었다. 우리는 오히려 "정보화 혁명"의 위대한 주체들을 약간 특별한 종류의 정치인들로 생각해야 할 것이다. 그들을 구분해주는 특징은 인터페이스에 관한 분자적 축적의 미세한 작업을 하는 것이며, 그 작업은 시대간의 이행이 이루어지는 곳, 미세 흐름이 방향을 바꾸어 가속되고 변형되어 표상되는 곳, 인간과 사물들의 구성 성분들이 결합되는 곳에서 이루어진다.

우리가 흔히 생각하는 것과는 반대로, 기술적 혁명의 기획자들은 전적으로 사물의 복잡한 기계 장치에만 관심을 갖는 사람이 아니다. 그들은 우선 인간과 인간의 가공물, 인간에 영향을 미치는 우주의 다양한 힘 등이 형성하는 혼합 집단 안에서의 새로운 배열의 전망에 의해 자극을 받았다. 어떠한 기술에다 그들의 운명을 결부시키려는 엔지니어들이나 기획자들, 예언자들은 진정한 "*정치적 계획*"에 의해 활기를 띠게 됐는데, 물론 오늘날의 도시가 인간만큼이나 기계, 미생물, 자연력, 규토와 콘크리트 설비로 가득 차 있다는 것을 받아들이는 것을 전제로 한다.

건축이나 도시공학과 정보 과학의 비교를 다시 해보자. 인간 관계와 일상 생활의 *"물리적 공간"*을 구조화하는 대신에, 정보 과학자는 *"인지 기능 공간"*을 조직한다. 즉 정보를 취득하고 입력하고 평가하고 예견하고 결정하고 구상한다.

건축가들은 재질의 저항력, 역학을 연구했고, 콘크리트의 모든 특성을 알고 있다. 그러나 그들의 지식은 알다시피 그들 직업의 객관적 측면에 한정된 것이 아니다. 사회학, 미학, 예술사 등의 분야에 대해 어떠한 지식도 없는 도시 공학자들에 대해 무슨 말을 할 수 있겠는가? 그런데 오늘날 대부분의 정보과학자들이 이와 유사한 상황에 놓여 있다. 즉 그들은 개인들과 작업 집단의 의사 소통, 지각, 인지 책략 등에 관여하려 하지만, 그들의 교육 과정에는 의사소통화용론, 인지심리학, 기술사, 미학 등의 분야가 설치되어 있지 않다. 그러니 어떻게 미래의 정보과학자들이 그들 임무의 인간적 차원에 눈을 뜰 수 있겠는가? 확실한 것은 오늘날 고등 교육은 주로 "기계 전문가"들을 만들고 있다는 사실이다.

몇몇 인공지능협회에 의해 주도되고 있는 *지식 엔지니어링(공학)* 작업은 정보과학자들의 역할을 다시 생각하기 위한 길잡이가 될 수 있다. 지식의 엔지니어는 기업의 직원들에게 완전히 만들어진 "합리적인" 해결책을 제공하지 않는다. 반대로, 그는 현장에서 수개월을 보내면서, 미래의 사용자들의 구체적인 전문 지식에 섬세한 주의력을 동원하면서, 그들의 경험을 최대한 존중한다.

민족학자나 예술가들을 닮아가면, 소프트웨어 구상자와 정보과학 분석가들은 그들의 신흥 직업에 존재하지 않던 윤리를 발견하게 될 것이다. 정보 과학은 아마도 결국 하나의 기술로 자리잡게 될 것이다.

4. 매력 있는 기계

인간과 컴퓨터 간의 관계에서 순수하게 인간공학적이고 기능적인 측면으로는 모든 것을 이해하기 힘들다. 안락함이나 인지적 성능만이 문제가 되는 것이 아니다. 욕구, 주관성이 기술적 배열에 깊숙하게 내포될 수 있다. 사람들이 오토바이, 자동차 혹은 집에 미친 듯이 빠져 있는 것과 마찬가지로, 컴퓨터, 소프트웨어 혹은 프로그래밍 언어에 열중한다.

정보 과학은 단지 인지 생태에만 관여하는 것이 아니고 개인적 혹은 집단적 *주관화 과정*에도 관여한다. 개인들 혹은 단체들 중에는 자신의 생의 일부분을 투자해서 전자우편, 음악 혹은 기호 창작용 프로그램, 통신망 안에서의 프로그래밍이나 혹은 해적 행위 등에 몰두한다[17, 63]. 해적 혹은 *해커*가 아니더라도 정보 과학 장치에 *매료*될 수 있다. 기계나 소프트웨어의 개념에 대한 미적이고 예술적인 차원이 존재하며, 이를 통해 정감적인 참여가 이루어지고, 새로운 실존적 인지적 영역을 탐험하려는 욕구가 자극되며, 문화적 운동, 혁명, 꿈 등과 컴퓨터가 접속된다. 앨런 튜링(Alan Turing), 더글러스 엔겔바르트 혹은 스티브 잡스 등과 같이 정보 과학의 역사에서 가장 위대하다고 생각되는 사람들은 컴퓨터를 기능적인 자동 장치로서가 아닌 다른 방식으로 지각했다. 그들은 주관적이고 경이롭고 선지자적인 차원에서의 컴퓨터와 함께 활동했고, 생활했다.

몇 년 거슬러 올라가보면 초기의 정보화된 기술-조직적 배열은 확실히 이상하고 비인간적이며, 고고학적으로 볼 때 마치 19세기의 산업 도시와 같아서 회색빛이고 획일적이고 역사도 없고 공원이나 광장도 없으며, 해로운 연기로 둘러쌓이거나 증기망치의 기괴한 굉음이 울려퍼지는 공장이 가운데 버티고 있는 모습과 같다. 감각적이며 지적인 상호 작용 공간과 개인의 정신적 생활의 골격을 이루는 인지 생태는 확실히 물리적 공간보다는 즉각적으로 감지할 수는 없지만, 그래도 우리는 그것을 거주할 만한 곳으로 만들 의무를 가지고 있다. 사람들은 탐험과 외부 세계로의 접속 그리고 기발한 것 등과 통하는 매력 있는 소프트웨어 공간을 꿈꾸었고, 아마도 몇 번인가는, 특히 1980년대 중반에 달성했다.

5. 사용에 대해서

정보 과학 비판자들은, "기계"가 이진법이고 경직되고 구속적이고 중앙 집중적인 성격을 갖고 있으며, 다른 방식은 불가능하다고, 1975년경까지, 주장했던 정보과학자들의 말을 순진하게 믿었다. 그들은, 자신들의 비판을 통해서 정보 과학의 본질에 대한 잘못된 생각에 동의하고 있었다. 실제로 1960년대 초반부터, 더글러스 엔젤바르트와 같은 엔지니어들은 통신 정보 과학, 협동 작업, 사용의 편리함 등을 추구하는 정보 과학의 방향으로 연구를 추진해갔다. 마이크로 정보 기기 분야에서 상업적으로 대단히 공격적인 신참자들에게 무력화되지 않기 위해서 정보 과학 분야의 대기업들이 방침을 바꾼 것은 20년이 흐르고난 뒤였다.

진정한 비판은 인간과 기계를 각각 오도된 본질 속에 굳어진 의미에서 전체적인 방식으로 대립시키지 않았다. 진정한 비판은 기술의 영역 자체에 위치하는 것으로, 사물의 본질을 변형시키는데, 즉 컴퓨터와 그것이 자리하는 인지 생태를 동시에 변형시킨다.

싸워야 할 대상은 금속과 유리, 규소와 같은 구체적인 배열이 아니라 그것들을 사로잡고 있는 관료적이며 계층적인 기계였다.

거대하고 매혹적인 "기계"에 대신에 자리잡은 것은 회로, 기관(器官), 다양한 기기(器機), 소프트웨어 층위, 인터페이스 등이 불안정하고 복잡하게 얽혀 있는 배열이며, 그 안에서 각각의 부분들은 또다시 인터페이스망으로 분할된다. 각각의 새로운 접속, 각각의 새로운 소프트웨어 층위가 전체의 기능과 의미를 변형시키는 데에 따라 컴퓨터는, 마치 아마도 모든 복합 기술 장치들처럼 하이퍼텍스트의 구조를 갖게 된다. 그리고 컴퓨터의 "*사용*"은 추가적인 연결을 구성해주며 하이퍼텍스트를 더 멀리 확장시키고 접속된 요소의 의미를 재창조하면서 새로운 배열에다 하이퍼텍스트를 접속시킨다.

그렇다면 사용이란 무엇인가? 선행된 해석에 의해 이미 연구된 성향을 연장한 것인가 혹은 반대로 새로운 의미 배열을 구성하는 것을 말할까? 그것이 사소하건 중요하건 간에 창의성이 있는 의미적 왜곡을 동반하지 않는 사용은 없다.

1979년에 다니엘 브릭클린(D. Bricklin)과 로버트 프랭스톤(R. Frankston)이 첫 번째 통계 패키지 프로그램(스프레드시트) *비지캘크(Visicalc)*를 세상에 내놓았을 때 그들은 애플2를 *사용하고 있었다*. 하지만 동시에 그들은, 기업 간부나 소기업가들이 프로그래밍 할 필요 없이 회계와 재정적 예측을 할 수 있도록 하면서, 마이크로 정보 과학을 *재창조한 것이다*. 이제부터 고객들은 *비지캘크*에 접근하기 위해 애플이나 코모도르(Commodore), 탠디(Tandy)를 사게 될 것이다. 통계 패키지 프로그램은 기업들에게 마이크로 정보 과학의 문을 열어주었다[29].

모든 구상은 이미 존재하는 요소들을 독창적인 방법으로 이용하게 된다. 새로운 가능성을 발견하면서 이루어지는 모든 창조적인 사용은 구상의 설계도에 영향을 미친다. 이러한 기술적 작업의 양면성은 회로판의 제작에서부터 간단한 문서작성기 취급에 이르기까지 모든 정보 과학망의 단계에서 발견된다. 사실 구상과 사용은 재해석과 새로운 의미 구축 효과를 유발하면서, 동일한 기초적 연결 조작의 상호 보완적 차원이 된다. 서로의 연장선상에서, 구상과 사용은 번갈아가면서 사회 기술적인 하이퍼텍스트가 성장해가는 데 이바지하게 된다.

6. 기술-정치

기술이란 그 자체로는 좋거나 나쁜 것이 아니고, 단지 그것의 사용이 문제가 된다고 말하는 것을 종종 들을 수 있다. 그런데 이렇게 반복하면서도 회로판 자체도 이미 "사용"을 의미한다는 것을 생각해내지 못한다. 즉, 기초 물질(실리콘), 다양한 논리적 원리, 동원 가능한 기업적 수단 등을 사용한 결과다. 완성된 하나의 컴퓨터는 그 구성 부분들에 대한 여러 사용 가능성 중에 선택을 한 결과며, 또한 각각의 구성 부분들도 역시 긴 결정 과정의 결과인 것이다. 소프트웨어는 컴퓨터와 프로그래밍 언어를 어떻게 사용한 결과다. 또한 프로그램도 어떤 구체적인 방식으로 사용될 것이고, 이렇게 계속 이어진다. 이러한 분석은 모든 관찰 단계에서 적용될 수 있는데, 모든 대규모 사회-기술적 망의 상부, 하부 방면으로, 측면적, 방사형 접속을 따라가 보아도 원초적 사물, 이미 "사용"되지 않았거나 해석되지 않은 시초 혹은 최종적 사실을 발견할 수는 없다. "최종 사용자", 다시 말해 주어진 순간에 고려 대상이 되는 사람의 사용은 그것을 미리 제어하고, 조건지으면서도 완전하게 결정지어주지는 않는 일련의 사용을 따라가는 것에 불과하다. 따라서 기술이 한쪽에 있고 사용이 다른 쪽에 있는 것이 아니라, 단 하나의 하이퍼텍스트, 그 자체로 기술이 형성되는 여러 사용의 유동적이고 복합적인 거대한 망이 하나 존재할 뿐이다.

정보 과학의 억압적이고 반사회적인 혹은 반대로 유익하고 인간공학적인 성격에 관한 논쟁은 사회학자, 철학자, 기자 혹은 노동운동가(소위 목적론 — 사용 — 과 인간 관계에 대한 전문가) 등의 집단 안에서만 이루어진 것은 전혀 아니다. 소위 *사물* 사이의 관계에 관한 전문가, 수단이나 도구에만 몰두한다고 여겨지는 사람들인 과학자, 엔지니어, 기술자들 자체에서도 이 논쟁은 시작된다. 목적과 수단을 추상적이고 단도직입적으로 구분하는 것은 사회 기술적 과정을 명확히 분석해보면 모순이 드러난다.

사회 기술적 과정 안에서는 사실 모든 종류의 매개체(수단, 인터페이스)들이 상호 해석되는데, 이러한 해석은 국부적이고 상호 모순되며, 끊임없이 비판되는 목적들에 따라 이루어지고, 결과적으로 이 전환 작용 안에서는 어떤 "수단"이 하나의 고정된 "목표"에 절대로 오랫동안 예속되어 있지 않는다.

정보 과학의 가치에 대한 논의는 물론 노버트 비너(Norbert Wiener)나 바네버 부시 혹은 테오도르 넬슨과 같은 사람들에 의해 논문이나 책의 형태로 구체화되었다. 이 논의는 1970년대에 기성 이념 체제를 비판하는 캘리포니아의 과학 잡지나 프랑스의 정기 간행물 『테르미날(*Terminal*)』에서 맹위를 떨쳤다. 그러나 그 논쟁이 처음 이루어진 곳은 바로 실무 현장으로서, 기술적 선택, 상업적 전략, 이미지 전쟁, 재정 위협 등에 관해 적용중인 기술 정책의 비정한 주역들 사이에서였다. 예를 들어 1970년대와 1980년대 전환기에 서로 격돌했던 컴퓨터 제작

대기업과 신생 마이크로 정보 기기 회사들은 기술에 관한 구체적인 철학의 몇몇 결정적인 부분을 기술했다. "기술의 재적응"을 위해서 천 가지 비판보다 더 효과적이었던 것은 40일 동안이 아니라 20분 안에 컴퓨터 사용법을 배울 수 있다는 점이었다.

사용은 어디에서나 이루어지기 때문에, ("사용"에만 관련된) 선과 악의 문제는 기술적 과정과 동일한 외연을 갖는다. 사람들이 그들의 관계를 형성해주는 대상들과 그들의 삶이 구성되는 구체적인 환경과 분리된 채 아무런 숨김없이 최선 혹은 최악을 위한 목표를 선택하고, 그것들을 실현하기 위한 방법들을 모색하게 될 이상적이고 공허한 지역으로 이러한 문제를 결국에 가서 미루어놓을 수는 없다. 그것들이 자연적으로 생각되든 혹은 인간 활동의 결실로 생각되든 간에, 사물들은 하나의 당사자에서 다른 이에게로 거쳐가면서, 번갈아 목적과 방법, 상황의 객관적 요소 혹은 변형시키고 파괴해야 할 장치가 된다. 사물들, 모든 사물들은 그들의 의미, 그들의 효과(단지 상품으로서만이 아니라)의 완전한 스팩트럼을 따라 이렇게 인간 관계의 매개가 된다. 바로 이러한 이유에서 기술적 행위는 내재적으로 정치적이거나 혹은 오히려 범정치적(cosmo-politique)이 된다.

공개적이든 아니든 간에, 선과 악의 문제는 기술적 과정의 매 순간마다 특이한 방법으로 제기된다. 사용의 사후 과정에서 제기되는 것이 아니라 일련의 인위적 수단의 출처 없는 시작으로부터 제기된다. 그 시작은 찾을 수 없고, 문화적 하이퍼텍스트의 가정적인 첫째 단어와 흡사하다. 문화적 하이퍼텍스트는 항상 이미 이야기의 이야기, 이전 텍스트에 대한 주석 달기, 평가, 해석에 지나지 않는다.

▣ 참고 문헌

AMBRON Sueann et HOOPER Kristina (sous la direction de), *Interactive Multimedia*, Microsoft Press, Redmond, Washington, 1988.

Chaos Computer Club (sous la direction de Jürgen WIECKMANN), *Danger pirates informatiques*, Plon, Paris, 1989 (원판 : *Das Chaos Computer Club*, Rowohlt Verlag GmbH, Reinbek bei Harnburg, 1988).

Dix ans de tableur, *dossier de Sciences et vie micron*, n° 68, janvier 1990.

LANDRETH *Bill, Out of the Inner Circle* (2e édition), Tempus Books, Microsoft Press, Redmond, Washington, 1989.

LÉVY Pierre, L'invention de l'ordinateur, *in Éléments d'histoire des sciences* (sous la direction de Michel SERRES), Bordas, Paris, 1989.

제 5 장

그룹웨어

한 젊은 여인이 불꽃 모양의 아이콘을 다루고 있다. 마우스에 의해 움직이는 커서의 도움으로, 그녀는 불의 표의 기호를 얼음을 나타내는 다른 표의 기호쪽으로 가져간다. 얼마 후에, 얼음 아이콘은 반전된 비디오로 깜빡거리고나서 갑자기 다른 표의 기호, 즉 물을 나타내는 물결 모양의 세 개의 사선으로 변환된다. 이 젊은 여인은 리용(Lyon)[10]의 학습 심리학 전문가다. 그녀는 교육 기술 영역에서 유럽의 다-학문 분야 연구 계획에 참여하고 있다. 이것은 교육과 직업 훈련을 목적으로 하는 정보 과학의 동적 기호표기법의 원칙을 정리하는 일이다. 과학 분야나 실용 지식 영역의 초보자는 단지 관련 분야의 주요한 사물을 형상화한 표의 기호를 조작하고, 그 기호들의 반응을 살피는 것으로써 많은 수의 정보를 얻게 되는 것이다.

그녀는 자신의 데모(démonstration)를 정리한 뒤, 계획에 관해 팀의 구성원들끼리 대화를 가능하게 해주는 하이퍼텍스트

10) (역주) 프랑스 중동부 지방에 위치한 도시.

시스템을 통해 자신의 논지를 발표하기로 결심한다. 그녀는 작업창의 “확대 지역(point zoom)” 안을 클릭한다. 그러자 여러 표의 기호들이 상호 작용하던 지역이 줄어들어 화면의 아주 작은 부분만을 차지하게 된다. 이제 매끄러운 표면은 거의 전체가 일종의 그물망으로 뒤덮였다. 여러 색깔의 라벨은 그들끼리 또한 아주 다양한 색의 선으로 연결되었다. 붉은색 라벨은 연구팀에게 제기되는 여러 다른 *문제*에 해당한다. 각각의 붉은색 라벨에는 여러 푸른색 라벨이 연결되어 있는데, 그 푸른색 라벨은 문제들이 만들어내는 여러 다른 *견해(position)*를 가리킨다. 그리고 녹색 라벨로 표상되는 여러 *논지(argument)*가 견해들을 (선의 색에 따라서) 강화하거나 없앤다.

이 젊은 여자는 “인터페이스 문제” 영역을 클릭한다. 그물망의 이 부분이 확대되어 상세한 내용을 보여주면서 화면의 중심부에 위치한다. “어떤 시각적 외형”이란 문제를 탐지하면서, 그녀는 이 라벨로부터 하나의 선을 끌어내고, 하위 문제로서 새로운 붉은 라벨을 만들어서 그 안에 “색깔을 사용해야 하는가?”라고 기입한다. 그리고 이 라벨에 새로운 라벨은 첨가하는데, 이번에는 푸른색을 사용해서 “예”라는 견해를 나타낸다. 그 다음에 그녀는 “예”라는 견해에 연결된 녹색 논지 라벨을 만들고 임시로 “직관적 이해”라고 명명한다. 그녀가 “직관적 이해” 라벨을 더블 클릭하면 자동적으로 새로운 창이 열리면서 자유롭게 자신의 논지를 전개할 수 있게 된다. 그녀는 이제 타이핑을 통해, 상태의 변화나 사물의 후속 변형을 나타내기 위해서는 깜빡임보다는 표의 기호 색깔의 점진적인 변화가 더 적합하다고 설명한다. 공동 계획의 일반적 철학에 맞추어, 사실 연구가들은 가능한 한 일상 생활에 가장 가까운 은유를 그들의 인터페이스에서 사용해야만 한다. 그녀는 자신이 프로그래밍했던 작은 데모와 관계를 설정하는데, 그 데모는 불꽃으로 깜빡이는 얼음 조각이 물로 변하는 것으로서, 얼음 조각 아이콘이 점점 푸른색에서 붉은색으로 변하다가 물의 표의 기호로 변화하는 것이다. 그녀는 또한 그들의 연구계약서 구절과도 관계를 맺으려 하는데, 그 계약서에는 직관적 이해를 쉽게 하고 불필요한 학습을 피하게 하기 위해 그들이 새로운 기호를 만들기보다는 유럽 문화에서 친숙한 기호를 체계적으로 재사용해야 한다는 것이 명확하게 구체화되어 있다. (파란색과 붉은색은 모든 목욕탕에서 차가움과 뜨거움의 상징이다.) 거의 60여 쪽에 달하는 두툼한 서류에서 이와 같은 구절을 찾아보기 위해 그녀는 "상징, 이해, 직관적"이란 핵심어로 찾기를 실시한다. 그녀는 찾는 구절을 얻어, 그것을 관계를 통해 그녀의 논지에 결부시킨다. 이런 찾기를 통해서, 그녀는 교육 분야의 프로젝트들을 관리하는 유럽 공무원들과 그녀의 연구팀이 브뤼셀에서 가졌던 회의 기록 발췌도 얻어낸다. 그것에 대해 알고나서(그녀는 이 회의에는 결석했었다), 그녀는 그 발췌 역시 그녀의 논지에 결부시킨다.

모든 문서, 잡지 기사, 회의 기록, EAO(컴퓨터 보조 교육) 시스템의 사용자나 구상자들의 인터뷰, 이미 실현된 계획의 부분(정보 처리 프로그램의 데모와 블록)은 핵심어나 문서의 일반적 색인을 이용한 단순한 찾기에 의해서 모든 팀 구성원들이 즉각 사용할 수 있도록 되어 있다. 이 문서들은 전체적으로나 부분적으로 "합리적 토론망"안의 어떠한 항목(문제, 견해, 논지)에도 연결될 수 있다.

몇 시간 후, 테지(Tage) 해안에서 한 리스본 정보기술자가, 인터페이스 문제의 측면에서 "합리적 토론망"의 밀도가 약간 증가한 것을 발견한다. 그는 이곳에 줌을 실행하고, 라벨망과 그 색깔의 해독 습관에 따라 새로운 문제와 그 문제에 결부된 견해를 즉시 발견한다. 모든 문서와 그 문서에 결부된 정보 처리 데모와 함께 리용의 여성 심리학자의 논지들을 읽고나서, 그는 표의 기호 색깔에 대한 질문에 "아니오"라는 견해를 만들어낸다. 그의 논지는 아직까지 사용되는 흑색과 백색으로 되어 있는 수없이 많은 단말기에 관련된다. 그는 또한 역동적 표의 표기법의 인터페이스가 가능한 한 유럽에서의 교육용 정보 기기 보유 상황과 호환성이 있어야 한다고 명기된 문서 구절을 그의 논지에 덧붙인다.

나중에 프로젝트 책임자가 그의 제네바의 단말기에서 새로운 견해를 제안하게 되는데, 그것은 프로젝트의 처음 두 단계에서는 흑백을 사용하고 마지막 단계에서는 색깔을 사용하는 내용으로서, 두 가지 논지에 따른 것이다. 즉, 첫째로 그것들은 어쨌든 연구 프로젝트에 대한 것이고, 둘째로는 색깔이 하나의 역할을 하게 되는 글자의 아이디어를 탐구하는 것은 흥미로운 것 같으며, 다른 한편으로는 유럽에서의 정보 기기 보유 상황이 지금부터 10년 뒤에는 발전할 것으로 상상할 수 있다는 것이다.

토론이 충분히 무르익고, 팀의 각 구성원들이 자신의 의견을 표명할 수 있고, 견해와 논지의 구성을 천천히 연구할 수 있을 때, 그들은 그들의 "실제 참가" 모임 중 하나의 과정에서 합의를 통해 문제를 해결할 것이다.

공동 작업 보조는 특별히 유망한 하이퍼텍스트의 적용에 해당된다. 즉 추론, 논증, 토론, 구상, 조직, 설계 등에 대한 보조 수단이 된다. 그룹들을 위한 이러한 소프트웨어의 사용자는 분명히 집단이다.

조금 전에 상기됐던 그룹웨어는 약간 완성되지 않은 버전으로 오늘날 텍사스의 오스틴에서 사용중에 있다. *지비스(GIBIS* : Graphical Issue Based Information System)는 1988년에 소프트웨어 기술 발전의 공식 프로그램의 일환으로 마이클 베그만(Michael Begement)과 제프 콘클린(Jeff Conklin)에 의해 개발되었다[47, 55].

지적 테크놀로지의 육성은 인지생태학에서의 경험적 연구와는 불가분의 관계에 있다. 우리는 실제로 그룹에서 정보가 교환되고 있는 방법을 잘 알지 못하며, 왜 다른 사람들의 생각이 효과 있고 창조적인 방법으로 결합될 수 있는지 혹은 반대로 서로 차단되는지에 대해서도 잘 모르고 있다. *집단적인* 인지 주체가 어떻게 생각하는가? 그룹의 지능을 이해하기 위해서 우리는 어떤 개념적인 도구를 갖추고 있는가?

1. 위노그래드와 플로레스의 대화망

1986년에 출간된 저서에서 테리 위노그라드(Terry Winograd)와 페르난도 플로레스(Fernando Flores)는 *대화망* 유형의 조직 읽기법을 제의했다[113]. 청원과 계약, 제안과 약속, 수락과 거절, 상담과 해결 등이 그 대화망 안에서 반복적인 방법으로 서로 교차되고 교환된다. 모든 조직 구성원들은 이와 같은 의사소통 과정을 만들고 유지하는 데 참여한다. 그러므로 대화망을 가로지르는 것은 단순한 정보가 아니고 참된 *언어 행위(actes du langage)*로서, 그것은 자신들 상호간 혹은 다른 사람들에 대한 언어 행위를 완수하는 사람들을 참여시킨다. 특히 약속들은 지켜져야만 한다. 이러한 생태적 관점에서, 관리자나 간부의 일은 혼자서 "문제의 해결"이나 "결정을 내리는" 것으로 이루어지지 않는다. 그들이 할 일은 참여자들의 교류가 이루어지고 있는 대화망을 유지시키고 생기를 불어넣는 것이며, 여러 행동들을 조정해주는 것이다. 특히 의사 소통 활동을 하는 동안에 *새로운 가능성*을 선별해내야 하는데, 즉 집단 전체로 확산될 수 있고, 일부 목적의 방향 전환을 유발할 위험성을 내포하며, 새로운 대화 채널을 만들어내게 되는 가능성을 선별해내는 것이다. 이와 같은 이론적 틀 안에서 위노그래드와 플로레스가 구상한 그룹웨어는 그룹 안 의사 소통의 의미적 측면보다는 화용적인 측면을 도와주고 있다. 우선 문제가 되는 것은 행동의 조정이다. 망을 통해 전달되는 각각의 언어 행위는 꼬리표가 붙는다. 즉 청원, 수락, 약속의 파기, 반대 제안 등등이다. 소프트웨어는 진행중인 대화 상태 흔적을 보존하고, 잠재적인 약속의 날짜, 기한, 파기 등에 대해 참여자들의 주의를 환기한다. 분쟁의 경우에는 대화 기록이 항상 제공된다.

2. 컴퓨터 도움에 의한 논증

또다시 어떤 연금술에 의해 집단이 생각하는가? 몇몇 인지심리학 연구는, 비록 개인에 초점을 맞춘 것일지라도 우리에게 귀중한 지침을 제공해줄 수 있다. 관찰된 바로는 우리의 일상 대화 때 사용되는 이야기들은 씌어진 텍스트보다 훨씬 구조화되지 못하며, 체계적으로 계층화되거나 조직화되지 못한다. 이것은 인간의 미약한 단기적 기억 용량에 기인될 수 있다. 정상적인 대화 도중에, 우리는 말이나 그래픽 표상들을 여유 있게 저장하고 재구성하기 위한 외적인 자원을 갖고 있지 않다. 이러한 이유로 우리는 축약 표현이나 단어를 주고받고 횡설수설

하며 빗나간다. 단순히 말을 주고받는 과정에서 우리는 우리의 생각을 방어하는 데 잘 조직되고 복잡하며 일관성 있는 일련의 논지를 이해하기도 어렵고 만들어내기는 더욱 어렵다. 대화를 하기보다는 이야기를 반박하기 쉽다. 한 단계씩 이치를 따지기보다는 수사적 기법을 이용한다. 각각의 추론의 증거나 증명을 공통적으로 평가하는 것 대신에 자신의 이치를 되풀이한다.

이러한 실상을 개선하기 위해 여러 방법이 오래 전부터 존재해왔는데, 회의에 활기를 불어넣는 다양한 기술에서부터 활자화된 문서를 이용하는 것에 이르기까지 다양하다. 생각하고 인식하고 함께 결정하는 일이 문제가 될 때, 전통적 형태의 활자화된 텍스트를 교환하는 일조차도 몇몇 불편함을 초래한다. 특히 논증의 논리적 구조가 항상 명확히 드러나는 것은 아니며 종종 오해나 잘못된 토론을 초래한다.

이 장의 앞 부분에서 소개한 바 있는 것과 같은, 집단적 이해나 토론을 도와주는 그룹웨어는 각각의 대화자에게 논지의 망을 그래픽으로 표상해줌으로써 진행되는 토론의 논리적 구조 안에서 위치를 파악하도록 도와준다. 또한 각각의 논지와 그것에 관련된 다양한 문서를 실제로 연결해준다. 이 문서들은 논지의 근거가 될 수 있으며 적어도 토론의 맥락을 형성한다. 이 맥락은, 말로 이루어지는 토론에서와는 반대로, 여기서는 완전히 명시적이고 구조화되어 있다.

협동적 지능에 도움을 주는 하이퍼텍스트는 사람들의 담화를 전체적인 측면에서 부각시키기보다는 문제, 견해, 논지들의 망을 연출해낸다. 하이퍼텍스트적 표상은 변론과 반대 변론의 투쟁적 구조를 명백히 드러나게 한다. 사람들의 생각에 대한 집착은 약화된다. 일상적 토론에서, 각각의 개별 발언은 작은 사건처럼 돌출하며, 여기에 다른 이들이 차례대로 극적인 방식으로 대답한다. 이것은 작가들이 텍스트에 의해 간접적으로 질문을 받을 때도 마찬가지다. 그룹웨어를 통해 논쟁은 논지와 문서의 망을 구축해나가며, 이 망은 집단의 눈앞에 항상 제시되어 있고 어느 때도 이용 가능한 상태로 유지된다. 이제 더 이상 "각각의 순서" 혹은 "차례대로"가 아니고 일종의 느린 글쓰기다. 이 글쓰기는 수많은 평행선을 따라 자신으로부터 증식되기 때문에 집단적, 비동시적, 탈극적, 분열적이지만, 화면에서는 항상 이용 가능하고 질서정연하며 객관화되어 있는 것이다. 아마도 그룹웨어는 통신의 새로운 지평을 열어줄 것이다.

1990년, 콜로라도대학의 폴 스몰렌스키(Paul Smolensky)가 이끄는 팀은 추론된 담화의 작성과 참조를 위해 특별히 고안된 하이퍼텍스트 소프트웨어를 완성했다[49]. 열 개 정도의 문제와 견해로 토론이 분석되면, 좀더 낮은 대화의 미시 구조 속으로 내려갈 수 있다. 소프트웨어 "*유클리드(Euclid)*"는 각각의 논지를 마치 실재(증거, 유추, 출발 가설)들에 의해 옹호되는 "*명제*"의 망으로 표상하게 해준다. 이 실재들은 또다시 논지가 되며, 이러한 방식으로 가설이나 궁극적 사실에 이르기까지 계속된다. *유클리드*는 그 사용자들에게 미리 구축된 상당수의 논지 도식을 제공해준다(예를 들어 유추에 의한 논지 혹은 *하물며* 논지 혹은 상대의 전제를 무효화하는 논지 등). 그것은 또한 담화의 논리적 구조를 시각화해주는 도구를 제공해준다. 따라서 번갈아가며, 길을 잃지 않고, 논지의 일반적 방향과 구체적인 하위 명제의 세부 사항을 검토할 수가 있는 것이다. 논지를 작성하거나 검토하는 매순간마다, 소프트웨어는 사용자로 하여금 어떤 명제가 옹호된 것인지 혹은 단순히 가정된 것인지의 여부와 어떤 명제 군이 일관성이 있는지의 여부를 즉시 알게 해준다.

소프트웨어는, 요구에 따라 어떤 명제가 부인되면 근거를 상실하는 주장을 나열해주거나 결론의 핵심이 달려 있는 명제를 표시해줄 수 있다.

3. 하이퍼텍스트, 상식의 구체화

스탠포드연구소(Stanford Research Institude)의 더글러스 엔겔바르트팀에 의해 제작된 그룹웨어는 논증과 협동 대화를 도와주는 소프트웨어 이상의 것이었다. 그것은 또한 그림 제작, 프로그래밍, 문서 작성 등의 작업실과 협동자 집단에 관련된 문서와 참고 문헌 목록도 갖추고 있다. 집단 구성원(우리는 대학인들 사이에 있다)에 의해 발간된 연구 결과들을 각각의 독서와 주석란에 게시해주는 "신문"도 있다. 따라서 독자가 필요하다고 느끼면, 동료 연구 결과에 대한 그의 지적은 소논문 복사본의 사적인 견본 형태로 머무르지 않는다. 하이퍼텍스트 구조의 "신문" 덕분에 논평은 공개적이 되는데, 이것은 마치 중세시대에 필사본 텍스트 여백을 채우는 주석이 정당하게 책의 일부가 되었던 것과 같다.

"전자 매뉴얼"은 집단의 특별한 지식 전체를 일관성 있게 유지하고 제시해준다. 매순간에 이 매뉴얼은 집단이 보유하는 일종의 지식 사진을 검색자에게 제시한다. 그룹웨어의 다른 측면보다 매뉴얼은 훨씬 더 통합의 기능을 갖는다. 원칙적으로 팀의 구성원들간의 지적인 차이는 소멸되는데, 다른 사람이 새로운 아이디어, 기법 혹은 작업에 필수적인 참고 자료를 발견하는 즉시 그 정보를 입수하기 때문이다. 신참자들에게는 더할 나위 없는 교육 도구가 제공된다. 그리고 이러한 공동 지식의 객관화는 하나의 객체, *토론의 목적*으로 인식되었는데, 그 이유는, 더글러스 엥겔바르트에 의하면 "활동적인 집단은 매뉴얼 내용을 주제로 한 대화 안에 끊임없이 연루될 것"이기 때문이다.

몇몇 미국의 대학들은 관련된 문헌자료 전체를 교수나 학생들이 공유하게 해주는 하이퍼텍스트 체계를 실험하고 있다. 예를 들어, 학생들은 동료들의 작업을 조회하거나 주석을 달아놓을 수 있으며, 교수가 수업을 준비하기 위해 사용했던 모든 자료에 접근할 수 있다. 자기 스승의 개념적 구축물 안에서 갈피를 잡기 위해, 문학 전공 학생은 교수가 어떤 날짜로부터 그려왔던 모든 "관계" 목록을 요구할 수도 있는데, 예를 들어 그 핵심어는 "빅토르 위고", "서사시"와 같이 될 수 있다. 하이퍼텍스트에서 "관계"의 색인화와 목록화는 지적 테크놀로지의 영역에서는 하나의 진전을 의미하는데, 모든 차이를 감안한다면, 이것은 *연산*을 *대상*으로 생각하기 시작했을 때부터 수학 분야에서 일어났던 진전과 비교될 만하다.

하나의 지적 활동(여기서는 관계 맺기)이 선언적이고 객관화된 형태로 일단 표상되면, 그것은 분류, 변형, 번역, 승인, 응집과 분석적 탈응집의 대상이 될 수 있다. 우리가 추상화라고 부르는 것은 종종 이와 같은 과정의 기호화를 의미하는데, 여기서 기호 또한 다양한 조작의 대상이 될 것이다.

■ 참고 문헌

AMBRON Sueann et HOOPER Kristina (sous la direction de), *Interactive Multimedia*, Microsoft Press, Redmond, Washington, 1988.

Groupware, dossier de la revue *Byte*, décembre 1988.
GUINDON Raimonde (sous la direction de), *Cognitive Science and ils Applications for Human-Computer Interaction*, Lawrence. Erlbaum, Hillsdale, New Jersey, 1988.
Hypertext, dossier de la revue *Byte*, octobre 1988.
LAMBERT Steve et ROPIEQUET Suzanne (sous la direction de), *CD ROM, the New Papyrus*, Microsoft Press, Redmond, WA., 1986 (contient la reproduction du texte de Vannevar BUSH As we may think, originellement paru dans *The Atlantic Monthly* en 1945).
WINOGRAD Terry et FLORES Fernando, *l'Intelligence artificielle en question*, PUF, 1988 (1er édition américaine : *Understanding Computers and Cognition*, Ablex, Norwood, New Jersey, 1986).

제 6 장

하이퍼텍스트의 은유

1. 어떻게 사고(pensée)가 사물에 도달하는가?

수세기 동안 인간에 의해 고안된 일반적인 문자, 여러 다양한 표상, 표기 체계들은 우리에게 현실을 형성해주는 언어, 감각, 기억으로 뒤엉킨 커다란 실뭉치를 몇몇 표나 선으로 환원하고, 기호화하는 기능을 갖는다. 사물에 대한 우리의 경험은 너무도 많은 이미지와 섞여 있고, 체험의 풀 수 없는 실타래에 너무 많은 실로 묶여 있어서, 우리는 그것들을 정돈하고 비교하고 제어할 수가 없다. 구체성의 특이하고 유동적인 실재가 색이 없어지고 형태가 밋밋해질 때, 변전(變轉)의 두터운 용암이 단순하고 다루기 쉬운 체계의 몇몇 가능한 경우로 투영될 때, 이때 비로소 우리의 근시안적이고 나약한 의식은, 사물들 안에서 길을 잃는 것 대신에 비로소 전체적으로 파악할 수 있게 된다. 그렇지만 이것은 기호라고 하는 미세한 그림자 위에서만 이루어지게 된다.

생물학의 진보로 말미암아 우리는 외부 환경에 대한 우리의 미래 행위와 그 결과를 상상할 수 있는 능력을 갖게 되었다. 정신 모델을 이용해 세계에 대한 우리의 상호 작용을 시뮬레이션할 수 있는 이러한 능력 덕분에, 우리는 우리의 개입 결과를 예상하고, 우리 경험의 지식을 이용할 수 있다. 다른 한편으로, 인간이란 종은 다른 동물 종보다 우월한 작업 능력을 갖추고 있다. 아마도 이와 같은 두 가지의 특성의 결합, 즉 만들기 자질과 상상력의 결합이 우리가 거의 항상, 기술에서 종종 비롯된 구체적 모델과 은유의 도움으로 사고한다는 것을 설명해준다. 명목론 적이고 구체성에 관심을 갖는 지식 철학은 이미지나 개별적 예를 실체화하는 모든 개념들을 의심해야 할 것이다. 예를 들어, *형태*와 *물질*처럼 아주 일반적이고 추상적인 것으로 보이는 개념들은 신석기 시대의 예술인 도기 제조와 조각에서 아리스토텔레스가 차용한 것들이다.

개념의 개념이라 할 수 있는 플라톤의 *이념(idée)* 그 자체도 더 최근의 기술에서 전용되었다. archétype(원형)이라는 단어는 첫째라는 *archè*와 흔적이라는 *typos*에서 유래한다. 직업적 용어에서 *typos*는 원판이고 주형이었는데, 그것을 이용해서 사람들은 돈을 주조하였다. 우리는 왜 플라톤이 감각적 이미지보다도 이념적 모델에 존재론적 우위성을 부여했는지를 알 수 있다. 그 이유는 은유에 의해, 하나의 유일한 원판은 무수히 많은 동전을 만들기 때문이다[100].

17세기 이래로 *인과성*의 개념은 기제(mécanisme)의 충돌, 압력, 전달 등의 세계 안에서 작동한다. 가장 일상적인 기술적 모델에다 소위 추상적인(사실은 은유적인) 사고를 차용해온 것을 끝없이 나열할 수 있다. 개념들은 지식의 한 영역에서 다른 곳으로 이동할 뿐만 아니라 거의 항상 하층 계급 태생으로서 농부, 장인, 기술자, 수공업자의 산물이다.

심리학도 이러한 인간 정신의 자연스런 경향에 예외가 되지 않는다. 예를 들어 형태 심리학은 전자기장의 은유를 폭넓게 이용하였다. 정신분석학은 상인(감정의 "투자"), 배관공("억압", 성욕(libido)의 모든 복잡한 배관), 화부(정신 기능의 열역학 모델)에게서 상당한 착상을 얻어왔다. 현대 인지심리학은 정보 과학에서 제공된 연산과 자료처리 모델을 다량 이용하고 있다.

그러므로 인지 활동으로서의 추상화나 이론은 아주 실용적인 기원에서 유래하는데, 이것은 두 가지 방법으로 이루어진다. 첫째는 포착 불가능한 변전을 영속적이고 다루기 쉬운 작은 기호의 상태로 환원하는 과정에서 지적 테크놀로지의 역할 때문이고, 두 번째는 우리의 이야기와 이론들을 채워주고, 좀더 넓은 세계를 그럭저럭 깨닫고 해석하게 해주는 기술자적 영감의 구체적인 수많은 모델 덕분이다.

바로 이러한 두 가지 자격으로 지적 테크놀로지는 인간 지능과 합류한다. 예를 들어 문자는, 한편으로는 일회적인 말을 체계화하고, 격자창이나 표 안에 넣는 데 사용된다. 다른 한편으로는 학식 있는 사람들로 하여금 하나의 쪽처럼 세계를 읽도록 했고, 그들로 하여금 찰더(Chaldée)[11] 점성가의 예언 탁자에서부터 유전 코드의 해독까지, 마치 페니키아인보다 오래 전에 생명이 알파벳을 발명한 것처럼, 현상 속에서 기호를 해독하도록 했다.

2. 의사 소통에 대한 해석학적 이론의 개요

그룹웨어나 하이퍼텍스트는 의사 소통과 집단적 지능을 위

11) (역주) 수메르의 옛 지명.

한 효과적인 도구가 되는 것 외에도, 실상을 밝혀주는 은유로 사용될 수 있다. 무엇을 생각하기 위한 은유인가? 바로 의사 소통으로서, 샤논(Shannon) 이론의 유명한 전화 도식에 의해 너무 오랫동안 표상된 것이다. 따라서 우리는 제 I 부의 처음 견해로 되돌아간다.

1940년대에 만들어진 의사 소통의 수학적 이론이 통계적 관점에서, 메시지의 의미를 고려하지 않은 채, 메시지의 출현 불가능성에 의해 정보 양을 측정한다는 사실은 알려져 있다. 그런데 인문과학은 반대로 의미 작용을 관심의 중심에 놓는 의사 소통 이론을 필요로 하고 있다.

의미 작용이란 무엇인가? 혹은 차라리 좀더 작용적인 측면에서 문제에 접근하기 위해, 의미를 부여하는 행위는 무엇으로 이루어지는가? 해석 활동의 기본적인 작용은 결합이다. 어떤 텍스트에 의미를 부여한다는 것은 그것을 다른 텍스트에 연결하고 접속시키는 것을 말하며, 따라서 하이퍼텍스트를 구축하는 것을 일컫는다. 우리는 서로 다른 사람들이 동일한 메시지에 대해 가끔 대립되는 의미를 부여하는 것을 잘 알고 있다. 이것은 비록 텍스트는 각각에게 동일하지만, 하이퍼텍스트가 완전히 다를 수 있다는 것을 말한다. 중요한 것은 그 안에서 메시지가 얻어지는 관계망으로서, 해석자가 메시지를 포착하기 위해 사용하게 될 기호의 그물이다.

당신이 어떤 쪽에 있는 각각의 단어에 열 개의 참고 문헌, 백 개의 주석을 연결한다. 나는 거기에 겨우 몇 개의 명제만을 연결한다. 그러면 사람들은 이 텍스트가 내게는 의미가 없는 것인 반면에 당신에게는 의미가 가득하다고 말할 것이다.

그러므로 집단이 의미를 공유하기 위해서는, 각각의 구성원들이 똑같은 메시지를 수신하는 것으로는 충분하지가 않다. 그룹웨어의 역할은 텍스트뿐만 아니라 결합, 주석, 논평망을 공동화해서 여러 사람들이 이용하게 하는 것이다. 그 결과로 공동 의미 구성이 구체화되어 열람할 수 있도록 주어진다. 다시 말해 하이퍼텍스트의 집단적 생성이 이루어진다.

일하고, 살고, 다른 사람들과 친하게 말하고, 그들의 이야기를 어느 정도 듣는 등의 일이 의미하는 것은 귀중한 공동의 지시 대상이나 결합체를 구성하는 것이며, 몰이해의 위험을 줄여줄 수 있는 공동의 하이퍼텍스트망, 공유된 문맥을 구성하는 것이다.

의미의 공유로서 이해된 의사 소통의 초월적 기반은 바로 이러한 공유된 문맥 혹은 공유된 하이퍼텍스트다. 반복해보자면, 그러므로 메시지의 의미는 그 문맥에서 밝혀진다고 하는 통상적 견해를 뒤집어야 한다. 오히려 메시지의 효과는 하이퍼텍스트를 변경하고 복잡하게 하고 개선하는 것이며, 이미 그곳에 존재하던 문맥망 안에서 새로운 결합을 창조하는 것이다. 의사소통의 기본적 도식은 더 이상 "A가 B에게 무엇인가 전달한다"가 아니라, "A는 A, B, C, D 등에 공통적인 윤곽을 변경한다 등이다." 의사 소통 해석학 이론의 주요 대상은 그러므로 메시지도 발신자도 수신자도 아니고 생태적 지위로서의 하이퍼텍스트며, 이전 것들로 유지되는 의미 관계의 항상 유동적인 체계다. 그리고 이 이론의 주된 연산자는 코드화도 해독화도 아니며, 군말을 통해 잡음에 투쟁하는 것도 아니라, 이와 같이 의미의 끊임없는 변화를 실현시키는 결합과 분리의 미세한 작용인 것이다.

하이퍼텍스트의 은유는 의미의 무한히 회귀적인 구조를 설명해주는데, 그 이유는 담화의 직선성 너머로 서로 대답하고 반향을 일으키는 의미 작용을 갖는 단어와 문장들을 하이퍼텍스트가 연결해주기 때문이고, 텍스트가 이미 항상 하이퍼텍스트이고 결합망이라 할 수 있기 때문이다. "텍스트"라는 어휘는 어원적으로, 직조라는 아주 오래된 여성 기술을 내포한다. 그리고 아마도, 우리가 의미를 파악하는 방법인 동사와 명사들을 엮어 만든 편물(tricot)이 거의 직물 용어로 말해지고 있는 것은 우연이 아니다. 말하는 종인 인류는 또한 옷을 입는 종이다. 참을성 있게 직조된 의류는 우리를 그 안에 간직하고, 우리의 경계를 만들며, 우리 피부의 체온과 세상의 혹독함 사이의 생생한 인터페이스를 형성한다. 집단은 언어와 모든 기호 체계로도 역시 바느질한다. 집단을 결합시키고, 산만하고 무분별한 파편과 변화로부터 그들을 보호해줄 수도 있는 의미의 천을 기호 체계에서 얻게 된다. 즉 의미 작용의 포장 아래로 드러나고 그들도 모르게 거기에 뒤섞여버리는 급격한 우연성으로부터 그들을 보호해주는 단어의 직물을 얻는다.

▣ 참고 문헌

SIMONDON Gilbert, *L'Individuation psychique et collective*, Aubier, Paris, 1989.

RASTIER François, *Sémantique interprétative*, PUF, Paris, 1987.

제 II 부

정신의 세 가지 시기 :
최초의 구전 · 문자 · 정보 과학

제 II 부

정신의 세 가지 시기 : 최초의 구전 · 문자 · 정보 과학

*하이퍼텍스트*의 상호 작용 가능성과 다양한 사용은 이 책의 제 I 부에서 설명되었다. 하지만 하이퍼텍스트는 거대한 디지털망의 한 측면에 불과한 것으로서, 이 디지털망은 이제 곧 고전적 편집에서부터 음영상에 이르기까지 통신 산업의 모든 분야를 결집시킬 것이다. 따라서 계속 이어지는 부분에서는 통신과 컴퓨터에 의한 정보 처리에 관한 현대 기술 전체에 대해 기술하겠다(제9장 : "디지털망"). 그렇다고 해서 소프트웨어와 망에 대한 기술에만 집착했던 것은 아니다. 제 I 부에서 하이퍼텍스트 이미지는 의미의 은유와 사회 기술 과정의 분석을 위한 길잡이로서 우리에게 사용되었다. 마찬가지로 이번 제 II 부에서도 우리는 기술적 자료로부터 출발해서 사회적 시간성에 대해 질문을 던지고, 또한 정보 기기를 기반으로 하는 새로운 지적 테크놀로지를 사용함으로써 나타나는 전대미문의 지식 유형에 대해서도 질문을 던질 것이다(제10장 : "실제 시간"). 그러나 특별한 사회적 시간과 지식의 유형이 컴퓨터에 연관되어 있지만, 인쇄술과 문자 그리고 구전 사회의 기억술들도 역시 자신의 것

들을 갖고 있다. 이 모든 "과거"의 지적 테크놀로지들은 인간 사회의 지적이고 시공간적인 범위를 설정하는 데 결정적인 역할을 했으며 아직도 하고 있다. 어떠한 지식의 유형도, 비록 그것이 예를 들어 *이론*만큼이나 우리에게 자연스러워 보인다고 할지라도 지적 테크놀로지의 사용에 결부되어 있다.

그것의 목적을 이해하고 미래상을 그려보기 위해서, *지적 테크놀로지와 그것에 연관된 문화 형태의 역사*의 연속선 안에서 정보 과학의 영향 아래에서의 현대적 발전을 다시 분석해야 할 필요가 있다. 바로 이것이 이번 제Ⅱ부를 시작하는 제7장("말과 기억")과 제8장("문자와 역사")의 주된 대상이다.

제 7 장

말과 기억

만약에 인류가 식물이나 동물이 갖고 있는 시간보다 더 빠르고 강렬한 다른 시간을 만들었다면, 그 이유는 인류가 표상을 기억하고 전파하는 기막힌 도구인 언어를 가지고 있기 때문이다. 그것은 또한 인류가 사물과 그것들의 관계 속에 많은 정보를 구체화시켰기 때문이기도 하다. 그 결과로 돌, 나무, 대지, 힘줄 혹은 뼈의 조립, 금속 등은 인간 대신에 정보를 보유한다. 우리가 함께 살고 있는 물질적 인공물을 유지하고 재생산하면서, 우리는 동시에 그 인공물의 형태와 사용에 부착되어 있는 사회적 배열과 표상을 간직하게 된다. 도구, 무기, 건물 혹은 도로 등의 내구력 있는 재료 안에 관계가 새겨졌으므로, 그 관계는 지속적인 상태로 자리잡는다. 언어와 기술은 시간을 생산하고 조정하는 데 기여한다.

그것이 기억술에 의해 정신 안에 존재하건, 대장장이나 도기공의 기술을 통해 청동 그릇이나 점토 그릇 안에 존재하건, 필경사의 파피루스 종이나 혹은 양피지 위에 존재하건 간에, 모든 종류의 기록물, 특히 문자 그 자체는 철회 불능 걸쇠 역할을 한다. 그 기록물들은 시간을 한 방향으로만 흐르게 하고, 약간의 역사를 만들거나 혹은 차라리 다양한 리듬의 *여러* 역사들을 만든다. 하나의 사회 조직을 살아가게 하는 물리-생물학적 생태 체계에 관한 모든 기술과 모든 접속 회로를 그 조직 안에 포함시킨다면, 그 사회 조직은 그 자체가 형태들을 유지시키고, 새로운 것들을 선별하고 수집하는 거대한 장치로 간주될 수 있다. 사회라고 하는 이 잡다하고 요동치는 거대한 기계(도로, 도시, 작업장, 문자, 학교, 언어, 정치 조직, 작업중이거나 길을 가는 군중 등)는, 그들의 특이한 표시로서, 기간과 속도의 몇몇 특수한 배열, 역사들의 얽힘을 분비한다

1. 최초의 구전과 두 번째 구전

의사 소통에 관한 몇몇 기본적인 기술의 존재 여부에 따라 문화를 몇몇 커다란 범주로 분류해볼 수 있다. 이런 분류를 통해 우리는 몇몇 전형을 찾아낼 수 있다. 주어진 한 시기에 각각의 사회 집단은 지적 테크놀로지에 대해서 독특하고 일시적인 상황 안에 놓여진다는 것을 잊지 말아야 한다. 따라서 사회 집단은 복잡한 연속체상에서만 명확하게 위치할 수 있다. 예를 들어 "문자의 있고 없음"의 구분은 (그것들도 구전 문화 안에서 분류되었을) 몇몇 구석기 사회에서 이미 잘 코드화된 그림 기호가 사용된 것을 은폐하고, 음절 문자와 알파벳 문자의 차이를 무시하고, 텍스트의 다양한 사회적 용도를 감춘다. 그러나 그것이 단순하게 보일지라도 이러한 구분은 유용한데, 그 이유는 예를 들어 생각의 방식이나 사회적 시간성을 조건짓는 물질적인 제약이나 기술적 요소들에 대해 관심을 이끌어내기 때문

이다.

*최초*의 구전은 사회가 문자를 받아들이기 전에 말의 역할을 말하며, *두 번째* 구전은 오늘날 우리가 알고 있는 것처럼 활자화된 것의 지위에 대해 보완적인 말의 지위를 가리킨다. 최초의 구전에서 말은 화자의 자유로운 표현이나 일상에서의 실제 의사 소통뿐만 아니라 우선적으로 사회적 기억을 관리할 책임을 가지고 있다. 오늘날 말은 살아 있고, 단어들은 "자유롭게 비상하며", 단어들은 텍스트의 거대한 자료체의 내면에서 분리된다. "남는 것은 씌어진 것"이기 때문이다. 최초의 구전 세계에서는 반대로 씌어진 것/말한 것의 모든 구분 이전에 존재한다.

최초의 구전 사회에서 거의 모든 문화적 구축물은 개인의 기억에 의존한다. 게다가 여기서 지능은 특히 청각적 기억과 종종 동일시되어왔다. 아직도 구전적 원전에 상당히 근접한 수메르인의 문자는, *커다란 귀*를 가진 머리로 표상하면서 지혜를 나타낸다. 그리스 신화에서, 기억의 신(Mnémosyne)은 신들의 계보에서는 완전히 특권적인 위치를 차지하고 있었다. 왜냐 하면 그것은 우라노스(Ouranos)와 가이아(Gaia. 하늘과 땅의 신)의 딸이었으며 아홉 뮤즈[12)]의 어머니였기 때문이다. 문자 이전의 시기에는, 계시를 받은 사람들(잔다르크는 문맹인이었다)은 눈으로 보는 것보다 훨씬 더 많이 소리를 들었다. 왜냐 하면 귀는 정보의 친숙한 통로였기 때문이다. 바르드(Bardes)[13)]나 아에데스(Aèdes),[14)] 그리오(Griots)[15)]는 그들의 연장자에게서 *들으면서* 자신들의 직업을 익혔다. 그렇지만 결국 문자의 수천 년 역

12) (역주) 그리스 신화에서 문예, 미술을 다스리는 9여신. 서사시를 맡은 칼리오페, 역사를 맡은 클레이오 따위.

13) (역주) 켈트족의 음유(吟遊) 시인.

14) (역주) 고대 그리스의 음영(吟詠) 시인.

15) (역주) 아프리카의 전통적 구송 시인.

사에 의해, 적어도 학식 있는 사람들에게는 입으로 전해지는 지식이 평가 절하되었다. 스피노자는 그것을 지식의 마지막 위치에 놓게 된다.

서로 다른 지적 테크놀로지들이 왜 그리고 어떻게 변별적인 생각의 유형을 나타나게 하는가? 일상적인 역사학적, 인류학적 *기술(記述)*에서 *설명*을 시도하는 것으로 넘어가기 위해서는 인간의 인지 체계가 의사 소통 기술, 기록 기술과 맺는 다양한 연결을 정확하게 기술(記述)해야 한다. 이런 이유로, 현대 *인지심리학* 자료들이 이 책의 뒷부분에 많이 동원된다.

문자 없는 사회에서는 지속 기간의 생성은 거의 전적으로 언어 사용과 관련된 인간 기억에 의존한다. 그러므로 우리의 설명에서, 이러한 기억의 특성을 규정하는 것은 중요하다. 정신 안에 무엇이 그리고 어떻게 *기재되어* 있을 수 있는가?

2. 인간의 기억 : 인지심리학의 기여

본능적인 추리가 핵심만 추려진 가설적 "이성"과는 아무 관계가 없는 것과 마찬가지로, 우리의 기억은 정보를 기록하고 복원해주는 충실한 기계 장치와 전혀 닮지가 않았다. 그리고 우선 현대 인지심리학에 따르면, 하나의 기억이 있는 것이 아니라 기능적으로 변별적인 여러 기억이 있다. 감각-운동적인 자동 현상을 만드는 능력(예를 들어 자전거 타기, 자동차 운전, 테니스 하기 등을 배우는 것)은 명제나 이미지를 포착하는 능력과는 다른 신경, 정신적 자원을 동원한다. 또한 우리가 서술적 기억이라고 부르는 이러한 후자의 능력 안에서조차도 단기 기억과 장기 기억을 서로 구분할 수 있다.

단기 기억 혹은 작업 기억은 주의력을 동원한다. 단기 기억은 예를 들어, 우리가 전화 번호를 읽고, 기계의 다이얼에 그 번호를 누를 때까지 머리에 그것을 간직하는 데 사용된다. 반복은 단기적 정보를 보존하기 위한 최고의 책략인 것 같아보인다. 우리는 번호를 누를 때까지 끊임없이 낮은 목소리로 그것을 발음한다. 그날의 질문에 대한 성적에만 신경을 쓰는 초등학생은 수업에 들어가기 전에 교과 내용을 열 번째로 다시 반복해 읽는다.

반대로, 장기 기억은 적당한 때 우리의 전화 번호를 떠올릴 때마다 사용된다. 장기적인 서술적 기억은 유일하고 거대한 결합망 안에 기록되어 있다고 추측된다. 망의 요소들은 정보의 내용과 그것들을 결합하는 힘과 숫자 안에서만 달라진다.

장기 기억 안에 정보를 저장하고, 필요할 때 몇 년 뒤에라도 그것을 되살릴 수 있는 가장 좋은 책략은 무엇인가? 인지심리학의 여러 실험에 의하면, 반복은 더 이상 굉장한 도움이 되지 않거나 혹은 적어도 가장 경제적인 책략이 아니라는 것을 알 수 있는 것 같다.

3. 장기 기억에서의 기록과 탐색

새로운 정보나 새로운 사실이 나타났을 때, 우리는 그것을 기억하기 위해서 그것의 표상을 구성해야 한다. 이러한 표상이 구성될 때, 그것은 인지 체계 안에서 강도 높게 활성화된 상태로 된다. 다시 말해, 그것은 우리의 주의 영역이나 혹은 그 주변에 놓이게 된다. 그래서 우리는 그것을 즉시 되살리는 데 어려움이 없게 된다. 장기 기억의 문제는 “어떻게 우리의 주의 영역에서 아주 멀리 놓여진 사실, 명제 혹은 이미지 그리고 오래 전부터 활동 상태에 있지 않았던 정보를 다시 되살리는가?" 하는 것이다.

활성화는 제어된 과정에 대한 기억 요소들, 의식적인 주의를 이용하는 기억 요소를 동원한다. 모든 기억망의 마디는 동시에 활기를 띨 수가 없다. 왜냐 하면 작업 기억과 제어 과정을 위한 자원은 한정되어 있기 때문이다. 우리가 기억이나 정보를 탐색할 때마다, 활성화는 우리 주의력에 나타난 사실로부터 탐색 사실쪽으로 퍼져가야 할 것이다. 이를 위해서는 두 가지 조건이 채워져야 할 것이다. 첫째는 탐색 사실의 표상은 계속 살아남아야 한다. 두 번째는 이런 표상에 이르는 가능한 연결로가 존재해야만 한다. 코드화의 책략, 다시 말해서 기억할 사실의 표상을 구성할 화자의 방식은, 사실을 훗날 기억해내는 능력에 대해 결정적인 역할을 하는 것처럼 보인다.

인지심리학의 여러 연구 작업을 통해 최선의 코드화 책략을 명확히 할 수 있게 되었다[3, 6, 104]. 예를 들어, 몇몇 실험을 통해 보면, 사람들에게 여러 단어 목록을 기억시키기 위해 반복하는 방법을 쓰도록 했을 때, 목표 정보의 기억은 24시간 동안 지속되지만 그뒤에는 사라지게 된다. 반면에, 사람들에게 목록을 기억하기 위해 익혀야 할 단어를 암시하는 짧은 이야기나 이미지를 구성하도록 하면 단기적으로는 평균적인 결과를 보이지만, 아주 오랫동안 지속될 것이다. 이러한 두 번째 책략을 *착상(élaboration)*이라고 부른다.

착상은 목표 정보에 부가된 것이다. 착상은 기억해야 할 항목들을 서로 연결하거나 이전에 얻어지거나 만들어진 생각에 그 항목들을 접속해준다. 일상의 생각에서, 착상 과정은 지속적으로 만들어진다. 예를 들어 지적 테크놀로지에 관한 소론을 읽을 때 무슨 일이 일어나겠는가? 우리는 텍스트의 앞 부분에 있는 이전 명제에다 지금 알게 된 명제들을 결합시킨다. 우리는 또한 경우에 따라서 다른 학자의 반대되는 명제나 개인적인 질문, 생각, 성찰 등에도 그것들을 연결시킨다. 이러한 착상 작업 혹은 연결 작업은 이해하고, 기억하기 위해 필수적인 한 가지 방법이다.

착상을 주제로 해서 시도된 여러 인지심리학 실험들은 결합이 복잡하고 많을수록 기억 능력이 좋아진다는 것을 밝혀주었다.

정보 습득 과정에서 도식(하나의 긴 경험을 통해서 정착된 일종의 정신적 파일이나 서류철)을 활성화하는 것은 기억에 대해 긍정적으로 영향을 미친다. 정형화된 도식이나 시나리오는 우리 일상 생활에서 친숙한 상황을 기술하는데, 사실 이미 완성된, 즉시 사용 가능한 착상에 해당된다. 우리는 정보가 우리에게 친숙한 상황이나 지식 분야와 관련될 때 더 잘 기억한다는 것을 잘 알고 있다.

이와 같은 착상의 효과를 어떻게 설명할 것인가? 그런 착상은 확실히 목표 정보를 수많은 연결을 통해 망의 나머지 부분에 결합시켜준다. 기억할 항목이 망의 다른 가지들과 연결이 많이 될수록, 우리가 기억을 되살리고자 하는 순간에 활성화가 전파되기 위한 가능한 연결 통로는 더 많아지게 된다. 하나의 명제나 이미지를 착상한다는 것은 그러므로 장기 기억의 연결망에서 이와 같은 표현에 접근할 수 있는 길을 구축하는 것이다.

이와 같은 설명은 기억 안에 있는 도식의 역할을 이해하게 한다. 하나의 정보 항목과 이미 설정된 도식을 결합하는 것은 문제가 된 표상에 대한 "이해"의 형태를 띠고 있다. 그것은 또한 도식을 순환시키는 의사 소통의 조밀한 망으로부터 표상이 혜택을 얻도록 해주는 한 가지 방법이기도 하다.

한 문장에서 언급된 사실의 *원인* 혹은 *결과*에 관계된 착상은, 더 느슨한 관계를 구성하는 착상보다, 기억의 관점에서 보면 더욱 효과적이다. 또한 접속의 양과 타당성만이 유일하게 기억의 기제에서 문제가 되는 것은 아니라는 것을 보여줄 수 있었다. 결합의 *강도*, 하나의 표상을 습득하는 데에 동반된 처리와 제어 과정의 다소간 심층적인 층위 등도 역시 주된 역할을 한다. 예를 들어, 우리가 탐색했던 것이나 혹은 해석의 능동적 노력을 기울였던 정보를 더 잘 기억한다. 기억할 항목에 대한 화자의 *정서적인 연루* 또한 그들의 기억 능력을 철저하게 변화시킨다. 정보에 좀더 개인적으로 관계될수록 그것을 잘 기억한다.

4. 코드화의 책략에서 기인된 불편함

인간의 기억은 정보의 기록과 복원을 위한 이상적인 기계의 성능과는 거리가 멀다. 왜냐 하면 우리가 방금 보았던 것처럼, 인간의 기억은 표상의 코드화에 동반되는 착상 과정과 제어 처리의 강도에 대단히 민감하기 때문이다. 특히 원래의 메시지와 그것에 연결하는 착상 사이의 구별을 잘못하는 것 같다. 예를 들어 법률적 사건에서, 증인들이 사실과 그들 자신의 해석을 구별하지 못하고 혼동한다는 것은 오래 전부터 알려져 있다. 사실이 이미 설정된 도식에 따라서 해석되었을 때는 더 강하게 왜곡 현상이 일어난다. 가능한 한 도식에 끼워 맞추어지기 위해서 원래의 정보는 변형되고 왜곡되며, 이것은 증인의 선의나 정직함과는 상관이 없다. 여기서 작용하는 것은 바로 인간의 기억 자체다.

5. 구전 사회에서의 기억술 책략

이와 같은 기억에 관한 인지심리학의 설명을 통해 보면, 문자, 영화, 녹음 테이프와 같은 기록 방법을 사용하지 않는 사회가 어떻게 해서 그들의 지식을 코드화했는지를 더 잘 이해할 수 있다.

주로 인간의 기억으로 구성된 인지 생태 환경에서 살아남을 기회가 가장 큰 표상은 무엇인가? 틀림없이 다음과 같은 기준에 가장 잘 상응하게 될 것이다.

① 표상들은 풍부하게 상호 접속이 되어 있을 것이다. 과도하게 모듈화되고, 분할된 방식으로 배치된 목록이나 모든 제시 방법들을 배제한다.
② 표상간의 접속은 특히 원인과 결과의 관계를 이용할 것이다.
③ 명제들은 그 사회 구성원들에게 구체적이고 친숙한 지식 분야를 언급해서, 구성원들이 명제들을 미리 설정된 도식에 연결할 수 있게 될 것이다.
④ 마지막으로, 표상들은 사람들을 개별적으로 연루시키고, 서정적 성격을 강하게 내포하는[정동적 부하(情動的 負荷)가 강한] "삶의 문제"와 밀접한 관계를 유지해야 할 것이다.

우리는 신화의 특성 중 몇 가지를 열거했었다. 신화는 사회 구성원들에게 필수적인 것으로 보이는 몇몇 표상들을 이야기 형태로 코드화한다. 인간 기억의 기능을 고려하고, 문자와 같은 고정 기술이 없는 상황에서, 표상들의 다른 종류의 조직이 지속적으로 지식을 전달할 확률은 거의 없다.

그러므로 "주술적 사고" 혹은 "야만적인"을 "객관적 사고"

혹은 "합리적인"과 대립시킬 필요가 없다. "야만적"인, 실제로는 *구전적인* 문화는 특수한 부류의 인지 생태 환경과 단순히 관련되는데, 이 부류는 20세기말 사람들이 갖추고 있는 대부분의 외적 기재 방식이 결여된 것이다. 지속시킬 만한 가치가 있는 것으로 보이는 표상들을 기억하고 전파하기 위한 장기 기억의 자원을 보유하지 못하기 때문에, 구전 사회의 구성원들은 그들이 갖추고 있는 유일한 기재 도구를 최선을 다해 활용했다.

극적인 묘사, 개성화, 다양한 설화적 기법은 단지 청중에게 즐거움을 주기 위한 것만은 아니다. 그것들은 구전 문화에서는 명제 전체의 영속성을 위한 *필요불가결한* 조건들이다. 우리는 의미적 기억에 부수적인 것으로서 음악적이고 신경 감각적 기억을 동원하게 되면 기억을 개선시킬 수 있다. 시나 노래의 각운과 리듬, 춤, 의식은, 이야기처럼, 기억-기술의 기능을 지니고 있다. 목적론적인 관점을 피하기 위해서, 동일한 생각을 다음과 같은 방법으로 제시할 수 있다. 거의 전적으로 인간 기억으로만 구성되어 있는 환경 속에서 존속할 기회가 가장 큰 표상은, 듣기에 좋고, 상당한 정동적 부하(情動的 負荷)를 보유하며, 다양한 음악과 의식이 동반되는 극적인 이야기로 코드화된 것이다.

따라서 문자 없는(이에 따라 학교 없는) 사회의 구성원들은 "비합리적"이지 않다. 왜냐 하면 그들은 신화를 믿기 때문이다. 그들은, 우리가 하는 것과 똑같이, 그들이 동원 가능한 최상의 코드화 책략을 단지 이용할 뿐이다.

우리는 개별적 사건들을 정형화된 도식으로 귀착시키려는 자연적 경향이 존재하는 것을 알고 있다. 이것은 문자가 없거나 문자를 많이 쓰지 않던 사회에서 종종 유래된 "영원한 회귀"의 느낌을 설명할 수 있다. 어느 시점에 이르면, 조상들의 인간성이나 행동들은 전통적 영웅 유형이나 신화 유형으로 혼합된다. 이 세상에 새로운 것은 아무것도 없다. 다시 말하면, 특수성이나 개별성은 이미 설정된, "영원한" 시나리오나 형태로 환원시키지 않는 한 기억하기 어렵다는 것이다. 플라톤(Platon)은 문자에 근거를 둔 새로운 인지 생태 환경이 장기 기억의 도식을 혼란에 빠트리기 시작하던 시기에, 장기 기억의 구전적 도식을 자신의 생각 안에, 향수에 젖어 실체화(hypostasier)했을 것이다.

6. 구전의 시간 : 순환과 변전(變轉)

문자 없는 사회에서 시간의 기준 형태는 순환이다. 이것은 구전 문화에 연속이나 불가역성에 대한 의식이 전혀 없었다는 것을 의미하는 것은 아니다. 게다가 시간의 순환성에 대한 상당한 사변이 이루어진 것은 인도나 고대 그리스처럼 문자 문명에서였다. 여기에서 단지 강조하고자 하는 것은 어떤 유형의 연대기적 순환성이, 초기 구전 사회에서 대부분 통용되던 의사소통 행위에 의해 퍼졌다는 것이다.

이런 문화에서는, 주기적으로 큰 목소리로 다시 거론되고 반복되지 않았던 모든 명제는 사라지게 되었다. 미래에 다시 사용하기 위해 구어적 표상을 저장할 수 있는 어떠한 방법도 존재하지 않는다. 그러므로 전달이나 지속 기간은 끊임없는 재시작과 반복의 움직임을 가정하고 있는 것이다. 의식과 신화는 세대들의 바퀴에 의해 거의 변하지 않은 채로 유지되었다. 만약에 사물의 흐름이 주기적으로 그 자신으로 돌아온다고 여겨진다면, 그것은 사회나 우주의 주기가 지식 의사 소통의 구전적 양식을 반복한다는 것이다.

최초 구전의 시간은 또한 변전인데, 그것은 지표도 흔적도 없는 변전이다. 사물은 변하고, 기술은 서서히 변형되며, 이야기는 상황에 따라서 변질되곤 한다. 왜냐 하면 전달이란 것은 항상 재창조를 의미하지만, 고정점이 없기 때문에 누구도 그 편차를 측정할 수 없다.

최초의 구전은 지식의 일부분을 차지하는 "이야기"나 "설화"의 형태에 의해 또한 변전에 연결된다. 신화는 선조나 영웅들의 *사실*과 *행위*로 꾸며져 있는데, 여기서 각각의 개별 실재들은 활동적이거나 혹은 개성화 되었으며, 유일하면서도 되풀이되는 일종의 태고적 변전에서 얻어진다.

최초 구전자들의 기억은 수많은 기술적 수단인 노래, 춤, 몸짓 안에서 구현되었다. 주체들에 의해 직접적으로 혹은 실제적인 집단을 통해서 관찰되거나 듣거나 반복되고 모방되고, *움직이*지 않은 것은 아무것도 전수되지 않는다. 지표 없는 변화 이외에도, 어디에나 존재하는 개인적 행동이나 참여도 역시, 문자 없는 사회의 연대기적 양식인, 변전을 정의하도록 해준다.

7. 최초 구전의 지속

현대 사회에서 최초 구전이 지속되는 것은 우리가 항상 말하고 있다는(2차 구전에 속하는 것) 것과는 그다지 관계되지 않고, 표상과 존재 방식이 문자의 회로나 전자 통신 수단과는 별도로 계속 전달되는 방식에서 기인한다.

1990년에 사용되고 있는 대부분의 지식, 즉 우리가 일상 생활에서 사용하고 있는 지식은 우리에게 구전으로 전달되었으며, 대부분 이야기의 형태(사람, 가족 혹은 회사의 이야기)로 전달되었다. 우리는 학교에서 이론을 연구하면서 혹은 책에서 원리를 배우면서가 아니라 관찰하고, 흉내내고, *행하면서* 대부분의 전문 기술을 익혔다.

소문이나 전통, 경험적 지식은 아직까지도 인쇄물이나 시청각 통신 방법과 다른 통로를 통해서 폭넓게 통용되고 있다.

게다가 구전은 역설적으로 문자의 매체로써 존속하고 있었다. 르네상스 이전의 종교, 철학, 법률 텍스트들은 죽은 글로 남아 있지 않으려면 거의 의무적으로 말로 된 주석이나 해설이 수반되어야 했었다. 텍스트를 전달하는 것은 직접적이고 개인적인 관계들의 끊임없는 망과는 분리될 수가 없는 것이다.

구전의 몇몇 측면은 텍스트 자체에서도 유지되고 있다. 플라톤, 갈릴레오, 흄은 *대화*를 저술하였다. 생 토마스는 그 시대 대학에서의 구전 논쟁을 양식화하면서 질문, 답변, 반박의 형태로 자신의 신학 대전을 조직하였다.

그리고 문학은, 그것에 의해 최초 구전이 사라지게 되었는데, 아마도 오늘날 말의 능동적 힘과 마술을 되찾는 역설적 임무를 갖는다. 단어들이 사물이나 생각에 붙여진 보잘것없고 평범한 라벨이 아직 아니고 이러한 살아 있는 현존, 이러한 숨결 등등에 연결된 힘이던 시기에 말이 갖던 효능을 되찾는 임무가 오늘날 문학에 부여되어 있는 것 같다. 문학은 평범한 사용을 뛰어넘어 언어를 재설립하는 것이고, 텍스트 안에서의 목소리 작업이고, 말하기의 장소다. 몇몇 알려지지 않은 태고적 힘에 의해 동사들이 세계적 사건으로서 갑자기 생겨나고 발현할 때 항상 거기에 존재하던, 사라진 '위대한 말하기'의 장소다.

■ 참고 문헌

ANDERSON John, *Cognitive Psychology and its Implications* (2e édition), W. H. Freeman and Company, New York, 1985.

BADDELY Alan, *Your Mémory : a User's Guide*, McGraw-Hill, Toronto, 1982

BLOOR David, *Socio / logie de la logique ou les limites de l'épistémologie*, Editions Pandore, Paris, 1982 (1re édition anglaise : *Knowledge and Social Imagery*. Routledge and Kegan Paul, Londres, 1976).

JOHNSON-LAIRD Philip N., *Mental Models*, Harvard University Press, Cambridge, Massachusetts, 1983.

LEROI-GOURHAN André, *Le Geste et la Parole*, vol. 1 et 2, Albin Michel, Paris, 1964.

McLUHAN Marshall, *La Galaxie Gutenberg. Face à l'ère électronique*, Éditions H.M.H. Ltée, Montréal, 1967.

ONG Walter, *Orality and Litteracy: the Technologising of the Word*, Methuen, Londres et New York, 1982.

PARRY Adam (ed.), *The Making of the Homeric Verse : The Collected Papers of Milman Parry*, Oxford, The Clarendon Press, 1971.

SPERBER Dan, Anthropology and Psychology : towards an Epidemiology of Representations, *Man* (N.S.), 20, 73-89.

STILLINGS Neil *et al. Cognitive Science. An Introduction*, MIT Press, Cambridge, Massachusetts, 1987.

YATES Frances, *L'Art de la mémoire*, Gallimard, Paris, 1975

(원판 : *The Art of Mémory*, Routledge and Kegan Paul, Londres, 1966).

제 8 장

문자와 역사

문자를 통해, 아직도 대부분 우리의 것인 지식의 양태와 시간성 유형에 우리는 접근하게 된다. 구전의 영원한 회귀는 역사의 긴 시야로 대치되었다. 이론, 논리 그리고 텍스트 해석의 섬세함이 인간 지식의 저장고 안의 신화적 이야기에 첨가되었다. 결국 우리는 알파벳, 인쇄술과 같은 문자의 개량이 과학을 지배적 지식의 유형으로써 자리잡게 하는 데 필수적인 역할을 했다는 것을 보게 될 것이다.

오늘날 우리에게 가장 자연스럽고 당연하게 보이는 시간과 앎의 사회적 형태는 실제로는 역사적으로 날짜가 매겨진, 그러므로 과도적이라 할 수 있는 기술의 사용에 근거를 두고 있다. 문화의 역사에서 통신과 지능의 테크놀로지가 차지하는 근본적인 위치를 이해한다는 것은, 우리로 하여금 텔레비전과 컴퓨터의 문명에서 나름대로의 우월성을 잃게 될 위협을 받고 있는 이성, 진리, 역사에 대해 새로운 관점을 갖게 한다.

1. 문자의 시대, 농업의 시대

농업 집단이 파종을 시작하면 그 집단은 대지와 시간에다 그들의 운명을 맡긴다. 수확은 여러 달 이후에나 가능할 것이다. 우리가 신석기 혁명이라고 불렀던 중요한 요소인 농업의 발명은 또한 시간과의 새로운 관계를 탐구하는 것이기도 하다. 구석기 시대 인류가 뒤로 미루는 행동이나 혹은 장기적인 결과를 예측하는 것을 몰랐던 것은 아니다. 그러나 농업과 함께, 땅에 곡식이 천천히 익어 가는 것과 수확할 때까지의 저장 곡식에 집단의 생존 자체가 달려 있게 되었다.

문자는 여러 거대한 고대 농업 문명에서 여러 번 그리고 따로따로 발명되었다. 그것은 농업이 식량 수단의 영역에서 전수했던 시, 공간과의 관계를 의사 소통의 영역에서 재현하고 있다. 마치 경작인이 그의 밭의 점토에 고랑을 새기는 것과 같이, 필경사는 책상 위의 점토판에 기호를 새긴다. 동일한 흙을 사용하고, 최초의 괭이와 갈대[16]는 크기에 의해서 밖에는 구분되지 않았고, 유사한 목재 도구를 사용하는 것이다. 나일강은 같은 물로 보리와 파피루스를 적셔준다. 우리의 *페이지(page)*는 농부의 밭을 의미하는 라틴어 *파구스(pagus)*에서 유래된 것이다.

우리가 사냥을 하거나 혹은 열매를 딴다는 것은, 우리가 표적이 된 먹이나 수확물을 바로 취득한다는 것을 말한다. 실패하느냐 성공하느냐 하는 것은 바로 그 즉석에서 결정된다. 반대로 농업은 유예 기간에 대한 사려 깊은 조직과 모든 지연 체계 그리고 계절에 대한 관찰을 가정하고 있다. 마찬가지로 문자는 메시지의 발신과 수신 사이에 지속성을 삽입하면서 오해, 손실, 오류 등의 위험성을 포함하는 지연된 통신을 만들어낸다. 문자

16) (역주) 옛날에 붓으로 사용한 식물.

는 시간에 대해 내기를 건다.

2. 문자와 국가

최초 국가의 지배자들은 도시나 사원의 성벽을 건립하면서 그들의 새로운 힘을 바닥에 새겨놓는다. 이와 같은 공간적 고착은 지속성의 증거며, 어느 지표 없는 변화의 종말과 떠도는 시간의 소멸을 예고한다. 도시의 비문을 되풀이하면서, 문자는 성소의 화강암과 기념비의 대리석에 성직자와 왕의 말, 법령, 그들의 위대한 공적, 그들 신의 위업들을 영속시킨다. 법령이나 이야기를 끊임없이 반복하고, 기입된 말을 *텍스트적으로* 언급하면서, 마치 왕이나 성직자가 거기에 몸소, 영원히 있는 것처럼 돌은 항상 변함없이 말한다.

문자를 통해 국가 권력은 사람들에게 역할을 지정해주고, 그들을 지역에 할당하고, 통일된 면적 위에 배치시키면서 사람들을 지배하듯이 기호를 지배한다. 연보나 행정적 기록, 법률, 규칙, 회계를 통해서 국가는 그의 미래와 과거를 어떻게 해서든지 동결시키고 계획화하며 제방으로 막아놓고 창고에 넣으려고 한다. 게다가 똑같은 목적에 의해 도시의 기념물, 창고, 성벽을 만들고 많은 비용을 들여 저장고, 관개 수로, 도로 등을 유지한다.

문자는 거대한 농업 분야를 관리하거나 부역과 세금을 조직하는 데 사용된다. 하지만 문자는 국가나 계획화된 농업 혹은 도시를 *섬기는 데* 만족하지 않는다. 그것은 신석기 혁명과 최초의 역사 문명에 의해 만들어진 시-공간을 기호의 형태로 *번역해준다*.

3. 해석학적 전통

문자는 완전히 새로운 의사 소통의 실제 상황을 가능하게 한다. 처음으로, 담화는 그것이 만들어진 구체적 상황으로부터 분리될 수 있다. 저자와 독자의 하이퍼텍스트는 그러므로 최대한 달라질 수가 있다. 순수하게 글로 된 의사 소통은 다른 시간과 장소에서 온 메시지를 각색하거나 번역하는 상황에서 인간적 중재를 제거한다. 예를 들어, 최초의 구전 사회에서는 이야기꾼이 청중의 흥미와 지식 등의 이야기 상황에 따라서 이야기를 각색했다. 마찬가지로 배달꾼은 수신자의 특별한 품행이나 기분에 따라서 그를 보냈던 사람의 생각을 표명했다. 구두 전달은 항상 동시에 번역이고 각색이며 반역이다. 씌어진 메시지는 충실성과 절대적 엄격성으로 제약되기 때문에 독자에게 난해해질 위험성을 안고 있다.

초기 구전 사회에서 텍스트 읽기에 해당되는 유일한 것은 아마도 선지자의 말 혹은 신탁적 예언의 해석을 받아들이는 것이다. 피티(Pythie[17])의 경구 해설자처럼 독자는 그 의도가 계속 불분명한 채로 있고, 발신과 수신 상황에 공존하는 중개인이 의사 소통 주체들 사이의 살아 있는 관계를 설정해 주지도 않은 채, 멀리 떨어진 다른 사람의 견해와 갑자기 대면하게 된다.

탈문맥적이고 모호한 메시지가 유통되기 시작하면, *의미 부여*가 의사 소통 과정에서 중심 위치를 차지한다. 예를 들어 상형 문자나 설형 문자 체계의 경우처럼 해당 문자를 판독하는 일이 어려운 것만큼이나 중요성을 갖는 것은 해석 작업이다. 기원전 3000년부터 "읽기"의 완전한 전통이 이집트나 메소포타미아에 성립되었다. 게다가 해석학적 활동은 파피루스 종이나

17) (역주) 아폴로신의 신탁을 받은 여사제.

서판에서만 실행된 것이 아니라 별이 있는 하늘이나 동물의 피부나 내장에 보이는 수없이 많은 증상, 기호, 전조등에 대해서도 실행되었다. 이제 세계는 판독해야 할 거대한 텍스트로서 자신을 드러낸다.

세대가 바뀌어 갈수록 저자와 독자의 세계 사이에 있는 거리가 끊임없이 증가하므로, 끊임없는 해석 작업을 통해서 그 간격을 항상 새롭게 축소하고 의미적인 긴장을 감소시켜야 한다. 구전은 노래나 말을 상황에 맞추기 위해 각색을 했지만, 문자문명은, 항상 더욱 더 엄청난 양의 문서를 자신의 앞으로 밀어내면서 새로운 해석을 텍스트에 *첨가한다*.

여러 세대의 독자들에게 텍스트가 단순히 존속하는 것은 이미 상당히 생산적인 배열을 구성한다. 잠정적으로 무한한 논평, 토론, 주석, 주해들의 망은 원본에서부터 덤불 모양으로 자라난다. 한 세대에서 다른 세대로 전달되면, 필사본은 자연적으로 그의 하이퍼텍스트를 퍼트리는 것처럼 보인다. 읽기는 분쟁으로 이끌고, 경쟁 학파를 만들며, 인쇄술의 승리 이후 유럽에서 종종 생겨난 것과 같이, 소위 원본으로의 회귀에 자신의 권위를 제공한다. 비록 편집과 읽기의 시간 사이에 있는 거리감을 축소시키는 것을 지향하긴 했지만, 해석은 자신이 없애려 했던 차이, 시간, 역사를 만들어낸다. 왜냐 하면 종이 위에 해설을 기입하면서, 일종의 읽기의 쓰기를 진행하면서, 하나의 불가역성을 만들기 때문이다. 아베로에스(Averroës)의 계승자들은 더 이상 그들의 선각자들처럼 아리스토텔레스를 읽을 수가 없다. 읽기는 역설적인 시간성의 근원이 된다. 왜냐 하면 텍스트 원전의 해석에 접근할수록, 자신이 메우려 하는 시간의 간격을 넓히기 때문이다.

4. 이론적 앎, 지식의 모듈적이고 체계적인 조직

해석학적 전통 이외에도 문자는 또한 또 다른 앎의 출현을 초래했는데, 그것의 저자들은 그것이 만들어지고 사용되는 개별적 상황들에 대해 독립적이라고 종종 주장하는 것이다. 그것은 바로 이론이다. 발신자와 수신자가 분리되고, 공통의 하이퍼텍스트를 구성하기 위한 적합한 상호 작용이 불가능하다는 것은 활자화된 의사 소통의 주요 장애물이다. *이론*은 이러한 어려움을 생산적인 제약으로 변화시키려는 시도를 한다. 텍스트는 창조나 수용의 구체적 조건으로부터 유리되어 있기 때문에, 우리는 그 자체로 충분한 담화를 구성하려고 할 것이다.

과학이나 철학에서 이론의 *지향(intention)*은 전통에 대한 독자성을 내포한다. 전통은 공유 경험의 토대 위의 개인적 전승이다. 그러나 폴 페이라벤트(Paul Feyerabent)[36]와 함께, 우리는 이 프로그램을 만족시키는 가능성에 대해 의심할 수 있다. 그 기원에 대한 기억이 없이, 그것이 발현된 상황에 독립적인 메시지가 존재하겠는가?

다른 한편으로, 역설적인 *이론적 전통*(학파, 보이지 않는 집단, 지식인 계보)도 구성되어 있다. 이와 같은 미세 문화의 안에서 씌어진 것에 대한 해석은 기능적으로는 그것에 의미를 줄 수 있는 상황, 경험, 담화의 조직 속에 다시 담그는 것이다. 물론 이렇게 재구성된 하이퍼텍스트는 저자들이 생존시에 붙여진 저자들의 하이퍼텍스트와 거의 관계가 없다는 것을 각오해야 한다.

과학이나 철학의 이론에 관한 이러한 지적은 종교에도 확대될 수 있다. 잭 구디(Jack Goody)는 여러 삶의 방식이나 지정학적 장소에 원칙적으로 예속되지 않은 종교인 보편주의적 종교는 모두 텍스트에 근거한다는 사실을 보여주었다[43]. 우리는 스토아학파나 어떤 불교의 형태와 같이 보편적 원리나 합리적 논증에 근거하는 많은 지혜나 윤리에 대해서도 같은 말을 할 수 있을 것이다. 그러한 것들은 글로 씌어진 도덕인 것이다. 여러분들은 뉴욕이나 홍콩에서 만큼이나 베를린에서도 이슬람으로 개종하거나 스토아주의 원리를 받아들일 수 있다. 반대로 보로로스(Bororos)나 아잔데(Azandé)(이들의 문화는 전적으로 구전적이다)의 종교나 삶의 방식을 실행하고자 한다면, 여러분들은 그들과 함께 사는 이외의 다른 방법이 없다.

담화가 이용되고 생산되는 상황으로부터 메시지를 분리하면서, 문자가 이론적 야망과 보편성을 자부한다는 것을 보았다. 이론 종류가 부상하고, 이야기에 의한 지식 전달, 조직 방식이 쇠퇴하는 것을 문자와 관련된 것으로 보는 다른 이유들이 있다. 특히 글로 씌어진 표기법은 의식이나 이야기와 관계없이 분리된 모듈적 표상을 보존, 전달하는 것을 매우 용이하게 한다.

기억의 인영(印影)과는 반대로 글로 씌어진 흔적은 문자에 의한 것이다. 그것은 착상에 따른 변형을 겪지 않는다. 장기적 기억의 거대한 의미망 도식은 자신의 특이성을 파괴할 위험이 없다. 특성상으로 볼 때, 일반적으로 문자와 기록은 단기적 기억과 아주 유사하다. 그것은 마치 점토판이나 파피루스 종이, 양피지, 자기 테이프가 자신에게 맡겨진 것을 이해하려 하거나 다른 정보에 연결하거나 해석하려 하지 않고 꾸준히 기계적으로 반복했던 것과 같다. 문자는 생물학적 작업 기억을 무한대로 확장하는 방법이다. 의식적인 주의력을 동원하게 되고, 인간 인지 체계에 자원이 거의 없는, 통제된 과정의 인지적 보조물 역할을 지적 테크놀로지가 맡고 있다. 이러한 방식으로 지적 테크놀로지는 추론의 발견법이나 장기 기억의 도식화 기제와 같은 자동 과정의 몇몇 취약점을 보완해준다.

문자를 통해, 표상은 노래나 이야기와는 다른 유형으로 존속한다. 이것은 육필에서 인쇄로 거쳐가고, 서체에 관한 기호의 사용이 사회 안에서 많이 늘어날수록 그러하다.

인간의 장기적 기억의 제약에 대응하기 위해 서로간에 긴밀하게 연결되어 있기보다, 표상들은 이제 분리된 형태로 전달되고 지속된다. 이제부터는 목록화되고 도표화된 숫자와 단어들을 갖추게 된다. 수메르나 아카디아 사제들의 최초 천체 관찰에서부터 천체 물리 관측소의 컴퓨터에 저장된 일련의 숫자에까지, 서판에 의한 최초의 계산에서부터 미니텔에 의한 주식 시세에까지, 서체 방식을 근거로 하는 지적 테크놀로지는 이야기 속에 포장되지 않은 "자유로운" 미세-표상들의 순환을 허락한다. 광학적 혹은 자기적 기억 장치에 저장된 모든 종류의 데이터베이스를 통해, 정보 과학은 모듈적이고 분리된 정보의 사회적인 사용 가능 양을 증가시키는 일만을 단지 수행했다.

기억의 부담이 더 이상 단지 인간적 회상에만 근거하지 않을 때, 원인과 결과의 긴 연결은 표상들을 서로 연결하기 위한 그들의 특권적 지위의 일부를 상실한다. 동작의 연출, "연극적"인 상영은 "체계적"인 배열에 그 자리를 일부 양보한다. 예를 들어 의약 처방이나, 메소포타미아인의 예견에서 다음과 같은 일련의 정렬된 계율을 발견할 수 있다. 즉 "만약 …… [어떤 징후를 발견하면], 그러면 …… [어떤 진단을 내려야 한다]." 우리는 여기서 체계적인 배열을 거론할 수 있는데, 그 이유는 규칙의 목록은 연구 대상 영역의 모든 가능한 경우를 충족시키기 때문이다. 가설 연역적 형태나 혹은 소수의 원리에 의해 모든 결과를 도출하는 추론망은 표상 배열의 다른 체계적 형태다. 예를 들어 유클리트의 "*원리(Elements)*"에 대해 생각해볼 수 있다. 문자의 일상적 사용이 없이 사회적으로 제도화된 지식의 유형으로서의 이론은 존재하지 않는다. 더 일반적으로 말해서, 문자는 인간 생활의 중요한 문제와는 동떨어지고, 정서를 뒤흔들지 않는, 산문 혹은 산문적 내용을 지속적으로 전달해준다. 메소포타미아에서 처음 문자를 사용한 것은 회계와 사원의 목록에 관련된 것이었다.

5. 합리성의 문제로의 회귀

문맹 퇴치가 겨우 시작됐던 시기인 20세기 초기에 민족학자인 루리아(Luria)에 의해서 우즈베키스탄(Ouzbékistan)과 키르기지(Kirghizie)에서 추진되었던 조사를 통해 지적 테크놀로지로서 문자의 몇 가지 효과가 밝혀졌다. "톱, 장작, 대패, 도끼"의 목록을 대했을 때, 순수 구전 사회의 농민들은 장작을 별도로 분류할 생각을 하지 않는 반면, 어린아이들은 그들이 읽는 것을 배우는 순간부터, 바로 장작은 도구가 아니라는 것을 발견하게 된다.

이것은 구전 문화에서 자라난 개개인은 논리가 부족한 반면, 사람들이 글자를 알면서 추론하기를 배운다는 것을 말하는가? 사실 여러 인류학적 작업을 통해, 글자 문화의 개인들은 *범주*를 통해 생각하는 경향이 있는 반면, 구전 문화의 사람들은 우선 *상황*(그런데 톱, 장작, 대패, 도끼는 모두 나무를 가지고 하는 작업의 동일한 상황에 속한 것이다)에 의해 깨닫는다는 사실이 증명되었다. 구전인(oraliste)들은 — 우리는 문화가 문자에 의해 일부분 구조화된 사회를 지칭하는 용어인 문맹인(analphabète)보다는 이 용어를 더 선호한다 — 따라서 우리보다 덜 영리하지도 덜 추론적이지도 않다. 그들은 단지 그들의 생존과 (비학교적) 학습 조건에 완벽하게 맞추어진, 다른 종류의 생각하는 방법을 실행하고 있었을 뿐이다.

수많은 실험과 조작을 통해서, 실험 심리학자들이 학생 집단의 추론과 기억 능력을 측정할 때, 학생들이 옆 사람과 대답에 대해 논의하게 하거나, 종이와 연필을 사용하게 하는 경우는 매우 드물다. 인지심리학 연구실에서 연구, 기술된 것처럼 지적 테크놀로지도 없고 동료의 도움도 받을 수 없는, "벗은" 인간은 구체적인 상황이나 모형을 중심으로 하는 구전적 유형의 생각에 본능적으로 의존한다[58]. "논리적 사고"는 알파벳이나 그것과 관련된 (학교) 학습의 유형과 결부된 최근의 문화적 층위와 상응한다.

구디(Goody), 하벨로크(Havelock), 스벤브로(Svenbro)와 같은 학자들에 의하면, 어떤 유형의 합리적이거나 비판적인 사고는 문자와의 관계에서만 발전할 수 있었다고 한다. 이런 점에서 그리스어의 음성 알파벳은, 진정으로 텍스트를 "말하게" 하는 것을 통해 중요한 역할을 했을 것이다. 반면에 초기 문자 체계들은 아직도 해독하기에 다소 용이한, 기억을 발달시키는 기호만을 사용하고 있었다.

하벨로크는 구전 문화에서 글자 문화로의 이행에 기반을 둔 철학의 탄생에 대한 한 가지 해석을 제안하였다. 창시자의 이야기를 전달하는 문제가 해결되었을 때 비로소 담화의 합리적 기반의 문제를 전반적으로 제기할 수 있다. 경험, 기억, 시, 신화의 암송을 통한 교육을 대신한 것은, 사고의 변증법적 검토 훈련을 첫 번째 역할로 한 교육이었을 것이다. 소크라테스는 물론 구전인이었다. 그러나 그는 시적 기억 훈련을 위해 말을 더 이상 사용하지 않았고, 최초 구전 시기에는 낯선 단어 배열과 개념적 어휘를 사용하는 것을 통해, 서사적이고 서정적인 전통의 매력을 깨뜨리기에 적절한 산문적 도구로서 말을 사용했다.

플라톤(Platon)은 호메로스(Homère)나 헤지오드(Hésiode), 비극작가들이 전해준 구전 형태의 시적 지식을 과감히 버린다. 그것 대신에 그는 산문으로 된 자신의 고유한 교육이나 그의 "서체적인" 정신 상태로 대치하기를 원한다. *페드르*에 표시된 문자에 대한 불신은 이 작가의 근본적 계획에 대한 부정을 나타내줄 것이다. 게다가 문제의 대화에서 생기 있는 말에 제공된 긍정적 특징들은 최초의 구전성보다는 오히려 2차 구전성을 지칭하고 있다. 상기해보면 최초의 구전성은 사람들의 즉각적인 표현보다는 사회적 기억을 관리하는 책임을 우선적으로 갖고 있기 때문이다.

6. 역사 · 기억 · 진리

표의 표기에서 알파벳으로, 필경(筆耕)에서 인쇄술로 거쳐감에 따라 시간은 점점 더 선적이고 역사적으로 된다. 기호들의 연속적 순서는 페이지나 기념비에 나타난다. 전달 가능한 자료체의 잠정적으로 무한한 축적과 증가는 구전성의 범위를 깨뜨릴 정도로 그것을 확장시킨다. 달력, 날짜, 연보, 기록 등은 고정된 지시 대상을 설정하면서, 한 독립된 분야로서가 아니더라도 적어도 문학의 한 장르로서 *역사*를 창조한다. 인쇄술의 승리 이후 연대표, 천문 관찰, 이전 연대기 내용 등에 대한 방대한 비교, 일관화 작업을 통해 역사의 "시간"을 회귀적으로 구성할 수 있었을 것이다. 그들 자신의 시간을 퍼뜨리고,

항상 고귀하게 자신을 드러내지 않아 왔던 헤아릴 수 없는 연도와 시대, 왕조와 꿈들, 통치와 시기들을 동일한 일률적인 주형 속에 집어넣고 단조로운 목록으로 정리한다. 역사는 문자의 결과다.

최초 구전에서 기억을 도와주려는 집착이 그 대상을 더 이상 갖지 못하자, 이야기 형태는 그 필요성을 상실하게 되었다는 것을 다시 반복해두자. 하벨로크는 헤지오드의 *정의(Justice)*가 아직도 행동하고 고통받고 참아내는 사람이라는 것을 지적했다. 플라톤에게서 그것은 개념이다. 신화적 모험의 주체들인 최초 구전 시기의 인물, 영웅들은 그리스 문자 문화의 탄생과 더불어 추상적이고 불변하는 관념이나 원리로 번역되었다.

기슭 없는 강과 같고, 정해진 속도가 없는 움직임과도 같았던 문자 없는 사회의 변전을 존재에 대한 새로운 문제점이 계승한다. 다시 한 번 역사는 자신을 구성하며, 이것이 존재와 변전의 변증법적 결실이다. 그렇지만 이제는 존재와 관련되고, 진보와 퇴보가 그려질 수 있는 두 번째 변전인 것이다. 열려진 선을 그리는 변전이다.

이제부터 기억은 개인이나 집단 자체와 분리된다. 지식은 이곳에서 사용할 수 있고 저장되어 있으며 참조할 수 있고 비교할 수 있다. 이러한 객관적이고, 활동하지 않고, 비개인적인 종류의 기억은 근심거리를 제공한다. 물론 새로운 근심은 아니지만, 지식 전문가들을 특별히 날카롭게 사로잡는 것으로서, 바로 그것을 지닌 주체들과 독립적인 진리에 대한 근심이다. 기억의 객관화는 개인 혹은 집단의 정체성으로부터 지식을 분리한다. 지식은 더 이상 단지 나에게 매일 쓸모가 있고, 나에게 자양분이 되며, 이 집단의 구성원으로서 하나의 인간 존재를 만들어 주는 것으로 끝나지 않는다. 이것은 분석과 시험의 대상인 것이다. 현대적이고 비판적인 의미로서, 진리의 요구는 사회적 기억이 문자로 짜여진 기호망에 의해 포착되었을 때, 기억의 부분적인 회저[18] 효과일 것이다.

여기에서 우리는 문자를 통해 철학이나 합리성을 *설명*하려고 고집하는 것은 아니고, 단지 지적 테크놀로지로서의 문자가 이와 같은 사고 유형들이 존재할 *조건*이 된다는 것을 암시하고자 한다. 비록 문자가 합리주의자들의 시도에 필요 조건이 되기는 하지만, 그것의 충분 조건이 되는 것은 아니다. 사고의 역사는 어떤 지적 테크놀로지의 출현으로부터 *연역*되는 것은 아니다. 역사 안에 위치한 구체적 행위자들이 그것을 사용하는 것은 출현과 함께 주어지는 것이 아니기 때문이다. 더구나 문화나 역사적 시기에 따라 다양한 목적으로 문자를 사용했다는 것을 증명하는 것은 쉬운 일이다.

글로 씌어진 산문은 단순히 철학이나 과학, 역사, 법학의 단순한 *표현 양식*이 아니다. 그것들을 *구성*한다. 왜냐 하면 우리가 오늘날 알고 있는 이러한 지식 영역은 산문에 선행하지 않는다. 문자 없이는 날짜나 기록, 관찰 목록이나 숫자 표, 법률 조항, 철학 *체계* 등이 없으며, 하물며 이런 체계에 대한 비판은 더더구나 존재하지 않는다. 우리는 구전 문화의 영속적 회귀, 무감각한 편류 안에 있게 될 것이다. 그러면 산문은 정보과학의 표상 형태들에게 자신의 지위를 빼앗긴 채, 마치 오늘날의 시처럼, 무상성의 미와 무용성의 낡은 맛을 띠게 될 것이다. 산문의 퇴조는 그것이 조건짓는 지식의 퇴조를 예고하며, 합리적 지식은 아직 미지의 인류학적 모습을 향해 움직일 것이다.

---

18) (역주) 세포의 죽음으로 인한 연속된 조직의 변질.

7. 인쇄술의 시대 : 백지 상태와 체계

인쇄술은 텍스트의 전달 방식을 크게 변화시킨다. 유포된 서적의 양에 비추어보면, 각각의 독자들이 개인적으로, 자신도 구전 교육을 받은 선생의 도움으로, 서적들을 해석하게 되는 것은 더 이상 불가능하다. 텍스트의 수신자는 이제 조용히 읽는 유리된 개인이다. 어느 때보다도 활자화된 보고서는 자신만으로 충분한 방식으로 제시된다. 15세기 중엽부터 유럽에서 발달했던 새로운 기술은 전통의 사슬을 무너뜨리는 데 기여한다.

엘리자베스 아이젠스타인(Elisabeth Eisenstein)[32]에 의하면, 인쇄술은 과학적이고 철학적인 측면만큼이나 정치적인 면에서 "백지 상태"들과 체계들의 시대를 열어준다. 수많은 저자들은, 시간에 의해 부여된 적법성 없이 (혹은 그것에 반하여) 이성의 도움만으로, 모든 것을 제로에서 다시 시작하며, 새롭게 구성할 것을 주장한다. 이 점에 대해 가장 훌륭하고 유명한 표본 중의 하나는, "방법론적 의심"을 통해 모든 유산을 포기한 후 지식을 완전히 재구성하려한 데카르트의 시도임에 틀림없다. 자칭해서 무시되고 버려졌던 유산이 데카르트철학의 어느 곳에나 존재한다는 사실은 혁신이, 항상 그런 것처럼 백지 상태의 창조가 아니라 이전 것의 재해석 혹은 전환이라는 것을 잘 보여준다. 그런데 인쇄술은 필사 시대와 비교할 수 없을 정도로 광범위하고 가용성이 높은 텍스트망 안에서 재조합과 배합의 새로운 가능성을 적절하게 제공한다. 그렇다고 하더라도 전통과의 관계, 전통을 바라보는 시선은 아마도 불가역적으로 유럽의 고전 시기에 변했다는 사실은 변함이 없다.

데카르트철학은 다른 방법으로 아직도 인쇄술에 의존한다. 프랑스의 수학자이자 철학가인 피에르 드 라 라메[Pierre de la

Ramée, 라뮈스(Ramus)]는 16세기에 새로운 유형의 지식 전개 방식을 옹호했다. 즉, 그것은 분석적 제시 방식으로서, 스콜라 학파 유형에 완전히 반대되는 것이다. 그는 자신의 수학 저서를 편찬하면서 자신의 생각을 직접 실행에 옮겼다. 피에르 드 라 라메에 의해 권장된 새 *교과서*에서, 가르쳐야 할 내용은 표, 나무 그림 혹은 망 위에 공간화되고 투사되며, 부분으로 분할된 뒤에 전체 구도에 의거해 분배된다. 우리는 오늘날 이러한 종류의 지식 분할 방식과 목차나 색인에 의거한 방향 잡기에 너무나 익숙해져 있어서 우리는 그 특성을 잊는다. 우리는 이러한 유형의 지식 표상과 인쇄술을 연결하는 관계를 더 이상 지각하지 못한다. 이전의 필사(筆寫)는 구전 의사 소통을 흉내냈고(질문과 대답, 찬성과 반대 논쟁), 위대한 텍스트의 주석을 위주로 구성되거나 혹은 선택된 발췌분이나 편집물을 제시하였다. 일관된 구도에 따라 분할되고 공간화된 "자료"를 체계적으로 제시하는 것이 일반화된 것은 16세기에 이르러서다. 이러한 제시는 우리가 이미 제 I 부에서 말했던 인쇄술의 고유한 인터페이스(규칙적으로 매긴 페이지 번호, 목차, 단락의 분명한 출발점, 색인, 빈번한 도표 사용, 도식과 그래프)에 의존하고 있다.

분할과 열거 방식을 사용하는 데카르트 방법은 대상이나 문제의 분할뿐만 아니라 이와 같은 대상에 대한 지식까지도 분할할 수 있다고 가정하고 있다. 우리는 그 방법이 라뮈스의 분석적 발표 방법과 인쇄술의 덕택이란 것을 알고 있다.

한 번 더 말해서 그리고 모든 오해를 피하기 위해서, 의사 소통 기술에 의해 철학적 사고를 엄밀하게 *결정(détermination)* 하고자 하는 것은 아니다. 지적 테크놀로지는 단지 가능성의 조건일 뿐이며 해석, 전용, 무시될 수 있는 장치일 뿐이다. 데카르트나 라이프니츠(Leibniz)[후자는 하노버(Hanovre)대학 도서관장이었으며, 보편적 특성의 논리적 문자의 창안자이고 목록표기법 이론가였다]도 인쇄술 없었다면 그들의 업적을 이루지 못했을 것이다. 그러나 데카르트나 라이프니츠도 분명히 구텐베르크에 의해 발명된 기계적 인쇄기로부터 *연역*될 수 있는 것은 아니다.

8. 인쇄술의 시대 : 진보

15세기말부터 고대 텍스트들이 인쇄되었다. 이 과정에서 현대 시기까지 계속된 복사 과정에서 옮겨지고 덧붙여진 여러 주석, 여담 그리고 산더미 같은 우연적인 상세 부분과 고전 주석자들의 메모들이 모두 고대 텍스트에서 제거되었다. 따라서 고대의 위대한 법률적, 철학적, 과학적 저작들의 전체 구도와 일관성이 다시 나타나게 되었다.

인쇄술은 동일 텍스트의 여러 다른 사본을 쉽게 비교하게 해준다. 인쇄술은 번역과 사전을 학자들에게 일임했다. 연대기가 통합되기 시작했으며, 결국 신성한 텍스트에 대해서까지도 역사, 철학적 *비판*이 실행되기 시작되었다.

순수하고, 연대 착오 없는 과거를 되찾고, "역사적 의미"를 되찾으려는 욕구는 인쇄술에 의해 제공된 방법과 분리될 수 없는 것이다. 물론 과거는 더 분명하게 인지되지만(그리고 경탄과 모사에 노출되지만), 그러나 이미 지나간, 사멸된 과거로서일 뿐, 살아 있는 연결망이 우리에게까지 전달한 본원적인 말로서 인지되는 것이 아니다.

인쇄술과 더불어 *진보*란 개념은 새로운 중요성을 띠게 된다. 우리가 보았던 것처럼 과거는, 현재의 무게를 완화시키고 기억

부담을 덜어주면서 고대를 향하여 역류해간다. 그러나 특히, 엘리자베스 아이젠슈타인이 강조한 것처럼, 미래는 과거보다는 더욱 많은 빛을 약속해준다. 사실 인쇄술은 학식 있는 사람들 집단의 의사 소통 장치를 근원적으로 변화시켰다. 때때로 어떤 종교 텍스트나 어떤 지리 서적의 연속적인 간행에 통신자들과 비평가들의 국제적 망 전체가 협력하기도 한다. 오류가 덧붙여지면서 갈수록 훼손되는 희귀한 복사본 대신에 이제 정확하게 개선된 판본을 갖추게 된다. 과거의 자료는 결정적으로 보존되었다. 단번에 사람들은 최근의 발견에 더 관심을 가지게 되었고, 인쇄술은 천문학적이며 지리학적인 혹은 식물학적인 새로운 관찰을 정확하게 고정시키거나 대규모로 확산시켜준다. 지식의 폭발로 이어지게 될 누가(累加)적 과정이 작동한다.

9. 현대 과학과 인쇄술

르네상스 시기의 천문학적 발견의 대부분은 망원경 없이 이루어졌다. 인쇄술 덕택에 케플러(Kepler)나 티코 브라헤(Tycho Braché)는 정확하고 사용 가능한 과거 혹은 현대의 관찰 자료집과 정밀한 수치 도표들을 사용할 수 있었다. 인쇄술에 의해 제공된 인지적 환경이 없었다면, 확실성을 갖고 일련의 숫자를 비교하는 가능성이 없었다면, 획일적이고 상세한 하늘 지도가 없었다면, 천문학이나 우주학 분야에서, 알렉산드르 코와레(Alexandre Koyré)의 표현에 따르면, “닫혀진 세계에서 무한한 우주로” 유럽 문명을 나아가게 한 혁명이 일어날 수 없었을 것이다.

필사(筆寫)의 시대에는 꽃의 구조나 갈비뼈 혹은 인간 해부 요소를 그림으로 전달하는 것은 적어도 위험한 일이었다. 사실 저자가 훌륭한 화가라고 가정할지라고, 이후의 필경사도 그러한 능력을 갖고 있을 확률은 거의 없었다. 두세 차례의 필사가 이루어진 뒤에, 그림은 더 이상 원래의 모양과 거의 닮지 않게 되는 것이 가장 가능성 있는 일이었다. 인쇄술이 이런 상황을 바꾸었다. 화가의 기교는 형태의 엄격한 지식을 위해 사용될 수 있었다. 지리, 자연사 혹은 의학 서적의 편찬자들은 더 훌륭한 인재의 도움을 호소하게 되었다. 통일된 용어로 이루어진, 양질의 해부도나 식물도, 더욱더 확실한 지도 그리고 명확한 도형을 수반한 오류 없는 기하학적 선 등이 전유럽으로 퍼져나가게 되었다.

기계식 인쇄기를 "과학"이나 "진보"란 말과 동일시할 수는 없다. 오늘날 출판되는 것을 거론할 필요도 없이, 16세기에 사람들은 종교 전쟁을 자극하는 신비술과 비방문에 관한 소론들을 많이 인쇄했었다! 그럼에도 불구하고, 우리는 구텐베르크의 발명이 새로운 인지 양식이 만들어지도록 했다고 주장할 수는 있다. 지도나 도식, 그래픽, 도표, 사전 등을 조용히 조사하는 것은 이제 과학 활동의 중심에 위치하게 되었다. 중세의 지적 풍습의 특성인 구전 논쟁에서 시각적 논증으로 거쳐가고 있는데, 이러한 시각적 논증은, 컴퓨터라는 새로운 시각화 도구 덕분에 오늘날 그 어느 때보다도 과학 논문이나 실험실의 일상적 활동에서 많이 사용되고 있다.

▣ 참고 문헌

ANDERSON John R., *Cognitive Psychology and its Implications* (2e édition), W. H. Freeman and Company,

New York, 1985.

ANDRÉ-LEICKNA.M Béatrice, ZIEGLER Christiane (sous la direction de), *Naissance de l'écriture. Cunéiformes et hiéroglyphes* (catalogue de l'exposition au Grand Palais), Éditions de la Réunion des musées nationaux, Paris, 1982.

BADDELY Alan, *Your Memory : a Users Guide*, McGraw-Hill, Toronto, 1982.

BLOOR David, *Soco / logie de la logique ou les limites de l'épisténiologie*, Editions Pandore, Paris, 1982 (1re édition anglaise : *Knowledge and Social Imagery*, Routledge and Kegan Paul, Londres, 1976).

BOORSTIN Daniel, *Les Découvreurs*, Seghers, Paris, 1986 (1re édition américaine : The Discoverers, Random House, New York, 1983).

BOTTERO Jean, *Mésopotamie. L'écriture, la raison et les dieux*, Gallimard, Paris, 1987.

EISENSTEIN Elisabeth, *The Printing Revolution in Early Modern Europe*, Cambridge University Press, Cambridge / Londres / New York, 1983 (à paraître en français à La Découverte en 1991).

FEYERABEND Paul, *Adieu la raison*, Le Seuil, Paris, 1989 (원판 : *Farewell to Reason*, Verso, Londres, 1987).

GOODY Jack, *La Raison graphique : la domestication de la pensée sauvage*, Minuit, Paris, 1979.

GOODY Jack, *La Logique de l'écriture : aux origines des sociétés humaines*, Armand Colin, Paris, 1986.

HAVELOCK Eric A., *Aux origines de la civilisation écrite*

en Occident, Maspero, Paris, 1981.

HAVELOCK, Eric A., *The Muse Learns to Write : Reflections on Orality and Litteracy from A ntiquity* Io *the Present*, Yale University Press, New Haven, Connecticut / Londres, 1986.

ILLICH Ivan, SANDERS Barry, *ABC, l'alphabétisation de l'esprit populaire*, La Découverte, Paris, 1990. (Contient une très importante bibliographie sur le rapport entre l'oralité, l'écriture et la culture.)

JOHNSON-LAIRD Philip N., *Mental Models*, Harvard University Press, Cambridge, Massachusetts, 1983.

LAFONT Robert (sous la direction de), *Anthropologie de l'écriture*, CCI du Centre Georges-Pompidou, Paris, 1984.

LEROI-GOURHAN André, *Le Geste et la Parole*, vol. 1 et 2, Albin Michel, Paris, 1964.

McLUHAN Marshall, *La Galaxie Gutenberg. Face à lère électronique*, Éditions H.M.H. Ltée, Montréal, 1967.

ONG Walter, *Orality and Litteracy : the Technologising of the Word*, Methuen, Londres'et New York, 1982.

ONG Walter, *Method and the Decay of the Dialogue*, Harvard University Press, Cambridge, Massachusetts, 1958.

SPERBER Dan, Anthropology and Psychology : towards an Epidemiology of Representations, *Man* (N.S.), 20, 73-89.

STILLINGs Neil et *alii, Cognitive Science. An Introduction*, MIT Press, Cambridge, Massachusetts, 1987.

SVENBRO Jesper, *Phrasikleia. Anthropologie de la lecture en Grèce ancienne*, La Découverte, Paris, 1988.

제 9 장

디지털망

최초의 컴퓨터인 1940년대의 애니악(Eniac)은 수톤의 무게가 나가는 것이었다. 그것은 커다란 건물 안에서 거의 한 층을 차지했으며, 사람들은 전화교환대에서 착상을 얻은 일종의 판 위에다 회선을 직접 재연결하면서 프로그래밍했다. 1950년대에 컴퓨터 프로그래밍은 카드나 펀치 리본을 이용해서 이진(二進) 코드로 기계에 명령을 전달하면서 이루어졌다. 배선은 존속하고 있었지만, 소프트웨어나 판독 장치의 새로운 외피로 가려져 기계 내부에 설치되었다. 어셈블러 언어, 특히 포트란과 같이 발전된 언어가 나타나면서, 이진 코드는 컴퓨터의 어두운 핵심부로 물러 들어갔고, 새로운 소프트웨어 층위로 하여금 외부 세계와의 교류 역할을 담당하게 만들었다. 어제의 인터페이스가 내부 장치가 된 것이다.

모니터는 1970년대 말에 와서야 사용이 일반화되었는데, 오랫동안 “주변 장치”로 간주되었다. 최초의 마이크로 컴퓨터는 오늘날 우리에게 익숙한 음극선관이 없이 판매되었다. 그후로는 모니터 없이 컴퓨터를 사용하는 것은 상상할 수 없어서, 모니터와 자판이 기계 자체를 상징하게까지 되었다.

구체적인 하나의 컴퓨터는 서로서로 둘러싸고, 면을 마주하고 있는 여러 물질적 장치와 소프트웨어 층위로 이루어져 있다. 정보 과학에서의 수많은 주요 혁신은 전자공학이나 무선 통신, 레이저 등과 같은 다른 기술이나 수학, 논리학, 인지심리학, 신경생리학과 같은 다른 과학으로부터 유래된 것이다. 연속적인 각각의 껍질은 외부로부터 왔으며, 그것이 감싸는 인터페이스 망에 이질적인 것이지만, 결국 기계의 통합된 일부분이 된다.

많은 다른 것들처럼, 개인용 컴퓨터의 발명은 외부에서 왔었다. 그것은 거대한 정보 기기 제조 업체와 별도로 이루어졌을 뿐만 아니라 그들에 대항해서 이루어진 것이다. 그런데 정보 기기를 창조, 통신, 시뮬레이션을 위한 매스미디어로 만들어준 것은 바로 이러한 예측 불가능한 혁신이다.

소위 말하는 컴퓨터의 본질에 근거하거나 혹은 사회적, 인지적 의미 작용의 불변하고 보이지 않는 핵심에 근거하면서 정보화를 분석하려 한다면 모두 실패하게 된다.

이진법이 정보 과학의 핵심인가? 회로가 기능하는 어떤 차원에서는 분명히 그렇겠지만, 대다수의 사용자가 이러한 인터페이스와 더 이상 관계하지 않은 지 이미 오래되었다. 하이퍼텍스트용 혹은 디자인용 소프트웨어가 어떤 측면에서 "이진법"적인가?

프로그래밍 활동도 소위 이진성이란 것보다 더 나은 불변 요소가 아니다. 물론, 1970년대 중반에 알타이르나 애플1을 구입했다면, 그것은 프로그래밍하는 즐거움만을 위해서였다. 하지만 1990년대에, 개인용 컴퓨터를 사용하는 대부분 사람들은 한 줄의 코드도 입력하지 않는다.

정보 과학의 불변하는 정체성이란 없다. 왜냐 하면 컴퓨터는 불변의 플라톤식 관념의 물질적인 표본이라기보다는, 새롭고 예측 불가능한 접속에 열려져 있고, 자신의 의미와 용도를 근본적으로 변화시킬 수 있는 인터페이스망이기 때문이다. 문화적 발전과 인지 활동에 대한 가장 결정적인 정보 과학 측면은 항상 가장 새로운 것이며, 그것은 최근의 기술적 외피, 최근의 가능한 접속, 가장 외적인 소프트웨어 층위에서 기인되고 있다. 바로 이런 이유로 우리의 정보화에 대한 분석은 정보 과학의 정의에 근거를 두지 않을 것이다. 오히려 우리는 망과 그 망의 발전에서 출발할 것이다.

이 분야에서의 주된 경향은 디지털화로서, 이것은 모든 통신 기술과 정보 처리 기술에 관계한다. 발전 과정에서 디지털화는 영화, 라디오, 텔레비전, 신문, 편집, 음악, 무선 통신, 정보 과학 등을 동일한 하나의 전자 조직 중심부에 접속시켜주고 있다. 관련된 여러 다른 직업 단체들은, 각자의 물질적 매체 특성과 함께 각자에 고유한 전통에 따라 시연과 연출의 문제에 봉착해 있었다. 텍스트, 아이콘, 소리 자료들을 물리적으로 처리하는 것은 각각 나름대로의 특이성이 있다. 그런데 디지털 코드화는 재료의 주제를 2차적 국면으로 던져놓는다. 보다 정확히 말하자면 구성, 조직, 시연, 접근 장치 등의 문제들은 이전의 토대와의 특이한 유착에서 벗어나려 한다. 이러한 이유로 인터페이스 개념은 통신 영역 전체로 확대될 수 있고, 그것의 모든 일반성 안에서 고려되어야 한다.

디지털 코드화는 이미 인터페이스의 한 가지 원리다. 사람들은 이미지, 텍스트, 소리, 자신의 생각과 의미들의 비늘 모양 배열 등을 비트로 합성한다. 정보 매체는 무한하게 가볍고 유연하고 잘 구겨지지 않게 된다. 디지털은, 굳이 원한다면 하나의 재료라고 말할 수 있지만, 그 재료는 모든 변모, 포장, 변형을 겪을 준비가 되어 있는 재료다. 디지털 유체(流體)는 여러 개의 조그마한 진동 막으로 구성되어 있으며, 개별 비트가 이미 하나의 인터페이스이기 때문에 한 회로를 진동하게 할 수 있고, 상황에 따라서 "예"에서 "아니오"로 진행하게 할 수 있다. 인터페이스의 원자는 이미 두 개의 면을 가져야만 한다.

이전 어느 때보다도 이미지나 소리는 새로운 지적 테크놀로지의 받침점이 될 수 있다. 일단 디지털화가 이루어지면, 예를 들어 동적 이미지는 분할, 재조립, 색인화, 정렬, 주석 달기가 가능해지고, 멀티미디어 하이퍼-자료 안에서 결합될 수도 있다. 우리는 이제부터 지나치게 비싼 설비 없이, 너무 복잡한 교육을 거치지 않고, 오늘날 문서를 갖고 일하는 것만큼이나 쉽게 이미지와 소리를 갖고 *일하는 것*이 가능하다(곧 가능해질 것이다). 광 디스크 혹은 망에서 구할 수 있는 정보 과학 프로그램은 진정한 시뮬레이션 키트로서 이미지와 합성 소리를 통해 경험적으로 탐험할 수 있는 가능 세계 목록처럼 기능한다. 영화나 텔레비전물의 제작사에 의해서 구축된 거대한 이미지 뱅크는 색인화되고, 오늘날 데이터 뱅크와 마찬가지로 어떠한 단말기에서도 접근이 가능하게 될 것이다. 이러한 광학적이거나 시뮬레이션된 이미지 더미는 모든 상상 가능한 이단적이거나 체계적인 사용을 위해 여과되고, 재사용되고, 접합되고, 전용될 수 있을 것이다. 기술적 조건들은 곧 통합되어서, 문자로 하여금 중요한 지적 테크놀로지가 되도록 해준 가소성(可塑性)의 정도에 시청각 분야도 다다르게 될 것이다.

구축 단계에 있는 디지털망 가운데에서, 우리는 네 개의 *기능적 축*(도표 참조)을 찾아낼 수 있는데, 그것들은 바로 매체에 근거를 둔(인쇄기, 편집, 음악 녹음, 라디오, 영화, 텔레비전, 전화 등) 과거의 구분들을 대체할 것이다. 이 네 가지 커다란 기

[그림] 새 천년 초의 인터페이스 순환도

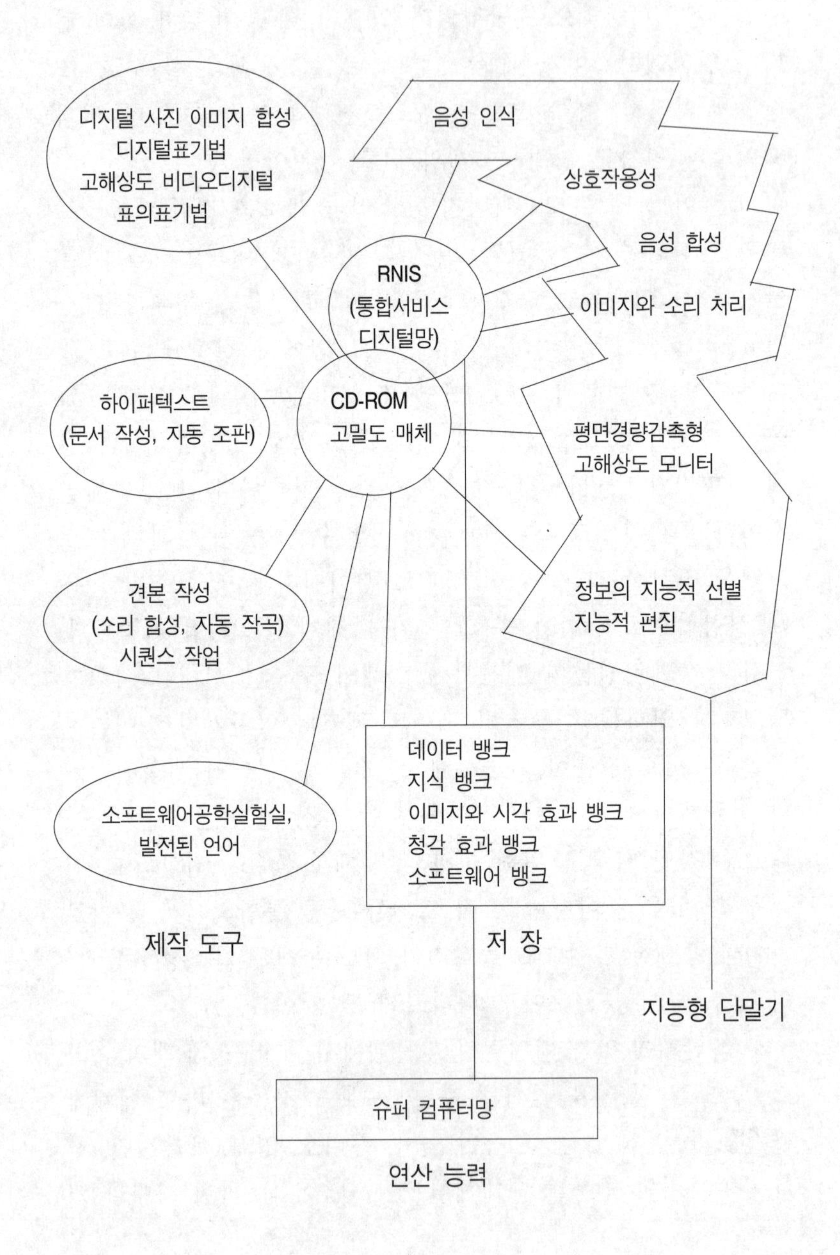

능은 다음과 같다.

▶시청각적인 자료체, 프로그램, 표상의 생산과 구성(창조에 도움이 되는 모든 디지털식 기술)
▶자료체, 소리 혹은 이미지의 선택, 수신, 재처리("지능적" 수신용 단말기)
▶전달 장치(서비스를 통합해주는 디지털망과 광 디스크와 같은 고밀도 미디어)
▶마지막으로 저장 기능(데이터 뱅크, 이미지 뱅크 등)

이 모든 축은 인터페이스 복합체처럼 기능한다.

1. 창조의 측면 : 소리 · 이미지 · 텍스트 · 소프트웨어

창조의 측면에서 우리는 소리, 이미지, 소프트웨어, 텍스트 등에 관련된 기술을 구분해볼 수 있다.

1) 소 리

오늘날 음악적 작업을 근본적으로 변화시킨 것은 시퀀서(배열장치 : séquenceur), 샘플러(견본추출기 : échantillionneur), 신디사이저(합성기 : synthétiseur) 등의 세 요소다.

*샘플러*는 어떠한 음색으로도 녹음이 가능하게 하며, 그것을 원하는 모든 높이나 리듬으로 재생산하게 한다. 따라서 한 연주가나 가수의 특징적인 소리를 사용해 그 연주가나 가수가 "실제로" 시도하지 않았던 곡을 연주해낼 수 있다. 물론 저작권

의 미묘한 문제를 무시하는 것은 아니다. 여기에서 우리는 소리의 녹음, 처리, 합성의 경계에 서 있게 된다.

*시퀀서*는 일종의 음악적 문서 처리기다. 그것은 음악가들로 하여금 일련의 디지털 코드를 조작하고 저장하게 한다. 이 디지털 코드는 하나 혹은 여러 합성기상에서 동기화된 여러 소리 배열(시퀀스)의 실행을 명령할 수 있는 것이다. 이러한 작업이 대규모로 가능해진 것은 미디(Midi) 인터페이스 덕분인데, "미디"는 Musical Instrument Digital Interface의 약자로서 어떠한 컴퓨터를 사용해서도 아무 신디사이저상에라도 소리 배열을 명령하게 해주는 국제적 규약이다. 실제로 그것은 기계적인 피아노의 원리와 관련된다. 시퀀서를 다루는 음악가의 작업은, 피아노를 명령하게 될 종이 두루마리를 펀치로 찍는 사람의 작업에 비교될 수 있다. 피아노 대신에 여러 음성의 신디사이저를 사용하고, 종이에 펀치 구멍을 내는 고통스런 일 대신에 마이크로 컴퓨터의 사용자 중심 인터페이스를 사용하는 것을 통해, 현대 작곡가들은 시퀀서를 이용해 실현해낼 수 있는 훌륭한 작업 아이디어를 갖게 된다. 일단 배열(시퀀스)되면, 음악 곡은 인간 연주가가 연주할 필요가 없고, 디지털 기기나 혹은 신디사이저에 의해 직접 실행된다.

*신디사이저*는 소리의 완벽한 제어를 가능하게 하는데, 이것은 물질적 기기가 제공하던 것과는 많이 다른 것이다. 예를 들어 하프 소리에서 큰 북소리로 연속음으로 바꿔갈 수 있다. 소리의 음색, 고저, 강도, 길이를 독립적으로 프로그래밍할 수 있는데, 이것은 하나 혹은 여러 물질적 기기의 진동이 아니라 디지털 코드를 다루고 있기 때문이다.

새로운 *디지털 스튜디오*에서 시퀀서, 샘플러, 신디사이저를 연결해놓으면 복합 트랙 스튜디오의 작곡, 연주, 처리 등의 모든 음악적 기능을 단 하나로 통합하는 것이 된다.

이러한 기술적 변화가 음악의 직업이나 경제성에 대해, 음악적 활동에 대해, 새로운 장르의 출현에 대해 가져올 수 있는 모든 결과들을 충분히 평가하기 위해 필요한 거리 두기가 우리에게 분명히 결여되어 있다. 그렇지만 우리가 기술했던 디지털 기기의 출현은 기보법(記譜法)의 발명이나 음반의 출현에 비교될 수 있는 단절에 해당된다는 생각에 대부분의 관찰자들이 동의한다.

2) 이미지

이미지 분야는 아주 눈에 띌 만큼의 발전에 이루어지고 있으며, 어떤 점에서는 소리의 발전과 유사한 측면이 있다. 예를 들어 *이미지의 디지털화*는 표본 추출(샘플링)에 해당된다. 일단 디지털화가 이루어지면 사진이나 그림은 원하는 대로 재처리되고 전용될 수 있고, 색상, 크기, 형태, 질감 등의 변수들은 따로따로 조정되고 재사용될 수 있다. 고화질의 디지털 사진이나 비디오는 본래 의미의 디지털화 과정을 일종의 폐지된 용어로 만들어버린다. 왜냐 하면 이미지는 직접 디지털 형태로 포착될 것이기 때문이다. 이와 같은 전체적 디지털화 이전에, 이미지의 디지털 주소 설정은 오늘날에도 영화 제작을 위한 편집과 동기화의 새로운 과정을 허용해주며, 이것은 문서 처리와 대단히 유사하다.

아이콘 메시지를 정의하는 변수들을 독립적으로 제어하는 것은, 음성 합성에서와 완전히 같은 이유로 *이미지 합성*에서도 이루어진다. 즉 그 이유는 바로 물리적 매체로부터의 분리다. *객체*에 따라 이미지를 구조화하고 동영상화해주는 인공 지능 프로그램은 또한 시퀀서의 원리와 근접될 수 있다. 시나리오와 배우가 결정되면 혹은 단지 객체-프로그램들이 상호 작용하도록 내버려두기만 해도, 생동화된 시퀀스는 자동적으로 발생될 것이다.

*컴퓨터 그래픽*은 이미지 처리나 제작에 관한 모든 기술을 포괄하는 것으로서, 이것은 채색이나 소묘를 자동화하는 것 이상의 의미를 지닌다. 천체 망원경, 현미경, 엑스레이 등처럼, 디지털 인터페이스는 가시적 영역을 확대시킨다. 그것은 물리적 현상이나 혹은 다른 것들의 추상적 모델을 보게 해주고, 그것이 없이는 막대한 리스팅 안에 묻혀 있을 수치화된 자료를 가시화한다. 디지털 이미지는 또한 시뮬레이션을 하는 데 필수불가결한 보조물이며, 우리는 시뮬레이션이 오늘날 과학적 연구에서 차지하고 있는 역할을 알고 있다.

수십 년 후에 모든 단말기들은 향상된 그래픽 인터페이스를 지니게 될 것이다. 이미 우리 눈앞에는 새로운 표의표기법이 등장해 있는데, 그것은 아이콘, 도식, 의미망을 기반으로 하는 동적인 표기법과 같은 것이다. 이제 우리는, 인터페이스들의 자유로운 공동 영역을 기대하면서, 이미지 영역과 정보 과학 영역 사이의 점점 더 흐려지는 경계선상에 위치하고 있다.

3) 소프트웨어

정보 과학이 인터페이스들의 현대 세계를 결성해주는 매개체이지만, 그것은 양성적인 역작용의 고리를 따라서 자신 안에서의 자동 인터페이스 역할을 하는 것을 잊지 않는다. 점점 더 인간적이고 즉각적인 이해가 가능한 언어들, 소프트웨어 공학 실험실, 전문가 시스템 생성기 등은 어떤 기계의 부족함, 어떤 소프트웨어의 기이함을 뛰어넘어, 정보과학자들의 임무를 점점 더 논리적, 종합적, 개념적으로 만들어준다. 코딩 자체의 임무를 수행하거나, 우연적으로 "정보 과학 재료"와 직접 접촉하는 것은, 다른 제작 활동에서와 마찬가지로 조금씩 멀어진다. 단언적 프로그래밍, 기억에 저장된 데이터로의 (물리적 주소에 의해서가 아니라 내용에 의해서) 연상적 접근, 논리에 근거를 두거나 혹은 지금까지 미개발된 지식 표상 양식을 사용하는 언어, 인공 지능에 의해 도입된 이러한 모든 새로운 것들은 기계 언어에서 포트란으로 이행될 때보다 분명히 더 근본적인 정보 과학의 변화를 잠재적으로 내포하고 있다.

반복해 말하면, 정보과학자들이 그들의 물리적이고 인간적 환경 안에서 새로운 인터페이스를 끊임없이 컴퓨터에 첨가하는 것처럼 모든 것이 이루어진다. 즉, 데이터베이스 관리용 지능 시스템, 자연어 이해 모듈, 형태 인식 장치 혹은 자기 진단용 전문가 시스템 등등. 그리고 인터페이스의 인터페이스, 즉 마음을 끌어야 할 사용자들의 인지적, 지각적 모듈에 점점 더 잘 부응하는 장치들인 화면과 화면상의 아이콘, 버튼, 메뉴 등이 있다.

4) 하이퍼텍스트의 발명과 대화형 멀티미디어

소리와 이미지의 변천은 하이퍼텍스트와 인공 지능의 변천과 연관시켜서 고려해야만 한다. 많은 참여자들이 실현시키게 될 새로운 장치들을 배열하고 손질하는 것을 통해, 가변적인 접경 지역을 따라 여러 접속과 재해석이 이루어질 것이다.

하이퍼텍스트나 멀티미디어의 새로운 표기법은 확실히, 작가가 선적이고 정적인 텍스트의 일관성만을 염려했던 고전적 편찬 방식보다는, 하나의 공연물을 편집하는 일에 더 근접한 것이 될 것이다. 그 표기법은 진정한 집단 작업을 하는 작가들의 *팀(équipe)*을 요구할 것이다. 예를 들어 CD-ROM으로 대화형 백과사전을 실현하는 데 필요한 모든 능력을 생각해보자. 백과사전이 포괄하는 상이한 분야의 전문가들로부터, 대화형 "화면 연출"의 새로운 예술을 비롯한 정보 과학의 전문화된 지식에 이르기까지 다양한 능력이 요구된다. 새로운 담화 구조를 창조하고, 역동적 도식, 다양한 층위의 텍스트, 동영상 등에 대한 아직 알려지지 않은 수사법을 발견해내고, 색, 소리, 움직임이 의미하기 위해 배합되는 표의표기법을 구상해내는 일 등이 다가오는 세기의 저자와 편집자들을 기다리는 일이 될 것이다.

16세기의 위대한 인쇄업자들은 학식 있는 사람이었으며 휴머니스트였고 동시에 기술자들이었으며, 지식의 조직과 지적 교류의 새로운 양식을 탐색하는 사람들이었다. 새로운 지적 테크놀로지에 관해 우리는 르네상스 시기와 비견될 수 있는 시기를 맞이하고 있다는 것을 상상할 필요가 있다.

2. 저장물과 그것의 순환

제작 및 창조 과정이 시작되는 것은 바로 "*저장물*"로부터다. 즉, 데이터 뱅크, 추론 전개를 위해 구조화된 "지식"의 뱅크, 이미지와 시각 효과 뱅크, 소리 효과 뱅크, 소프트웨어 뱅크 등이 그것이다. 그리고 제작 장치들이 생산해내는 모든 것들로부터 저장물이 끊임없이 증식된다. 즉, 영화 뱅크, 텍스트와 하이퍼텍스트 뱅크 등이다. 사용 가능한 디지털 자료 더미는 계속 불어난다. 그리고 그것이 커질수록, 고속 선로와 소프트웨어 도로에 맞추어 그것을 구조화하고, 지도(地圖)화하고, 구획 정리해야 한다. 그리고 효과적인 사냥과 풍성한 결실을 위해 인터페이스들이 개선되어야 한다. 하이퍼텍스트 혹은 지식 시스템들은 따로 저장되겠지만, 그것 역시 저장물에 접근하는 양식이며 인터페이스의 유형이다.

미래의 대규모 *지식 뱅크*들은 그들에게 위임된 정보를 "완성"할 수 있을 것이다. 다시 말해 그것들은 표상들의 의미를 어느 정도 이해하는 것처럼 표상들 사이의 몇몇 관여적인 연관관계를 자동적으로 맺어줄 것이다. 그것들은 고객 취향의 모델에 기반을 두고, 질문의 *양태*까지도 고려해서 여러 질문에 답변하게 될 것이다. 즉 사용자는 사실 그대로를 원하는가, 선입견 없이 탐색하기 위해 안내를 받기를 원하는가, 관여적인 연관성을 제안해주길 원하는가 등의 질문이다.

바네버 부시가 꿈꾸어왔던 이러한 지름길을 자료의 하이퍼뱅크 안에 그릴 수 있는 것은 분명히 인공 지능 기술 덕분이다. 우리는 정보를 구하는 한 사람이 실행하게 될 전문가 시스템을 상상할 수 있는데, 그는 여러 지식 뱅크의 지능적 인터페이스들과 연속적으로 절충해가고, 결국 읽기 쉽고 일관되며 더구나 생기가 감도는 탐색 결과를 얻게 될 것이다.

물리적 측면에서 보면, 이렇게 계속 재구성되는 인터페이스의 무리는 주요한 두 통로로 유통될 것이다. 즉 고밀도 매체와 서비스 통합 디지털망(ISDN. 종합정보통신망)이 그것이다.

고밀도 매체는 레이저 판독용 디지털 콤팩트 디스크(CD-ROM) 혹은 초고밀도 디지털 자기 테이프다. CD-ROM (500메가바이트) 한 개의 용량은 800k 디스켓 600개 혹은 텍스트 25만 쪽 혹은 500쪽짜리 책 500권에 해당된다. 이런 용량은 종이 가격의 50분의 1로 얻을 수 있으며, 차지하는 부피도 무한하게 축소된다. 컴퓨터로 직접 데이터에 접근하는 것을 통해 모든 상상 가능한 재처리, 재분배가 가능하며, 특히 대화형 장치에 통합되는 것이 가능하다. 미래의 초고밀도 디지털 자기 테이프는 CD-ROM의 4배 용량을 오디오 카세트의 절반 크기로 실현할 것이다. 인터페이스 문제를 결정해주는 변수 목록에 용량과 밀도를 추가해야 하는데, 이것에 의해 많은 인터페이스 효과가 결정된다.

이미 1989년에 다우존스(Dow Jones) 회사는 기업들의 재무정보를 담고 있는 수정된 디스크를 매달 내보였다. 또한 수천 개의 개인 컴퓨터용 소프트웨어를 담고 있는 콤팩트 디스크를 팔기도 한다. 백과사전, 사전, 지도책, 법률이나 역사 자료는 모두 CD-ROM으로 편찬되었다. 예를 들어, 기원으로부터 서기 7세기까지의 모든 그리스 문학 자료가 CD-ROM에 기록되었다.

연구가는 초 단위로 어떤 작가의 어휘 출현 빈도를 요구하고 얻어낼 수 있으며, 단어가 나타나는 구절의 목록을 만들고, 그것들을 읽고 인쇄하고 디스켓에 저장해두고, 프랑스어 텍스트 안에 붙여넣는 등의 작업을 할 수 있다. 광 디스크는 수동적으로 정보를 보관하는 것에 머무르지 않고, 소프트웨어 인터페이스를 통해 진정한 역동적 작업 환경, 시뮬레이션 키트 혹은 게임 장소가 된다. CD-ROM의 구조화와 인터페이스화를 위한 연구가 활발하게 진행되고 있다. 광택지에 컬러 인쇄된 잡지를 보는 것만큼 쉽게 고밀도 미디어를 참조하는 것이 가능해진다면(아직은 이런 상황이 아니지만), 셀룰로오스로 만들어진 이전의 매체는 심각한 위기를 맞을 것이다.

오늘날 사용되고 있는 RNIS[프랑스에서 뉘메리스(Numéris)망이라고 불리는 종합정보통신망(ISDN)]는 아직 전송 능력이 미미하다. 훨씬 향상된 능력을 갖게 될 미래의 망은 광섬유를 사용한다. 이것은 기술적으로는 완성된 상태이지만, 실제로는 세계의 몇몇 시범 지역에서만 기능하고 있다. 1990년부터 북아메리카에서는 다섯 개의 광역 쌍방향 선로를 모든 가정에 연결하는 가능성을 시도했었다. RINS에 가입한 사람들은 100여 개의 고화질 텔레비전 채널과 그만큼의 고감도 라디오 방송을 수신할 수 있고, 음성과 얼굴을 완벽하게 전하는 비디오 전화를 이용할 수 있고, 고속으로 정보화 자료를 전송할 수 있고, 선명한 컬러 이미지를 팩시밀리로 전달할 수도 있게 된다. 또한 가입자는 (발신자 선별 기능을 가진) 자동응답기와 (텍스트를 음성으로 대체한) 전자 메시지 전달기의 원리를 결합한 지능형 음성 메시지 서비스를 이용할 수도 있다. 가입자는 포터블 단자를 이용해 지구의 어느 곳으로부터라도 자신에게 도착한 메시지를 수신할 수 있다. RNIS는 지구상에 가지를 뻗어나갈 것이다.

RNIS 이전 망에서의 유통은 물리적 매체의 특성과 그것의 양적 한계에 의해 제약되었다. 오늘날 우리가 직면하고 있는 선로는 그 크기가 너무 커서 그곳에 유통시킬 수 있는 작품의 유형, 문화적 형태, 표상의 배열 등에 대해 그리고 이러한 형태들에 동반된 상호 작용의 유형에 대한 명확한 아이디어가 아직 없는 상태다. 망을 차용하고 있는 개인이나 집단에게 어떠한 역할이 부여되어야 하는가? 앞서 나열한 대로 완벽한 텔레비전, 더 호화로운 전화, "소리와 빛"의 전송 등을 시도하는 것에 만족한다.

바로 인터페이스의 측면이 우리의 상상하는 노력을 우선적으로 필요로 하는 것 같다.

3. 지능형 단말기

지능형 단말기의 사용에서는 두 가지의 사용 축이 있을 것이다. 무엇보다 우선, 물리적으로 존재하는 고밀도 기억 장치 혹은 망에서 이용 가능한 저장물과의 접속에서의 *상호 작용*의 축이 있다. 우리가 여기서 쉽게 생각할 수 있는 것은 인간 인지의 주된 감각과 모듈과 관련된 마이크로 인터페이스가 개량된 것으로서, 여기에는 말의 부분적 인식, 음성 합성, 감촉 화면(터치스크린), 그림이나 수기(手記)를 위한 그래픽 판, 눈의 움직임이나 목소리의 방향, 손동작에 의한 명령 등이 있다. 이러한 모든 인터페이스는 이미 이용 가능하거나 연구중에 있다. 이러한 다양한 상호 작용의 양식은, 사용자와 시스템의 *상호적이고 동시적인 작용*으로 특징지워지는 기능적 장치들에 생기를 불어넣어주고 자양분을 제공할 것이다. 그것은 대화, 게임, 검색, 수집 등뿐만 아니라 정보 처리, 하이퍼텍스트 혹은 시청각 분야의 몇몇 *제작* 유형에서도 중심점이 된다.

*선별*은 상호 작용과 대립되는 것으로 지능형 단말기 사용의 두 번째 축이 된다. 여기에서 문제는 수량 속에 빠져버리기보다는 그것으로부터 이득을 얻는 것이다. 오늘날 비디오, 케이블, 통신망 등의 현대적 용도를 확대 적용해보면 향상된 선별 장치를 상상할 수 있다. 이제 더 이상, 원하는 시간에 즐기기 위해 시청각 시퀀스의 녹음을 프로그래밍하거나 공식에 따라 작성된 질문으로부터 명확한 자료를 얻는 것만이 문제가 되는 것이 아니다. 이미 우리가 하이퍼텍스트 안에서 전문가 시스템의 역할에 대해 보았던 것처럼, 단말기의 "개인적 모듈"을 이용해서, 망에서 우리에게 흥미로워보이는 모든 형태의 텍스트, 시청각 자료를 추적하고, 그뒤에 우리에게 가장 알맞은 인터페이스 양태에 따라 그 자료를 조직, 압축, 조판할 수 있을 것이다. 이와 같은 재처리는, 디지털 코드화에 내재되어 있는 가소성(可塑性)과 인공 지능 프로그램에 이런 코드화가 부여하는 발판을

가능한 만큼 활용할 것이다. 우리는 개개인의 흥미와 선택에 따라서 각각 다르게 전적으로 개인화된 시청각 신문과 같은 것을 얻게 될 것이다. 대중 분류, 청취의 비동기화, 정보 과학 인터페이스의 개인화 등과 같은 몇몇 현대적 경향은 끝까지 추진될 것이다.

다음 세대의 그룹웨어에서는, 그들 소유주에 의해 지시받은 "소프트웨어적 행위자"가 우선 순위에 따라 우편물을 선별하고 분류할 것이며, 약속을 정하고, 망에서 그들 소유주에게 흥미있을 법한 정보를 찾는 것을 이미 예상할 수 있다. 수많은 행정적 업무는 몇몇 수신인들에게 메시지나 보고서 사본을 규칙적으로 발송하는 것처럼 자동화될 수 있을 것이다.

미래의 소프트웨어적 행위자들은 아마도 다른 소프트웨어적 행위자로부터 혹은 인간으로부터 직접 질문을 받을 수도 있고, 그들이 대표하는 특수한 전문 평가와 관련된 질문에 대답할 것이다. 이것을 위해서는 전문가 시스템이, 망에서의 통신 능력과 하이퍼텍스트 안에서의 읽기 / 쓰기 능력을 갖추기만 하면 충분하다. 아마도 이렇게 해서 소프트웨어 실재들이, 그들이 사람들에게 말하는지 혹은 프로그램에게 말하는지 "모른 채", 서로 돕고 조언을 해주는 것을 보게 될지도 모른다. 따라서 혼합적 인지 생태의 중심에서 사회적이고 자율적인 과정을 허락하는 것이다.

상호 작용성과 마찬가지로 지능적 단말기의 선별적 사용은 텍스트, 하이퍼텍스트, 동영상, 소리, 프로그램, 인터페이스 등의 제작을 위한 모든 기능에 도움이 될 것이다. 다른 이용과 마찬가지로 이러한 제작 활동은, 우리가 오늘날 EDF(프랑스전기공사)망에서 전기를 끌어오는 것만큼이나 자연스럽게, 디지털 망의 *연산 능력*에 도움을 청하게 될 것이다.

1990년대초 초경량 평면 화면에 대한 연구에서 나타난 전망을 언급하지 않는다면 우리의 도표가 완성되지 않을 것이다. 정보 기기 단말기 혹은 1980년대의 텔레비전은 여러 측면에서 12세기의 책과 유사하다. 그것들은 무겁고, 크고, 전기 공급 선에 묶여 있다. 문고판의 기동성이나 가벼움, 트랜지스터 혹은 워크맨의 휴대 가능성은 이용과 소유의 새로운 영역을 열어주었다. 커다란 평면 화면은 벽에 걸 수 있을 것이다. 나는 침대에서 하이퍼텍스트를 참조하거나, 근처에 설치된 RNIS 콘센트에 극초단파로 연결된 초경량 소형 무선 단말기 덕분에 지하철 안에서도 그래픽 펜으로 서류에 메모를 할 수 있을 것이다.

여기서 대략 그려진 광경은 이미 실현되었거나 연구가 진척된 기술적 성과만을 거론한 것이다. 특히 시스템이나 하드웨어들 사이의 최소한의 규격화나 호환성이 국가나 다국적 전자 대기업들 사이에서 협상된 것을 가정한 것이다. 오늘날 이런 측면에서 많이 예측이 빗나간 것은 사실이지만, RNIS 기준들에 대해 이미 체결된 국제적 계약과 Midi(앞에서 정의했던 음악적 기준) 인터페이스에 대해 이미 실현된 일반적 규약들이 우리에게 보여주는 바는, 비록 번역과 인터페이스화를 위한 많은 소프트웨어 층위가 필요하기는 하지만, 보편적 호환성이 완전히 불가능하지는 않다는 것이다.

"통신" 영역의 단일화 과정은 경제적 재정적인 이유로 이미 아주 오래되었다. 최근에는 정보 통신(telematique)의 발전 과정 중의 전문 지식과 경험을 단일화하는 것이 시작되었다. 여기서 그려진 것처럼 디지털망이 구성되고 그 사용이 확대되는 것을 통해 텔레비전, 영화, 활자 언론, 정보 과학, 무선 통신 등은 그들의 경계가 무너지고, 하나의 동일한 세계 공통 영역 위에서 인터페이스들의 순환, 혼합, 변모가 이루어지게 될 것이다.

■ 참고 문헌

BONNET A., HATON J.-P., TRUONG NGOC J.-M., *Systèmes experts, vers la maîtrise technique.* InterÉditions Paris, 1986.

BRANDT Stewart, *Inventing the Future at MIT*, Viking Penguin Inc., New York, 1987.

BRETON Philippe, *Histoire de l'informatique*, La Découverte, Paris, 1987.

DURAND Jean-Pierre, LÉVY Pierre et WEISSBERG Jean-Louis, *Guide de l'informatisation. Informatique et société*, Belin, Paris, 1987.

GANASCIA Jean-Gabriel, *L'Âme machine. Les enjeux de l'intelligence artificielle*, Le Seuil, Paris, 1990.

GOLDSTINE Hermann, *The Computer from Pascal to von Neumann*, Princeton University Press, Princeton, New Jersey, 1972.

La Recherche en intelligence artificielle (articles réunis par Pierre GINSTE), Le Seuil, Paris, 1987.

LÉVY Pierre, L'invention de l'ordinateur, *in Éléments d'histoire des sciences* (sous la direction de Michel SERRES), Bordas, Paris, 1989.

LÉVY Pierre, *La Machine univers. Création, cognition et culture informatique*, La Découverte, Paris, 1987, et Le Seuil, coll. « Points Sciences », Paris, 1992.

LIGONNIÈRE Robert, *Préhistoire et histoire des ordinateurs*, Robert Laffont, Paris, 1987.

MARCHAND Marie, *La Grande Aventure du minitel*, Larousse, Paris, 1988.

SCHANK Roger, *The Cognitive Computer* Addison-Wesley Reading, Massachusetts, 1984.

제 10 장

실제 시간

정보화에 의해 발산된 시간의 유형은 무엇인가? 기호를 기입하는 옛날 방식은 도시인 혹은 농부에게 알맞은 것이었다. 컴퓨터나 무선 통신은 거대 도시와 국제적인 망의 유목 생활에 해당된다. 정보 과학은, 문자가 그랬던 것처럼 지역의 특성을 강화하지 않는다. 그것은, 산업혁명과 함께 시작되었던 것처럼 사람들과 사물들을 끊임없는 동원한다. 문자는 유예 기간과 저장의 사회 기술적 발명의 인지적 측면에서의 반향이었다. 반대로 정보 과학은 심하게 무기력한 점착성의 사회적 시-공간을 해소하는 작업에 참여하며, 유연성, 긴장된 흐름, 무(無)저장, 무(無)유예 기간 등의 사회-기술적 배열을 지속적으로 실제 시간 속에 재구성한다.

우리는 우선적으로 정보 과학이, 예를 들면 데이터 뱅크 덕택에, 문자에 의해 달성된 수집과 보존 작업을 추구한다고 믿을 수 있지만, 그것은 대부분의 데이터 뱅크의 주된 궁극적 목적을 인식하지 못한 것이다. 데이터 뱅크는 한 주제에 관한 모든 실제 지식을 내포하는 것을 소임으로 하는 것이 아니라, 해결 능력이 있는 고객에 의해 사용 가능한 지식의 총체를 담고 있는 것이다. 불특정 대중을 향해 빛을 발산하는 것이 아니라, 전문가들이 원하는 실용적 정보를 제공하는 것이다. 이들은 가장 신뢰성 있는 정보를 가장 빠르게 얻어서 최선의 결정을 내리는 것을 원한다. 그런데 이러한 실용적인 정보는 근본적으로 소멸하기 쉽고 일시적인 것이다. 현재 전세계에 저장되어 있는 자료의 3분의 2 가까이는 전략적 특성을 가진 경제적, 상업적, 재정적 정보에 해당된다.

게다가 소위 *온라인*("선상에서 직접 접근이 가능한 것"을 의미한다)상의 정보는 규격화된 소규모 모듈로 분할되어 있다. 그것에 접근하는 방식은 연속적인 열람을 통해서가 아니라 전적으로 선별적인 양식으로 이루어지는데, 그 이유는 원칙적으로 검색 대상 정보만을 얻을 수 있기 때문이다. 데이터 뱅크의 내용은, 이용될 수는 있어도, 엄밀하게 말해서 *읽히는* 것은 아니다. 그곳에서 종합된 것이나 아이디어를 얻는 것은 헛된 일이다. 예를 들어 미니텔로 접근 가능한 신문 텍스트는 상황에 대한 심층적 분석 형태라기보다는 통신사의 새 소식과 같은 형태라는 것을 우리는 알고 있다.

데이터 뱅크의 현재 내용은 지난 세기의 텍스트가 그랬던 것처럼, 다시 읽혀지거나 재해석되는 일이 아마도 거의 없을 것이다. 이런 의미에서 대부분의 데이터 뱅크는 기억이라기보다는 거울이다. 어떤 전문 영역 혹은 시장의 현재 상태를 가능한 충실하게 비추는 거울이다.

전문가 시스템을 생각해보자. 이것은 고도로 개량된 데이터베이스로서 여기에 저장된 정보를 통해 적절한 결론을 얻을 수 있는 것이다. 전문가 시스템은 전문가의 전문 지식을 보존하기 위해 만들어진 것이라기보다는 그것이 가져다준 핵심 지식으로부터 끊임없이 발전하기 위한 것이다. 새로운 규칙을 제정할 때마다 새로운 프로그램을 제작하지 않는다. 반대로 모든 것을 새로 시작하지 않고도 단언적 언어들을 통해 시스템을 강화하고 수정할 수 있다. 다시 말해 특별한 장치를 제외하고는 지식의 이전 상태를 기록하지 않는다. 지식은 가장 최근의 상태로서만 시스템 안에 존재한다. 하드웨어적 기록 장치가 지금처럼 강력했던 때는 없었지만, 정보화의 주된 관심은 저장이나 보존 노력이 아니다. 정보과학자들에 의해 발명된 실제 시간의 개념은 정보 과학의 첨단 상태와 정신을 잘 요약한다. 즉 현재로, 진행중인 작용으로의 집중이 그것이다. 정보 과학이 제공하는 작용적 유형의 지식은 실제 시간에 있는 것이다. 이런 측면에서 이러한 지식은 해석학적이며 이론적인 양식에 대립될 것이다. 최초 구전 시기의 순환적 시간과 역사적 사회의 선적인 시간과 유추를 하면, 일종의 연대기적인 파열, 정보통신망에 의해 창설된 *점괄적*(點括的) 시간을 말할 수 있을 것이다.

1. 역사의 종말?

점괄적 시간은 인간 모험의 종말이 아니라 더 이상 역사 리듬이 아닌 새로운 리듬으로 진입하는 것을 예고한다. 이것이 문자 없는 사회의 흔적도 없고, 날짜도 지정할 수 없는 변전(變轉)으로 회귀하는 것을 의미하는 것일까? 그러나 첫 번째 변전이 기억 없는 출처로부터 흘러들어온 반면에, 두 번째는 시뮬레이션, 프로그램, 디지털 자료의 풍부한 흐름으로부터 용솟음치면서 순간 속에 자신을 탄생시키는 것처럼 보인다. 구전의 변전은 비 유동적이라고 생각되는 반면, 정보 과학의 변전은, 비록 어디에서 왔고 어디로 가는지는 알고자 하지 않지만, 대단히 빠르게 가고 있다는 사실을 보게 한다. 그것은 속도 그 *자체다*.

구전 시대의 모험적 인물과 주인공을 개념으로 변화시키면서, 문자는 존재의 사고가 전개되도록 했다. 문자에서 유래된 오래된 개념들을 프로그램 안에서 활성화하면서, 논리를 엔진으로 삼아서, 정보 과학은 존재와 역사 모두를 순수한 가속도 속으로 흡수하는 것을 아닐까?

이런 경향은 기 드보르(Guy Debord)가 기술했던 것처럼, 영화계의 경향과 합치될 것이다. 화면의 매끄러운 표면은 아무것도 간직하지 않고, 모든 가능한 설명이 그곳에서 뒤섞이고 사라진다. 내일이면 벌써 잊혀질 단어들과 멋진 광경들을 단지 나열할 뿐이다. 그리고 이미지는 디지털화가 될수록 요란스러워지고, 소리는 컴퓨터 합성이 이루어질수록 더 빠르게 생산되고 사라진다. 역사적 전망 그리고 그것과 더불어 모든 비평적 고찰은 정보-미디어적인 문화를 고갈시키게 될 것이다. 폴 비릴리오(Paul Virilio)[109] 혹은 장 세스노(Jean Chesneaux)[18]와 같은 작가들의 현대 문화 분석을 대신하는 부정적 유토피아가 확인될 것이다.

그러나 문화 발전의 이러한 비관적인 측면은 여러 근본적인 사실을 무시하고 있다. 우선 역사, 고찰 혹은 비평 서적들은 계속 출판되고 읽히고 있다. 미디어나 정보 과학(곧 커다란 디지털망으로 결합될)의 리듬과는 다른 지식 교육, 전파의 리듬들이 계속 기능하고 있다. 학교나 대학 기관들로부터 학회나 잡지를 중심으로 모여든 토론 그룹들에 이르기까지 다양하게 이루어지고 있다. 많은 전문 지식과 표상들이 오늘날 아직도 구전적 방식으로 가족, 작업 집단, 다양한 교류망 안에서 전달, 변화되고 있다. 우리가 고려해야 하는 것은 단지 유일하게 미디어-정보 과학망에만 관련된, 실제적이지만 부분적인, 몇몇 경향을 과장하고 확대 적용하는 것이 아니라, 지식의 생산, 전파를 위한 다양한 망의 중첩, 공존, 상호 해석의 문제다. 그리고 이것은 소위 문화 파괴 지지자들과 현대성-재앙을 경고하는 사람들에게 반론으로 내세울 수 있는 중요한 논증 중의 하나인데, 디지털망 자체 안에서의 의사 소통의 양식과 표상의 조성 양식이 아직 정착되지 않았다는 점이다. 앞서 본 바 있지만, 하이퍼텍스트와 멀티미디어 제작, 그룹웨어, 새로운 동적 문자는 정보 과학에 고유한 실제 시간 안에서의 상호 접속 자체 안에, 몇몇 형태의 역사적 거리, 해석학적 작업을 재도입할 수 있을 것이다. CD-ROM과 같은 고밀도 정보 매체는 고전적 데이터뱅크의 방식과는 아주 다른 방식으로 텍스트와 이미지를 항해하게 한다. 이러한 멀티미디어 콤팩트 디스크의 내용은 반드시 순간적인 것만은 아니다. 예를 들어 고전 문학 텍스트는, 종이 관련 기술이 다다를 수 없는 화려한 방법으로 읽히고, 주석과 해설이 첨가되고, 비교되고, 섬세한 연구의 대상이 될 수 있다. 곧 디지털화된 시청각 자료들이 유사한 비평 작업의 대상이 될 것이다. 틀림없이 하이퍼텍스트와 그룹웨어는 1990년까지만 해도 별로 퍼져 있지는 않았지만, 우리는 메소포타미아의 초기 문자 시절을 생각해볼 수 있다. 그 당시에는 인구 조사나 궁전이나 사원의 곧 구식이 되어버릴 목록에서만 문자가 쓰이고 있었다. 감히 누가 그 당시에 점토판에 새겨진 기호가 개량되어서 어느 날 과학, 문학, 철학 혹은 대중 여론을 가져올 것을 예상할 수 있었겠는가?

2. 정보 과학의 불확정성과 애매성

정보 과학은 수십 년 안으로 문자의 운명을 다시 밟게 될 것 같다. 우선 계산, 통계, 인간과 사물의 가장 평범한 관리에 사용되던 정보 과학은 아주 빠르게 대중 통신 매체가 되었다. 이것은 필사나 인쇄된 문자보다 더 일반적 성격을 갖는데, 그 이유는 소리나 이미지도 있는 그대로 처리하고 전파하도록 해주기 때문이다. 예를 들어 정보 과학은 음악의 악보를 기록하는 데 만족하지 않고 그것을 연주하는 데에도 기여한다.

인쇄술과 연관된 지적 도구와 더불어 생각하면서, 문자 문명의 가치들과 상상 세계를 공유하면서, 우리는 이제 겨우 형성 과정에 있는 인지생태에서 모습을 드러내고 있는 새로운 지식의 양식을 평가하는 위치에 서 있다. 우리에게는 낯설어보이는 것을 강하게 비난하고 무시하려는 유혹이 매주 강하다. 우리를 형성해주고, 전통으로부터 우리에게 전수된 기준과 정의에 상응하지 않는다는 이유 하나만으로 새로운 지식 유형의 존재를 지각하지 못할 수도 있다. 마찬가지로 정보화 된 문화의 변전을 그 초기의 서투름과 혼동하면서, 컴퓨터에 연관된 지적 테크놀로지의 총체를 오늘날의 몇몇 확실히 조잡한 몇몇 통신과 처리 과정과 동일시하려는 유혹도 있다.

그러나 이것에 대립시킬 수 있는 사실은 중대한 경향이 있다는 것과 "실제 시간" 주위에 새로운 유형의 사회적 시간성을 구성하는 것이 바로 그 경향 중에 하나이리라는 것이다. 따라서 반복해서 말하자면, 정보화-미디어망은 집단에 생기를 불어넣는 통신과 상호 작용의 다양한 회로 중에 하나이고, 많은 기관, 구조, 문화적 특성들이, 반대로, 아주 오래가는 생활과 반작용의 리듬을 보유한다(국가, 언어, 민족, 종교, 학교 등). 다른 한편, 디지털망과 힘의 추구 속에서 가장 직접적으로 관련되는 전세계 회로에만 국한하기에는, 실제 시간의 의미가 모호하고 불확정적이다. 물론 상품 순환의 가속화, 사회 관계의 전략적,

작용적 성격의 대두, 장소의 어색함과 기억을 삭제하는 한 방법 등을 그것에서 읽을 수 있다. 그러나 그것은 가장 가시적인 것일 뿐이다. 더군다나 이러한 경향들은 오래된 낡은 것으로부터 비롯된 것이다. 아마도 모든 변화의 시기에 그것들을 유감으로 생각했을 것이다.

우리는 항상 "일반적인 문화의 쇠퇴", 기술-과학의 소위 "야만성" 혹은 "사고의 패배"를 애석해 할 수 있다. 왜냐 하면 문화나 사고는 불행하게도 오랜 시간에서 관념화된 것에 불과한 허구-본질 속에 굳어져 있기 때문이다. 탄생하는 실제를 포착하고, 그 움직임을 유도하여 가장 긍정적인 잠재성이 태어나게 하는 것이 더 어렵지만 동시에 더 유용한 일이다.

3. 정보 과학과 기억

이런 관점에서 최초 구전과 문자에 관한 우리 연구에서 핵심되는 요소 중의 하나였던 기억의 주제를 다시 한 번 생각해보자. 정보 과학의 경우 기억은 자동 장치 안에 너무도 객관화되고, 개인들이나 집단적 습관으로부터 너무도 분리되어서, 우리는 기억의 개념 자체가 아직도 관여적인가 하는 질문을 던질 수 있다.

예를 들어 전문 기술은 원칙적으로 기나긴 경험을 통해서만 얻어지는 것이며, 개개인의 신체, 몸짓, 반사적 행동과 동일시된다. 그런데 구현된 기억의 이러한 특수 유형은 이중적 과정의 작용 아래에서 그것의 전통적 특성을 상실하게 된다. 우선, 특히 정보화에서 기인된, 기술적 변화의 가속화는 같은 직업 안에서의 작업적 지식의 지속적 변이, 변조 그리고 근본적인 변혁까지도 초래한다. 실제 시간으로의 재조직 요구는 개인적 인지 배열을 지향한다. 다른 한편으로, 특히 전문가 시스템과 표준화를 시뮬레이션하거나 보조하는 여러 다른 소프트웨어들 덕분에, 여러 전문 기술들은, 원하는 대로 그것들을 짜내고, 재구성하고, 조정하고, 다양화하고 배포하고, 변경하고, 동원했던 개인들이나 집단들로부터 분리될 수 있다는 것이다.

작업적인 목표와 일치하여, 정보화된 지식은, 최초 구전의 경우에서처럼 변함없이 살거나 혹은 스스로 변함없기를 바라는 사회를 동일하게 보존하는 것을 지향하지 않는다. 또한 이론 혹은 해석학인 문자에서 탄생된 규범적 양식 대신에 진리를 추구하지도 않는다. 정보화된 지식은 실행의 속도와 적절성을 추구하고, 더욱이 신속성과 작업적 변화의 적절성(à propos)을 추구한다. 초기 구전 시기에, 외부적 저장 기술이 거의 전무한 때, 인간 집단은 자신의 기억과 일체가 되고 있었다. 문자에 의해 탄생된 역사 사회는 회상의 준-객관화를 특징으로 하며, 이제 지식은 사람들의 정체성과 부분적으로 분리되며, 이를 통해 예를 들어 현대 과학을 지탱하는 진리의 추구가 가능하게 되었다. 정보화된 지식은 기억("마음속"의 지식 : savoir "par coeur")으로부터 너무 멀어져서 혹은 정보화되면서 너무 객관화되어서, 진리보다는 작업 가능성과 속도가 가장 기본적인 목표가 되었다.

4. 진리 · 객관성 · 비평의 쇠퇴

정보화된 지식의 이러한 자질은 반드시 그리고 항상 비난할 만한 것만은 아니다. 그것은 어떤 점에서는 장 프랑수와 리요타르(Jean-François Lyotard)가 후기-현대성이라고 불렀던 것과 상응하는 것이다. 진실 추구의 종말은 무엇을 의미하는가? 그것은 물론 이제부터 거짓말해도 된다거나 혹은 사실의 정확성이 더 이상 중요하지 않다는 것을 말하는 것은 아니다. 우리는 단지 사회 집단에 의해 실시된 몇몇 인지 활동에서 강조 부분의 변화와, 무게 중심의 이동을 알아보려는 것이다.

비판적 진리에 대한 요구에 전제가 되는 것은, 문자가 가능하게 해주었던 사람들의 지식과 자기정체성에 대한 기억이 부분적으로 분리되어야 한다는 것이라는 점을 상기하자. *객관적* 진리에 대한 요구에 관해 보자면, 그것은 지식의 활자화된 전달에 적합한 탈문맥적 의사 소통 상황에 의해서 대부분 조건지워진다. 그런데 비판적이고 객관적인 진리를 지식의 규범으로 만들어주는 조건들이 급속도로 변하고 있다.

저장 정보 더미는 더욱 빠른 리듬으로 자라난다. 기술-과학 영역과 그것에 관련된 영역에서의 지식과 전문 기술은 점점 더 빠르게 발전하고 있다. 이러한 사실에서 볼 때 많은 분야에서, 개인적 기억과 지식의 분리는 이제 단순히 부분적이지 않고, 두 실재는 거의 전적으로 분리되는 경향을 보인다.

문자의 문명에서는, 지식의 측면에서 텍스트, 서적, 이론이 가능한 동일화 잣대로 남아 있었다. 비판적 활동 뒤에는 진정한 이론, 훌륭한 설명의 가능한 안정성, 단일성이 아직 존재했었다. 오늘날 한 주체가, 부분적으로나마 이론에 동일화되는 것을 시도하는 것은 점점 더 어려운 일이 되었다. 체계적 설명과 그것이 구현된 고전 텍스트는 이제, 지식의 영속적인 변신이 이루어지고 있는 인지 생태 환경에서는 너무 고정된 것처럼 보인다. 이론이, 자신의 진리 규범과 이론에 동반된 비평적 활동과 더불어, 자리를 양보하는 것은 바로 모델과 그 효율성의 규범, 모델 평가에 선행하는 적절성(à propos)이다. 모델은 더 이상 무기력한 매체인 종이 위에 누워 있지 않고, 컴퓨터상에서 돌아간다. 이렇게 해서 모델들은 시뮬레이션의 흐름을 따라 영속적으로 수정되고 개선된다. 모델이 결정적인 경우는 드문 일이다.

디지털 모델은 대부분 "참"도 "거짓"도 아니며 "검증 가능한" 것도 아니다. 단지 어떤 구체적인 목적과 관련하여 다소간 유용하고 다소간 효율적인 것으로 드러날 뿐이다. 진리와는 동떨어진 요인이 모델 평가에 개입될 수 있다. 즉 시뮬레이션의 용이성, 실현과 수정의 신속성과 다양한 소프트웨어 모듈(시각화, 의사 결정 지원, 지원 학습 등)에의 접속 가능성 등이 그것이다.

따라서 비판적 진리의 퇴조는, 이제부터는 분석하지 않고 아무것이나 받아들일 것을 의미하지 않고, 다소간 적절하고, 다소간 신속하게 얻어지며, 시뮬레이션되는 모델을 우리가 다루게 되리라는 것을 의미한다. 게다가 이것은 우리가 지속적으로 동조할 수 있을 유일한 진실의 범위와는 점점 더 관계가 없을 것이다. 점점 더 반론이 없다는 것은, 진리의 주장이 축소되기 때문이다. 우리는 더 이상 비판하지 않고 오류 수정(디버그)을 할 뿐이다.

활자화된 의사 소통은 발화자로 하여금 그들의 발신과 수신의 특별한 상황과는 가능한 한 가장 무관한 메시지를 만들도록 자극한다. 우리는 이와 같은 제약이 객관성의 기준을 상정하는 데 중요한 역할을 한다는 것을 보았다. 그런데 라디오나 텔레비전, 전화, 세상을 뒤덮는 점차 조밀해지는 교통망, 정보 통신의 확대, 통신의 사회적 회로의 점점 더 중요한 특성이 되고 있는 실시간 상호 연결 등이, 특히 활자화된 형태의 발화 행위의 일반적 조건을 변화시킨다. 텍스트의 전송에 점점 더 많이 전화 통화가 수반되거나 후속된다. 기사는 각자가 이미 텔레비전을 통해서 알고 있는 사건에 대해 종종 논평을 하거나, 심포지엄에서의 생생한 목소리를 반복 전달하고 있다. 몇몇 책을 제외하고 활자 메시지는 그들의 발신 맥락을 벗어나서는 점점 덜 수용되거나 해석된다. 이러한 사실로 인해 그리고 지식 변화의 속도에 발맞추어 활자 메시지는 지속될 용도로 구상되는 경우가 줄어들고 있다. 과학의 분야에서조차도 적절성의 기준은, 지금 여기서 점차적으로 보편성과 객관성의 기준보다 우위에 서고 있다.

이러한 발전은 디지털 모델의 형태로 저장된 지식이나 전문기술의 경우 더 두드러진다. 왜냐 하면 이 경우 어떠한 보존적 문자 전통도 움직임을 제어하지 않기 때문이다. 현상을 설명하거나 밝혀내는 것을 우선적 역할로 하고 있는 것인 이론과는 반대로 디지털 모델의 시뮬레이션은 더 작업적이고 예견적이며 규범적이기까지도 하다. 그 모델은 "왜"라는 질문보다는 "어떻게"라는 질문에 더 잘 대답한다.

5. 시뮬레이션에 의한 지식

디지털 모델은 고전 문헌처럼 *읽히*거나 *해석*되지 않으며, 그것은 아주 종종 상호 작용적(대화식) 방법으로 *검색*된다. 대부분의 종이 위의 기능적 기술이나 제한된 아날로그 모델과는 반대로, 정보 과학 모델은 근본적으로 가소성이 있고 역동적이며 행동이나 반응의 자율성을 부여받고 있다. 장 루이 바이스버그(Jean-Louis Weissberg)가 잘 지적한 것처럼, 모방이나 기만만큼이나 시뮬레이션이란 용어가 오늘날 내포하는 것은 바로 이

상호 작용적 차원이다. "*시뮬레이션에 의한 지식*"은 틀림없이 정보화된 인지 생태 환경이 지니고 있는 새로운 지식 유형 중의 하나다.

마이크로 정보 과학의 궤적 안에 소위 "스프레드시트"라는 소프트웨어가 출현한 것은 PME[19]의 간부와 경영진의 책상 위에 회계와 예산용 시뮬레이션 도구를 가져다준 것이었다. 컴퓨터 보조 자동 설계 소프트웨어는 기계 부품의 충격에 대한 저항력이나 아직은 지어지지 않은 건물의 풍경 속에서의 결과를 실험할 수 있게 해준다. 의사 결정 지원용 소프트웨어는 기업의 경영진이나 장군들로 하여금 하나의 해결책을 선택하기 이전에, 경제나 군대의 현실 모델 위에서 자신들의 잠재적 선택 결과를 시뮬레이션하게 한다. 모든 분야의 과학자들은 경험을 통해서는 접근할 수 없는 현상(우주의 탄생, 생물학적 혹은 인구 통계학적인 변화)을 연구하거나 혹은 실험이 가능할 때조차도 최소의 비용으로 새로운 모델의 이점을 평가하기 위해서, 디지털식 시뮬레이션에 갈수록 의존하고 있다. 그리고 인공 지능 소프트웨어는 인간의 인지 능력, 즉 시각, 청각, 추론 등의 시뮬레이션으로 간주될 수 있다.

마이크로 컴퓨터용 소프트웨어 시장에는 1990년도부터 대단히 개량된 일종의 시뮬레이션 세트가 선보였다. 이 시스템은 산업적 생산, 운송, 재무 흐름, 생명 시스템, 컴퓨터망 등과 같은 복잡한 상황을 모델링해준다. 소프트웨어 라이브러리에는 각 분야의 수많은 객체나 기본적 절차(프로시저)가 완전히 프로그래밍된 상태로 제공된다. 사용자는 그것들을 구체적 상황에다 적용시키고 조합하기만 하면 미래의 생산 공정, *현금 흐름 (cash flow)*, 설치하려는 통신 시스템 등의 시뮬레이션을 얻을

19) (역주) Petites et Moyennes Entreprises. (종업원 50인 이하의) 중소기업.

수 있다. 이러한 방법으로 기술적 설치, 새로운 분자, 자금 운용 등을 조정하는 일에 필수적인 시도와 오류의 길고도 비싼 과정을, 시간과 돈을 절약하면서 부분적으로 모델에 일임할 수 있는 것이다. 그러나 무엇보다도 여기서 우리의 관심을 끄는 것은 인지적 이익이다. 변수를 통한 조작과 모든 가능 상황에 대한 시뮬레이션은 소프트웨어 사용자로 하여금 모델 안에서 원인과 결과 관계에 대한 일종의 직관을 불러일으킨다. 이용자는 모델화된 시스템의 *시뮬레이션에 의한 지식*을 얻게 되는데, 이 지식은 이론적 지식, 직접 경험, 구전 전통의 집합 등과는 동일시될 수 없는 것이다.

정보 과학에서 "객체 지향" 언어의 중요성이 증대되는 것은 컴퓨터가 점점 더 시뮬레이션의 도구로서 인식되고 있다는 것을 보여준다. 도식화하는 것을 통해 고전적 프로그래밍은 자료의 흐름도상에 연속적인 작업의 연쇄를 조직하는 것으로 이루어진 반면에 "객체 지향" 프로그래밍은 어떤 동작을 완수할 수 있고, 상호간에 메시지를 주고받을 수 있는 변별적 실재들의 상호 작용을 배열하는 것이다. 애플 컴퓨터용으로 앨런 케이(Alan Kay)팀에 의해 실현된 "수족관"은 이와 같은 정보 과학의 새로운 길을 잘 보여주고 있다. 이 계획에서는 여러 "객체-물고기"의 특성과 생활 양식이 프로그래머들에 의해 정의되었다. 그 다음에 이와 같은 소프트웨어-물고기들은 컴퓨터 화면으로 관찰할 수 있는 동일한 "수족관"에 넣어졌고, 추적, 도망, 겁주기, 사귀기 등의 행동을 통해 그들의 "유전적인 프로그램"에 따라서 자발적으로 상호 작용하고 있었다. "수족관"에서 *사건*의 전개는 전혀 프로그램화되지 않았다는 것을 주목해야만 한다. 아이들은 고기를 더 넣고, 꺼내고 혹은 그들의 특성을 변경시킬 수 있다. 그러면 그 아이들은 "수족관"의 생태 환경 속에서 그들의 행동에 나타난 반향을 관찰하게 된다[13].

"수족관"의 경우와 같은 교육적 실험을 넘어서, 동영상 합성 산업에서는 화면상에서 많은 수의 행위자들의 동작을 시뮬레이션하기 위해 객체형 프로그래밍 원리를 이미 이용하였다. 예를 들어, 오리나 찌르레기의 비교 행동학적 행동을 프로그램화한 다음, 원본 새를 수십 개 복사해서 날려보냄으로써, 오리나 찌르레기의 *날아가*는 모습을 얻을 수 있다. 각 객체는 스스로 다른 것과의 거리를 계산하고, 대열의 집단으로부터 이탈되어 머무를 수 있는 시간을 계산하는 등의 작업을 할 수 있다. 이러한 방향으로 많은 연구가 진행되고 있다. 몇 년 후면 "지능형" 객체-행위자들에게 시나리오와 몇 가지 행동 요령을 알려주기만 하면, 그들이 자동적으로 영화를 예측해낼 것이라고 몇몇 연구가들은 기대한다.

우리는 "객체 지향" 프로그래밍에 의해 열려진 모든 상호 작용적 시뮬레이션의 가능성들을 어렴풋하게 보게 된다. 모델과의 관계는 추상적 기능 구조의 몇몇 디지털 변수를 변경시키는 것에 끝나지 않는다. 그 관계는 우리가 주어진 환경이나 상황의 실제적인 행위자처럼 직관적으로 생각하는 것에 대해 직접 반응하도록 한다. 따라서 우리는 *시스템*의 시뮬레이션뿐만 아니라 *시스템 사이의 자연적인 상호 행동*의 시뮬레이션도 발전시켜나간다.

6. 컴퓨터 보조 상상력

우리가 보았던 것처럼, 문자는 단기 기억의 능력을 확장시켜준다. 바로 여기에 지적 테크놀로지로서 그것 나름대로의 실효성이 있다. 시뮬레이션과 시각화의 정보 과학도 또한 지적 테크놀로지다. 그러나 그것이 생물학적인 "작업의 기억"을 확장시켜주기도 하지만, 그것은 오히려 *상상하는* 능력에 관한 외부적, 추가적 모듈로서 기능한다.

외부 세계의 가능한 운동과 반응을 정신적으로 시뮬레이션하는 우리의 힘은 우리 행동의 결과를 예견하게 해준다. 상상력이란 것은 선택이나 확고한 결정의 조건이다.(이것 혹은 저것을 한다면 무슨 일이 일어나겠는가?) 우리는 우리를 둘러싸고 있는 세계에 대한 우리의 정신적 모델을 변경시키면서 이전 경험을 이용한다. 환경과 그것의 반응을 시뮬레이션하는 능력은 확실히 학습이 가능한 모든 유기체들에게서 근본적인 역할을 한다.

인지 심리의 수많은 경험에 대한 결과를 고려해서, 필립 존슨-레어드(Philip Johnson-Laird)[58]를 비롯한 여러 학자들은, 인간의 일상적인 추론은 형식 논리 규칙의 적용과는 거의 관계가 없다는 가설을 발표했다. 오히려 주체들은 상황이나 대상에 대한 *정신적 모델*을 구축하고, 그것에 의거하여 추론하며, 이러한 상상적 구조물 속에서 여러 다른 가능성들을 검색한다. 시뮬레이션은 컴퓨터 보조 상상력이라고 규정할 수 있는데, 알파벳에 근거하는 오래된 형식 논리보다 훨씬 더 강력한 추론의 보조 도구가 동시에 될 수 있다.

이론은, 특히 가장 형식화된 측면에서 보면, 지식을 제시하는 하나의 형태, 의사 소통 양식, 심지어는 설득의 양식이다. 반대로 시뮬레이션은 추론된 설명 이전의 지적 활동 단계에 해당되는 것으로서 상상, 정신적 작업, 시도와 실수 등이다.

이론가의 문제는 자급자족하고 객관적이고 비판 불가능하고 항상 단일하게 해석될 수 있고, 어떠한 개별적 상황에서도 수신자의 동의를 얻을 수 있는 발화체망을 만들어내는 것이었다. 시뮬레이션을 하기 위해 사용하는 디지털 모델은 이론적인 장면보다는 지적인 활동의 내막에 더욱더 근접해 있다. 그런 이유로 모델화하는 사람의 문제는 우선, 지금 여기에서 적절성의 기준을 충족시키는 것이다. 그럼에도 불구하고 시뮬레이션은 의사 소통이나 중요한 설득의 역할을 수행하며, 특히 모델의 발전이 화면의 이미지로 가시화될 때 그러하다.

7. 모든 사물의 척도

시뮬레이션이 이론보다 우위에 있고 효율성이 진실을 이기므로, 마치 플라톤의 이상주의와 보편주의에 대한 프로타고라스의 복수처럼, 아리스토텔레스의 논리적 *오르가논(Organon)*에 대한 소피스트들의 예기치 않은 승리처럼, 디지털 모델에 의한 지식은 울려퍼진다.

시뮬레이션에 의한 지식은 게다가 상대론적 인식론의 범주에서만 유효성을 갖는다. 그렇지 않다면, 모든 모델은 어떤 순간에 어떤 주체의 어떤 용도를 위해 만들어졌다는 것을 망각한 채, 모델화하는 사람은, 그의 모델이 "참"이라고, 엄밀한 의미에서의 "실제"를 "표상한다"고 믿는데 빠져든다. 정보 과학적 표상에 관해 오래된 "이론적", 인지적 아비투스(habitus[20])가 부자연스럽게 존속하는 것이 이전에는 빈번했다. 특히 한 현상에 대한 디지털 모델을 수정하는 것이 길고, 어렵고, 비싼 것이 될 때 그러했다. 그래서 우리는 안정적인 것으로 인식된 모델

20) (역주) 사회화를 통해 무의식적으로 얻어지는 지각, 발상, 행위 등의 특징적인 양태.

에 동화되고 찬동했던 것이다. 이런 점에서, 오늘날 시뮬레이션 도구가 급증하고 그들의 저렴한 가격, 사용의 편리함은 틀림없이 모델과 현실을 혼동하는 것에 대한 가장 좋은 해독제가 될 것이다. 우리가 그다지 큰 노력을 들이지 않고서도 조립할 수 있는 수백 가지 다른 가능성 중에서 가소성 있고 변화 가능한 어떤 한 모델이 나타난다. 지적인 작업과 재조직의 끊임없는 과정 안에서 하나의 단계, 하나의 순간에 해당되는 것이다.

시뮬레이션에 의한 지식은 이론적 지식보다 덜 절대적이고, 사용의 구체적 상황에 더 작용적이며 더 연결되고, 이렇게 해서 정보화망의 고유한 사회-기술적 리듬과 합체된다. *컴퓨터를 통한 시뮬레이션*은 주체로 하여금 정신적 영상이나 단기 기억이라는 수단으로 제한된 것보다, 비록 종이라는 너무 정적인 보조물이 있다 하더라도 더 복잡하고 더 많은 수의 *모델들을 검색*하게 한다. 따라서 시뮬레이션은 지식 혹은 세계에 대한 관계의 소위 어떤 비현실화를 가리키는 것이 아니고, 오히려 상상력과 직관의 고조된 능력을 가리킨다. 마찬가지로, 실제 시간은 아마도 시간의 종말이나 변전의 정지를 예고하는 것이 아니라 역사의 종말을 예고한다. 문화적 파국보다는 소피스트들의 *카이로스*로 돌아가는 방법을 읽을 수 있을 것이다. 시뮬레이션을 통한 지식과 실제 시간에서의 상호 접속이 가치를 부여하는 것은 적절한 시기와 기회며, 전체적 의미의 역사나 문자의 효과에 불과할 탈시간적, 탈장소적 진리에 대립되는 상대적인 상황이다.

다음의 도표는 이번 제Ⅱ부의 주된 내용을 요약한 것이다. 이와 같은 "정신의 세 가지 축"에 대한 개괄적 시각을 통해 보면, 정보-미디어축 안에 구전축의 일종의 반향이 드러나는 것을 알 수 있다. 즉, 행동 결과의 즉각성과 의사 소통 당사자들의

[도표] 정신의 세 가지 축(요점일람표)

	초기 구전축	문자축	정보-미디어축
시간의 모양	원	선	부분, 점
연대기적 역동성	-영속적 회귀의 지평 -기준이나 궤적이 없는 변전	-완수의 지평 아래 있는 역사 -궤적, 축적	-지평이 없는 순수한 속도 -즉각적 변전의 다원성 (정보-미디어축의 역동성은 부분적으로 불확정적이다.)
행위와 그 결과의 시간적 범주	-무기억적 연속성 안에 기록 -즉각성	-유예 기간, 미루는 행위 -지속성 안에 기재 (그것이 내포하는 모든 위험과 함께)	-실제 시간 -정보-미디어망에 맞추어 즉각성이 그 행동과 반응 영역을 확대한다.
의사 소통의 활용	의사 소통의 상대자가 같은 상황 안에 있고 인접한 하이퍼텍스트를 공유함	저자와 독자의 하이퍼텍스트 거리가 상당할 수 있다. 그 결과로 발신의 측면에서는 보편성과 객관성을 추구하고, 수신의 면에서는 명시적 해석 활동의 필요성이 요구된다.	정보-미디어망에 접속되어서, 의사 소통 행위자들은 점점 같은 하이퍼텍스트를 공유한다. 객관성과 보편성의 요구는 줄어든다. 메시지들은 존속하기 위해서 만들어지는 것이 줄어든다.
사회적 기억에 대한 주체의 거리	기억은 살아 있는 사람들과 행위 중의 집단에서 구현된다.	기억은 활자로 반-객관화된다. -주체와 지식의 부분적 분리와 관련된 비판의 가능성 -주체와 지식의 부분적 동일화와 관련된 진리의 요구	(영속적으로 변화하는) 사회 기억은 기술적 장치 안에 거의 전적으로 객관화된다. 진리와 비판의 쇠퇴
지식의 표준적 형태	-이야기 -제식	-이론(설명, 기초, 체계적 발표) -해석	-작용적 혹은 예견적 모델화 -시뮬레이션
주된 기준	-영속성 혹은 보존 -의미 작용(이 용어의 모든 정서적 차원과 함께)	다음의 양태에 따른 진리 -비평 -객관성 -보편성	-실효성 -국지적 적절성 -변화, 새로움

맥락 공유는 전자 미디어를 구전성에 근접하게 한다. 이렇게 우리는 다른 경로를 통해 맥루한(McLuhan)의 "지구촌"에 관한 직관을 되찾는다. 정보-미디어축의 "연대기적 역동성"에 관해서는, "변전의 다원성"과 "지평 없는 속도"에 의해 암시된 파열이, 미디어망에 실현된 세계적 통일에 의해 그리고 인구, 경제, 환경 차원의 "지구적 문제"에 의해 어느 정도는 보상된다. 여러 다양한 양식의 문자와 역사를 경험한 인간(제국, 보편 종교, 계몽주의 운동, 사회주의 혁명)의 *뒤를 이어*, 오늘날 정보-미디어 인간이 전체적 인류 상태를 *"살아간다"*. 이것은 지구에 사는 모든 사회 집단이 이러한 인류에 동참한다거나, 텔레비전이나 컴퓨터 문화가 종의 모험에 행복한 결말로 고려될 수 있다는 것을 의미하는 것은 아니다.

최초 구전, 문자, 정보 과학의 축은 *시대*가 아니다. 즉 단순한 방법으로 한정된 시기에 각각 상응하지 않는다. 매순간 그리고 개별 장소에서, *세 가지 축은 항상 존재*하지만 다소간의 강도로 나타난다. 지식의 형태라는 영역에서만 예를 들어보면, 이야기 차원에서는 항상 이론과 모델 안에서 작업한다. 해석 활동이 대부분의 인지적 수행의 기반이 된다. 그리고 환경의 모델에 대한 정신적 시뮬레이션은 틀림없이 고등 척추 동물의 지적 생활을 특징지워준다. 따라서 그것이 출현하기 위해 컴퓨터를 기다리지는 않았다. 같은 말을 "주된 기준", 시간성의 유형 혹은 기억의 윤곽에 대해서도 할 수 있다. 즉 하나의 축에 분류된 차원들은 모든 시간 속에 어디에나 존재하지만, 다양한 강도와 명시적 출현의 다양한 정도에 따라 존재한다. 그렇다면 왜 세 축을 구분하는가? 어떤 지적 테크놀로지의 이용은 인지 활동 혹은 시간의 사회적 이미지에서 어떤 가치, 어떤 차원에 특별한 강조를 하게 되기 때문이다. 그러면 그러한 가치나 차원은 더 명시적으로 주제화되며, 그것을 중심으로 구체적인 문화 형태들이 명확해진다.

여기서 우리는 어떤 쇠퇴를 유감스럽게 생각하지도 않으며, 소위 발전이란 것을 찬양하지도 않는다. 예를 들어 우리가 "지배 기준"이나 혹은 가치라고 불렀던 영역에서, "의미 작용"은 "효율성"보다 더 우월하거나 더 열등하지 않다. 인간 생활은 서로 상대가 없이는 불가능하다. 도표는 의미의 차원이 이야기나 의식, 살아 있는 사람에게서 기억의 구현, 복귀나 복원의 시간적 전망 등에 더 특별하게 연결되어 있다는 것을 암시하는 데 그친다. 어떤 상황에서 어떤 구체적 의미 작용의 질이 좋다, 나쁘다는 사실에 대해 말하지 않는다. 마찬가지로, 효율성이란 것은 그 자체로는 좋은 것이 아니다. 그것은 반드시 영혼의 부재를 지칭하는 것도 아니다. 효율적인 의미나 의미 작용으로 가득 찬 효율성이 있을 수 있으며, 또한 가장 최상의 혹은 가장 최악의 것을 위해 각각 존재한다. 표는 단지 효율성의 기준이 시뮬레이션, 기억의 거의 완전한 객관화, 실제 시간 등에 특히 관련된다는 것을 밝힐 뿐이다.

독자는 그것을 이해하게 되겠지만, 우리는 시간성의 양식이나 지식의 유형에 관한 단순하고 직선적인 이야기를 신뢰하려는 것이 아니다. 신화와 이론은 오늘날 시뮬레이션과 함께 계속 공존한다. 프로타고라스(Protagoras)와 몽테뉴(Montaigne)는 컴퓨터 없이도 상대주의자였다. 어떠한 정보 통신망에 접속하지 않았어도, 마키아벨리(Machiavel)는 그의 군주에게, 상황에 순응하고 그 어떤 역사적 지평에서도 여러 경우를 독립적으로 파악할 것을 건의하였다. 다시 반복하자면, 거의 모든 사고방식들은 어느 곳에나 어느 시기에나 존재한다. 생물 군(群)들의 유전학에서는 주어진 한 가지 종 안에 보유된 유전자들의 아주 커다란 다양성이 기술되었다. 생태 체계의 변화에 대응하여 어떤 형질 특성이 주로 나타나지만, 그렇다고 다음 환경 변화 과정에서 유용하게 쓰일 수 있는 다른 형질을 지배하는 유전자가 제거되지는 않는다. 마찬가지로, 다른 어느 것보다도 새로운 지적 테크놀로지의 출현에서 기인되는 인지 생태의 변화는, 오랫동안 몇몇 영역에만 한정되었던 지식 형태의 확산, 어떤 지식 양식의 상대적인 쇠퇴, 균형의 변화, 무게 중심의 이동 등을 초래한다. 시뮬레이션을 통한 지식의 대두는 개방되고, 다의적이고, 배분된 형태에 의거해 이해되어야 한다.

▣ 참고 문헌

Chaos Computer Club, *Danger pirates informatiques*, Plon, 1988 (ler édition en allemand: *Das Chaos Computer Buch*, sous la direction de Jurgen WIECKMANN, Rowohlt Verlag GmbH, Reinbek bei Hamurg, 1988).

CHESNEAUX Jean, *La Modernité monde*, La Découverte, Paris, 1988.

CORTEN André, TAHON Marie-Blanche (sous la direction de), *La Radicalité du quotidien. Communauté et informatique*, VLB, Montréal, 1987.

BRANDT Stewart, *Inventing the Future at MIT*, Viking Penguin Inc., New York, 1987.

DEBORD Guy, *Commentaires sur la Société du spectacle*, Éditions Gérard Lebovici, Paris, 1988.

DEBORD Guy, *La Société du spectacle*, Buchet-Chastel,

Paris, 1967.
DURAND Jean-Pierre, LÉVY Pierre et WEISSBERG Jean-Louis, *Guide de l'informatisation. Informatique et société*, Belin, Paris, 1987.
GRAS Alain, POIROT-DELPECH Sophie (sous la direction de), *L'Imaginaire des techniques de pointe*, L'Harmattan, Paris, 1989.
LEVY Pierre, L'invention de l'ordinateur, *in Éléments d'histoire des sciences* (sous la direction de Michel SERRES), Bordas, 1989.
LIGONNIÈRE Robert, *Préhistoire et histoire des ordinateurs*, Robert Laffont, Paris, 1987.
MIÈGE Bernard, *La Société conquise par la communication*, Presses universitaires de Grenoble, 1989.
TURKLE Sherry, *Les Enfants de l'ordinateur*, Denoél, 1986 (원판 : *The Second Self*, Simon and Schuster, New York, 1984).
VIRILIO Paul, *L'Espace critique*, Galilée, Paris, 1987.
WEISSBERG Jean-Louis (sous la direction de), *Les Chemins du virtuel Simulation informatique et création industrielle*, numéro spécial des Cahiers du CCI, Paris, avril 1989.

제 11 장

망 각

디지털망이나 그룹웨어들 사이에, 유동적이고 경계가 정해지지 않은 환경에서는, 점진적 단계에 따라 사람들의 신분이 독자(讀者)에서 주석자(註釋者)로 그리고 다시 저자(著者)로 바뀔 것이다. *글쓰기 권리*와 하이퍼텍스트에 혹은 다소간 전략적인 지식 베이스에 *주석 달고 접속하는 권리*에 의해서 사회적 계층이 나타날 수 있다. 단단한 성층(成層)이나 특권이 존재할 수 있다고 해도, 오늘날 이미 통용되는 담화나 아이콘 방식의 표상 더미가 통제 불가능하게 발아(發芽)하고, 뿌리가 확장되는 속도가 빨라질 확률이 매우 높다.

디지털화는 복사에서 변조로의 이행을 허용한다. 이제 더 이상 "수신" 장치는 없을 것이고, 선별이나 재구성, 상호 작용을 위한 인터페이스가 있을 것이다. 더 이상 "수신"하지 않고, 여과하고, 선별하고, 해석하고, 재구성하는 인간 감각 모듈을 기술적 배열이 닮아가기 시작할 것이다.

누가 가르치고 누가 배우는가? 누가 요구하고 누가 받는가? 누가 새로운 자료로부터 추론을 하고, 정보를 서로 연결하고,

접속을 발견하는가? 누가 여과하고, 필수적인 것만 유지하는가? 누가 망의 미로 같은 그물을 지칠 줄 모르고 누비고 다니겠는가? 누가 무엇을 시뮬레이션하는가? 개개인? 소프트웨어 행위자? 그룹웨어에 의해 연결된 그룹들? 그것은 모든 분야의 작업자들, 기관들, 두 세계를 넘나드는 상인들, 밀입국 안내인, 걸쳐놓인 집단들, 번역가들, 인터페이스들, 인터페이스망들이다. 위에 기술된 디지털 세계는 물론 사실적 공상 과학 소설과 유사하지만, 그것은 아마도 더욱더 인지 생태를 옮겨놓은 이미지다. 왜냐 하면 혼합되고 혼탁하고 거품이 이는 거대한 망 안에서, 지식이 축적되고 증식, 숙성되고 변질되고 상하고 혼합되고 오염되어온 것은 이미 오래 전부터이기 때문이다. 지식은 자신에 대해 생각하는 것 같다.

자신의 변이형인 정치적 유토피아처럼, 기술자의 유토피아가 직면하고 있는 것은 사회 과정의 복잡성, 현실의 축소할 수 없는 다양성, 역사의 우연성이다. 그것은 오늘날 유예 기간이나 마찰, 손실이 없는 공시성 세계를 꿈꾼다. 유토피아는 수축된 시간을 파괴된 공간인 순간의 점에 투사한다. 유토피아는 집단이라고 하는 굼뜨고 복합적이고 수많은 기억으로 짜여진 괴물을 위해 하이퍼텍스트 혹은 디지털 모델의 유연성을 원한다. 비록 이 이상형이, 거대한 지출 덕분에 일부 기업, 군사 혹은 재정 분야에서 드물게 실현된다 해도, 다른 모든 곳에서는 바벨탑의 혼란과 과잉이 계속 지배할 것이다.

여기서 기술된 디지털 인터페이스 층위가 실제로 만들어진다고 가정해보아도, 문자와 이미지의 이전 매체들은 계속 어떤 중요성을 간직할 것이다. 수많은 비형식적이고 개인적이며 아주 오래된 구전성에 의존하는 회로들이 집단의 깊은 곳을 순환시킬 것이다. 새로운 과정으로 처리되더라도 문화 유산의 많은 부분은 존속될 것이다.

또한 이전의 저장물을 번역하고 코드화하는 데 필요한 *시간*을 무시할 수 없을 것이다. 시스템을 표준화하는 어려움도 낮게 평가할 수 없으며, 새로운 하이퍼텍스트 문서, 독창적 멀티미디어 작품, 복잡한 현상의 디지털 모델 등을 하나씩 만들기 위해 발휘해야 할 노력과 상상력도 평가절하할 수 없다. 비록 놀라운 기술적 장치가 이미 사용될 준비가 되었다고 해도, 우리는 몇 년 안에 미적이고 지적인 전통을 바로 만들지는 못할 것이다.

르네상스와 같은 문화적 역동성은 실제로 어떤 의사 소통의 도구를 중심으로 조직되었다. 우리는 이전에 없던 사회적 형태가 기술적 시스템과 동시에 나타나는 것을 보았다. 19세기의 산업혁명은 그것의 종종 불쾌한 예를 제공해준다. 그러나 물질적 장치 그 자체는, 그것을 끊임없이 발산하고 재해석하는 주관성의 국부적 둥지와 분리되면, 집단적 모험에 어떠한 방향도 엄밀하게 제시하지 않는다. 여기에는 사회적 행위자들을 부추기는 분쟁과 계획이 필요하다. 주체들의 열정적 참여가 없이는 만족할 만한 어떤 것도 이루어지지 않을 것이다.

인간의 지능에 동질적이라 하더라도, 지적 테크놀로지는 살아 있는 사고를 대신하지는 않는다. 거대한 이미지와 말의 저장물이 접속을 따라 희미한 소리를 내고, 화면에 반짝이고, 디스크에 집적된 더미로 쉬고 있고, 단 하나의 신호에 일어나고, 변신하고, 서로 결합하고, 마르지 않는 흐름으로 세계에 퍼져나가면서, 이렇게 풍부한 기호와 프로그램, 구축중에 있는 이 거대한 모델의 도서관, 모든 이러한 거대한 저장물들은 아직 하나의 기억이 되지는 않는다.

왜냐 하면 기억의 작업은 내부에서부터 그것을 해체하고, 작업하도록 하는 기억의 돌출이나 쇠퇴 없이는 인식될 수 없기 때문이다. 자신의 계획을 지향하는 한 생명체는, 바로 이 행동으로 과거가 될 것의 이미지나 단어를 파괴하고 변형시키고 재해석한다. 기억의 주관성, 그것의 필수적이고 생명력 있는 부분은 과거 속의 흔적과 저장을 버리고, 새로운 시간을 만들어내는 것에 있다.

따라서 데이터 뱅크, 시뮬레이션, 하이퍼텍스트로 서로 얽혀 있는 담화 그리고 프로세서의 차가운 빛을 화면 위에 퍼트리는 총천연색 발레 등을 *잊기* 위해서는 개별적인 인간 기억이 또다시 필요한 것이다. 다가올 문화를 창조하기 위해서, 우리는 디지털 인터페이스를 우리 것으로 만들어야만 할 것이다. 그러고 나서 그것을 잊어야만 할 것이다.

제 III 부

인지생태학을 향하여

제 III 부

인지생태학을 향하여

우리는 어떤 문화적 형태와 주된 지적 테크놀로지의 사용을 서로 대응시키는 것을 통해 지식 유형의 역사에 관한 조사를 결론지었다. 특히 우리에게 밝혀진 것은 정보-미디어 문화는 어떤 유형의 사회적 시간성, 즉 “실제적 시간”과, 컴퓨터가 생기기 전에는 기록되지 않았던 “시뮬레이션을 통한 지식”을 지니고 있다는 것이다.

이러한 성과를 바탕으로 우리는 이제 좀더 반성적인 방법으로 우리의 연구를 진행할 것이다. 즉 개인적 사고, 사회적 제도, 의사 소통 기술 사이에는 어떤 관계가 있는가? 우리가 밝히려는 것은 이 어울리지 않는 요소들이 결합되어, 종(種)과 계(界)의 전통적 경계를 거스르면서 *사고하는 인간-사물 집단*을 형성한다는 것이다. 이 세 번째, 마지막 부분에서는, 이러한 범세계적 집단의 연구를 목표로 하고 있는 *인지 생태* 프로그램을 그려볼 것이다.

우리는 우리가 나아가고자 하는 방향에서 오늘날 정열적인 논쟁의 대상이 되고 있는 철학의 두 가지 명제, 즉 이성과 주체라는 명제를 만나게 될 것이다.

이성에 관해서 말하자면, 우리는 인지 과학에 의해 부여된 논의 끝에, 제II부에서의 역사적 조사가 우리에게 암시해주었던 다양성과 변이성을 다시 거론하게 될 것이다. 그러나 이런 논의 중에 앎의 방법의 순수하고 단순한 우연성, 어떤 절대적 상대주의로 되돌아가지는 않을 것이다. 인간 인지 시스템의 모듈과 여러 문화에서 제공된 기호론적 시스템의 결합 관계를 연구하면서, 사실 몇몇 유형의 합리성이 어떻게 드러나는지를 명확하게 기술할 수 있다.

주체의 문제와 그의 객체와의 관계에 대한 문제에 대해서 말하자면, 그것은 우리를 칸트와 하이데거가 남긴 유산의 파란만장한 장소로 안내한다. 모든 인지 생태는, 주체성과 객체성이 혼합되고 하나로 끼워 맞추어지는 것에 관심이 있는 것으로서, 주체에 속하는 것과 객체에 관련된 것을 구분하는 일에 몰두하는, 지식에 관한 칸트 식 접근에 대한 반대 명제로 제시된다는 것을 보게 될 것이다.

어떤 철학적 전통에 의해 물려받은 주체의 개념을 비판한다고 해서, 하이데거식 명상의 단골 주제에 동조하도록 하지는 않겠다. 물론 의식이 있고 합리적이며 의욕적이고 무기력한 세계를 "조사하면서", 자신의 목적에 따르는 주체에 대한 그의 문제 삼기는 동조한다. 그러나 형이상학에서 빠져나오기 위해, 프라이부르크(Fribourg)의 대가가 우리에게 권하는 방법인 수직적이고 "존재론적"이며 공허한 통로를 선택하는 것 대신에, 우리는 지그재그를 그리면서, 한 단계에서 다른 것으로 도약하고, 하이퍼텍스트적이고, 뿌리 줄기 모양이고, 현실만큼이나 이질적 다중적이고 얼룩덜룩한 여정을 그릴 것이다.

이번 제III부의 마무리는, 우리로 하여금 아주 종종 사고하는 것과 특히 사고에 대해 사고하는 것을 면제해주는 둔한 이원론을 예방하기에 적절한 방법론에 대한 것이다. 즉 정신과 물질, 주체와 객체, 사람과 기술, 개인과 사회 등이다. 이러한 흔히 말하는 보편적인 본질 사이의 개괄적인 대립 대신에 우리는, 인터페이스망의 용어로, 분자 모양 분석, 매번 개별적인 분석을 대체할 것을 제안한다.

제 12 장

주체와 객체를 넘어서

지능이나 인지는 수많은 인간, 생물, 기술적 행위자들이 상호 작용하는 복합적 망에서 만들어진다. 지능적인 것은 "내"가 아니고, 내가 그 구성원인 인간 집단과 함께 하고, 나의 언어와 함께 하며, (문자의 사용을 포함한) 모든 지적 방법, 지적 테크놀로지와 함께 하는 "내"가 지능적인 것이다. 수천 개의 다른 것들 중에서 세 가지 요소만을 거론하자면, 공공 도서관에 가지 않고, 아주 유용한 여러 소프트웨어를 실행시키지 않고, 친구들과의 수많은 논의를 하지 않고서는, 이 텍스트의 저자는 이것을 작성하지 못했을 것이다. 집단에서 벗어나 있고, 지적 테크놀로지가 상실된다면 "나"는 사고할 수 없을 것이다. 흔히 말하는 지능적 주체는 그를 둘러싸고 그를 제약하는 인지 생태 안의 미세-행위자 중 하나일 뿐이다.

또한 사고하는 주체는 하부로부터 분할되고, 내면에서부터 용해된다. 최근의 인지심리학에 대한 수많은 저서에서는, 인간의 인지 체계가 온갖 크기와 온갖 성격의 부분들이 모여 구성된 것이라고 주장하고 있다. 포도르(J. Fodor)의 모듈, 민스키

(Minsky)의 정신 사회, 모든 "연결주의"[75]의 신경 세포 혹은 신경세포망의 집합 등은 기이하게 분열된 정신적 모습을 그리고 있다. 또한 수많은 인지 과정이 자동적이며, 의도적인 의지의 통제를 벗어난다는 것을 덧붙일 수 있다. 정신 과학의 관점에서 보면, 의식(意識)과 의식에 직접 관련된 것은 지능적 사고의 부차적인 측면에 불과하다. 의식은 인체와 그의 환경 사이의 중요한 인터페이스들 중에 단순히 하나에 불과하다. 의식은 하나의 가능한 관찰 (중간) 단계에서 작동하며, 그 단계는 인지 문제를 접근하기 위해 필연적으로 가장 관여적인 것은 아니다.

하부 방향으로 향하는 생물학적이고 기능적인 미세 사회 안에서 인지적 주체가 이와 같이 붕괴되고, 그리고 상부 방향으로는 사람, 표상, 전달 기술, 기록 장치들로 가득 찬 거대 사회 안에 인지 주체가 얽혀 있는 것으로부터 어떤 이미지를 끌어낼 수 있는가? 누가 생각하는가? 더 이상 주체 혹은 "물질적"이건 "정신적"이건 간에 사고의 실재가 존재하지 않는다. 이것이 사고하는 것은 신경 세포, 인지 모듈, 인간, 교육 제도, 언어, 문자 체계, 책, 컴퓨터가 상호 접속하고, 표상을 변화, 번역하는 망 안에서다.

이런 생각은 오늘날 질 들뢰즈(Gilles Deleuze)와 미셸 세르에 의해 대표되는 프랑스철학의 한 가지 경향과 유사하다. 이 학자들은 혼합물에 대한 엠페도클레스의 근본질료설(proto-matérialisme empédocléen), 스피노자(Spinoza)의 자연주의적 일원론(monisme) 혹은 라이프니츠의 무한다원론(pluralisme infiniste)을 극단화했다.

『천 개의 마루(*Mille Plateaux*)』[26]에서, 들뢰즈와 가타리(Guattari)는, 모든 나뭇가지 모양의 분류를 어기고, 완전히 이질적인 존재 지층에 접속하면서, 하나의 동일한 "밀도 평면" 위에 펼쳐져 있는 "뿌리 줄기"를 기술하고 있다. 다중성과 분자적 과정은 통합하는 힘에 대립된다.

『기생 생물(*Parasite*)』[93]에서, 미셸 세르는 같은 단어들을 사용해서 인간 관계와 세계의 사물에 대해 말한다. 비록 이 두 영역이 일상적으로 분리되어 있고, 다른 학문에 의해서 연구되고 있지만, 모든 경우에 메시지와 "기생 생물"에 대한 의사 소통, 가로채기, 번역, 변형이 문제가 된다. 분석에서, 모든 실재가 변전 안의 망으로 밝혀진다. 『상(像. *Statues*)』[94]에서, 세르는 주체와 객체 사이의 상호적인 중개와 변형을 새롭게 탐구하고 있다. 그는 어떻게 해서 미라, 시체, 뼈를 통해서 객체가 주체로부터 태어나게 되는지, 그리고 반대로 어떻게 집단적 주체가 객체들 위에 기초를 두고 그것들에 섞이는지를 보여준다. 그가 다다른 것은 "객체적" 지식의 철학인데, 이것은 "선험적 주체"가 자신의 형태를 *선험적으로* 모든 경험에 강요하고, 인식론의 핵심을 차지하고 있다고 주장하는 칸트 경전에 완전히 반대 입장에 서는 것이다.

자연 철학의 부활을 알리면서 일리아 프리고진(Illya Prigogine)과 이사벨 스탕제(Isabelle Stenger)[86]는, 법칙에 따르는 관성적 물리적 우주와 생명체의 창의적이고 잡다한 세계 사이에 절대적 단절이 없었다는 것을 보여주려 했다. 물리 과학의 최근 발전에 중심에 위치하는 것은 독특함, 사건, 해석, 역사 등의 개념이다. 고전 과학은 물리적 우주에서 역사와 의미 작용을 배제하고, 그것을 생명체 혹은 더구나 인간 주체 안에 유일하게 밀어넣는다. 그러나 오늘날 여러 과학적인 흐름에서는, 존재와 사물이 더 이상 어떤 존재론적인 철의 장막에 의해서 분리될 수 없는 하나의 속성을 재발견하게 된다.

마지막으로, 브뤼노 라투르[64, 65, 66, 67]와 여러 과학에 대한 인류학의 새로운 학파에서는, 모든 지적인 과정 그리고 아마도 특히 형식적 과학적 사고에서도 상황과 사회적 상호 작용이 필수적인 역할을 한다고 밝혀내었다. 어떠한 본질, 어떠한 실체도 라투르의 견해로 보면 존재하지 않는다. 그는, 역사적 혹은 민족지학(民族誌學)적 조사를 통해 가장 존중할 만한 제도, 가장 "단단한" 과학적 사실 혹은 가장 기능적인 기술적 객체들이 어떻게 해서 실제로는 우연적이고 산만한 배합의 임시적 결과인지를 보여준다. 어느 정도 안정된 모든 실재 이면에서, 그 실재를 존재 안에 유지시키는 혼탁하고 이질적인 투쟁적 망을 보게 한다. 들뢰즈나 가타리(Guattari)의 뿌리 줄기처럼, 라투르와 칼롱(Callon)[15]의 망은 사물과 사람, 생각하는 주체와 생각되는 객체, 무기력한 것과 살아 있는 것 등의 사이에 설정된 구별을 준수하지 않는다. 하나의 망 안에서 상이함을 산출할 모든 것은 행위자로서 간주되고, 모든 행위자는 자신이 산출하는 상이함에 의해 자신 스스로 정의될 것이다. 이러한 행위자 개념은 인간들과 기술적 장치들을 대칭적 방법으로 고려하게 한다. 기계는 인간들에 의해 만들어졌고, 사회의 작동과 사람들의 소질을 만들고, 의미 부여하는 일에 기여하며, 당신이나 나와 같은 사람들에 의해 완수될 작업을 종종 실행한다. 기술적 장치들은 따라서 집단 안에 완전한 몫을 가진 행위자들이며, 그 집단은 인간으로만 이루어졌다고 말할 수 없고 그 경계가 영속적으로 재정립된다.

*인지생태학*은 인지에 대한 기술적, 집단적 차원에 대한 연구다. 방금 언급한 연구들이 분명히 그 길을 보여주지만, 아직은 태동하는 분야다. 우리는 이 책에서 그 프로그램을 예고하고 몇 가지 원칙을 제시하는 것에 그치겠다.

1. 주체와 객체 사이

얼마 동안 은유를 해보자. 그것은 덴 스페르버(Dan Sperber) [101]에게서 빌려온 것이다. (표상이라는 총칭적 용어로 통합할 것들인) 이미지, 발화체, 관념들이 모두 바이러스라고 상상해보자. 이 특별한 바이러스는 사람들의 사고 안에 거주하고, 모든 의사 소통 방법을 통해서 한 정신에서 다른 것으로 전파될 것이다. 예를 들면, 만약 내가 "계급 투쟁이 역사의 동인"이라고 생각한다면, 나는 당신에게 마르크스주의 바이러스를 주입하기 위해 이런 관념을 소리나 활자 기호로 변환시켜야만 한다. 마릴린 먼로의 이미지는 열광적인 유행병을 야기시켰는데, 그것은 영화, 텔레비전, 사진 덕분이기도 하지만 또한 이 특별한 바이러스에 대해 방어하는 면역성이 남성 정신 안에 이상하게 존재하지 않는 것에서도 기인되었다는 것을 인정하자.

이런 은유를 진지하게 들여다보면, 우리가 댄 스페르버와 함께 인정하게 되는 것은, 문화 현상이 어떤 측면에서는 표상들의 전염병에 속한다는 것이다. 따라서 하나의 문화는 주어진 구성원 안에 표상을 분배하는 것과 동일시된다.

표상들이 전파되는 인지적 환경은 두 가지 커다란 요소들의 총체로 이루어지는데, 즉 인간의 정신과 표상을 기록, 변환, 전달시키는 기술적인 망이 그것이다. 문자나 정보 과학과 같은 지적 테크놀로지의 출현은 표상이 전파되는 환경을 변화시킨다. 따라서 표상들의 분포를 변환시키는 것이다.

▶ *몇몇 표상들은, 이전에는 불가능했겠지만, 이제는 보존된다. 따라서 훨씬 더 대규모로 확산된다.* 예를 들어, 상당한 양의 디지털 목록이나 표(증권 시장의 일상적인 시세 등)는 적어

도 인쇄술을 갖춘 문화 안에서만 많은 실수 없이 유지될 수 있고, 폭넓게 확산될 수 있다.

▶ *새로운 정보 처리가 가능하고, 따라서 새로운 유형의 표상이 나타나게 된다.* 예를 들어, *일람표*의 도움으로 자료를 체계적으로 비교하는 것은 문자와 더불어서만 가능하다. 자연적인 현상의 디지털 시뮬레이션은 분명히 컴퓨터를 가정하는 것이다.

자연 도태의 조건이 변한다면, 우리는 종(種) 사이의 균형의 변동, 어떤 것의 소멸과 다른 것의 출현이 이루어질 것이라고 생각하는 것이 당연하다. "문화 도태"의 조건이 변해도 그것은 마찬가지일 것이다. 문자와 인쇄술에 의해 초래된 문화적 변동에 관해서, 우리는 잭 구디[43]와 같은 민속학자나 엘리자베트 아이젠슈타인[32]과 같은 역사가에 의해 이루어진 연구들을 이미 거론했다.

예를 들어, 구디는 문자 없이는 보편적 윤리 종교는 없을 것이라는 것을 보여주었다. 왜냐 하면 문자만이 모든 사회적 맥락으로부터 도덕적 도그마와 원리를 분리해주기 때문이다. "책의 종교"는 당연히 문자에서 만들어진 것이다.

아이젠슈타인은 16세기와 17세기의 현대 과학의 탄생과 인쇄술의 대량 사용을 연결하는 아주 긴밀한 관계를 밝혀냈다. 구텐베르그의 발명 덕택에 정확하고 수치화된 다량의 정보가 사용 가능하게 되었으며, 측정과 표상의 체계가 표준화되었고, 삽화들은 지구, 하늘, 식물, 인간의 신체 등의 세밀한 이미지를 전달할 수 있었다.

보편 종교나 현대 과학과 더불어 우리는 하나씩 얻어진 표상들에 더 이상 관계하지 않고, 지적 테크놀로지에 의해 출현, 유지되는 진정한 문화적 형태와 직면하게 되었다.

덴 스페르버가 제안했던 표상의 전염병은 특별히 고무적인데, 그것이 한편으로는 심리학과 사회학 사이에, 다른 한편으로는 표상의 영역과 기술적 분야 사이에 인과 관계의 다리를 구축해주기 때문이다. 어떤 이미지나 혹은 명제를 집단 안에 전파하거나 유지하는 것을 설명하기 위해, 인간 존재의 장기 기억의 특성은 표기법 체계의 속성 혹은 컴퓨터망의 구성과 동등하게 거론된다. 객체와 주체의 경계, 개인 내면과 의사 소통의 환한 빛 사이의 경계를 뛰어넘으면서, 표상들은 표준화된 영토 안에 유통되고 변화해간다.

이와 같은 이론적 범주는 반면에 너무 협소한 것으로 밝혀질 수 있다. 표상이라고 하는 실질적, 이산(離散)적 실재에만 전적으로 매달리면서, 인지생태학은 사고하고 말하며 행동하는 *방법*에 관련된 모든 것을 소홀히 할 위험이 있다.

인지 과학에서 통용되는 어휘를 사용한다면, 표상의 전염병은 서술적 지식만을 설명한다. 그런데 인지생태학은 문화를 구성하는 데에 상당히 기여하는 절차적 지식들도 자신의 분석 안에 포함시켜야 할 것이다.

다른 한편으로, 표상들 자체에 대해서 만큼이나 표상의 분배를 실현하는 *과정(processus)*에 대해서도 강조를 해야만 할 것 같다. 그러면 문화는, 인간 집단 안에서의 관념, 발화체, 이미지 등의 어떤 배분에 의해서보다는, 이 배분이 발생시키는 *지식의 사회적 관리 방법*에 의해서 더 많이 정의될 것이다.

마지막으로, 표상의 전염병은 그 자체로서의 *집단적 사고*에 대해서는 밝혀주는 바가 거의 없는데, 이것은 인지생태학 연구 프로그램에서 빠질 수 없는 것이다. 이 마지막 측면에 대해서는 그레고리 배트손(Gregory Bateson)과 그의 학파의 연구 이후에, 인류학자 마리 더글러스(Mary Douglas)의 가설이 최근에 얼마간의 조명을 해주고 있다.

2. 인지적인 것과 사회적인 것 사이

사이버네틱스의 연장선상에서, 그레고리 베트손[7, 8]은, 모든 역동적이고 개방적이고, 최소의 복잡성을 부여받은 체계는 "정신"의 형태를 소유하고 있다는 생각을 확산시키는 데 공헌하였다. 가족 집단에 이런 원리를 적용하는 것이 1960년대 이후로는 약간의 성공을 누리게 된다.

한 *개인*의 정신적인 병을 돌보는 대신에, 가족 정신 치료 학자[110]들은 "지정된 환자"가 살고 있는 *집단* 안에서 중시되는 의사 소통, 지각, 추론의 규칙을 변화시키려고 시도한다. 그들은 실제로 한 사람의 장애는 그 가족 장애의 징후라고 하는 가설에서 출발하고 있다. 다양한 기술(유머, 역설, 재배치 등)을 통해, 정신 치료 학자는 인지 체계처럼 간주된 가족에 개입하게 된다. 가족 요법은 인식론적 혹은 인지적인 속성의 변경을 산출하는 것 같아보인다. 즉 단체는 자신들이 구축했던 현실의 표상을 변형시키고, 단체는 추상화 능력(예를 들어, 의사 소통 양식에 대해 의사 소통할 수 있는)을 습득한다. 또한 가족 체계를 있는 그대로 학습하고 해석하는 가능성은 열려 있으며, 그 집단은 더 이상 어떤 상투적인 대답에 대한 그의 반응에 자신을 국한하지 않을 것이다.

제도, 국가, 게다가 역사적 시대와 같은 사회적 실재에 대해서 집단적 인지 기능의 생각은 오래되었지만, 그 생각은 조직의 치료법에 직접 적용 가능한 상태에 이르지는 못했다. "시대의 정신"에 대해 종종 말하지 않았던가? 어떤 혁명적 정당은 "집단적 지식인"으로 간주되지 않았던가? 19세기에 헤겔, 콩트(Comte), 마르크스, 심지어 니체와 같은 철학자들은 변별적 문화 속에서 다양한 사고 방식이 피어난다고 하는 이러한 직관에 틀림없이 더 준엄한 성격을 부여하였다. 마르크스만이, 기술이나 이야기 수준을 넘어서 이 역사적 현상을 분석적이고 인과론적으로 밝혀 냈다. 그의 설명은 계급적 이해의 동인(動人)을 환기시키고, 상부 구조 안에 하부 구조의 재현을 비유하는데, 그렇지만 아주 투박한 설명이었다. 19세기말 이래의 인류학적, 사회학적, 역사적인 시도의 상당 부분은, 집단적 사고와 사회적 표상의 문제를 좀더 깊이 있게 밝혀내기 위한 노력으로 간주될 수 있다.

최근에 마리 더글러스라는 인류학자는 문제를 가까이 끌어안았다. 그녀의 책『이렇게 제도는 사고한다(*Ainsi pensent les institutions*)』[30]에서, 그녀는 기억에 대한 사회적인 결정 인자 혹은 분류 체계의 제도적 기원에 대해 강조한다. 반대로, 그녀는 비교, 유추, 논증 등의 인지적 활동은 항상 사회적 구성체 안에서 작업을 한다고 지적한다.

사회적 기억의 문제를 밝히기 위해, 마리 더글러스는 에반스 프리차드(Evans Prichard)에 의해 연구된 누에르족(les Nuers)[21]의 경우를 분석하고 있다. 이 종족의 구성원들은 일반적으로 9~11세대 위의 조상을 기억한다. 문제는 문자를 갖고 있지 않은 누에르족이 아주 오래된 사건들의 흔적을 간직하기 위해 어떻게 했는지를 설명하는 것이다.(나의 독자들 중에 그들 조상의 목록을 그렇게 과거로 높이 거슬러 올라가게 할 수 있는 사람은 거의 없을 것이다.) 그러나 왜 누에르족이 11번째 조상 위로

21) (역주) 아프리카 수단의 일부 종족.

는 더 이상 올라가지 못하는지를 또한 이해할 필요가 있다. 실제로 "새로운 세대가 계속해서 출현함에도 불구하고, 알려진 조상들의 숫자가 항상 똑같이 유지된다. 그리하여 많은 수의 조상들은 목록에서 점차 삭제된다. 집단의 기억은 부족의 창시자로부터 그의 두 아들에게 그리고 그의 네 명의 손자들에게로 내려가게 되고, 그런 다음에는 수많은 조상을 소멸시키는 벌려진 구멍을 창조[22]"하는 것처럼 보이게 된다. 사실, 망각은 우연히 이루어지지 않는다. 결혼할 때 가족들 사이에 교환되는 선물과 채무용 가축 숫자 계산은, 누에르족으로 하여금 정확하게 누구와 인척 관계를 맺고 있는지 5세대까지, 그 이상은 아니고, 알고 있도록 *강요*한다. 바로 그런 이유로 집단의 기억은 가장 최근의 조상에 관해서는 더 높은 곳으로는 거슬러 올라가지 않는다. 이러한 기억은 아주 견고하게 지탱되는데, 그것은 최근의 족보가, 몇몇 등가(等價) 규칙에 의해 일반적으로 그 구조가 단순화되었기 때문이고, 또한 경제적 성격의 실용적 이유 때문이기도 한데, 그 족보가 종종 환기되고 반복되며 또 이것이 집단적 방식으로 이루어지기 때문이다. 게다가 "정치적 동맹은 창시한 조상, 그의 아들들, 손자들 그리고 증손자들 등에서 나온 4세대가, 각각 정치적 단위를 구성하면서 이루는 혈통에 근거한다."[23] 이런 이유로 사람들은 가장 먼 조상들을 기억하는 것이다. 첫 번째 조상과 가장 최근의 조상 사이에 자리를 차지하고 있는 모든 조상은 누에르족의 기억에서는 사라진다. 우리는 그들의 정치, 경제, 결혼 제도가 그들 집단적 기억에 조건이 된다는 사실을 알게 된다.

---

22) (원주) Mary DOUGLAS, *Ainsi pensent les institutions*, Usher, Paris, 1989, p.63.

23) (원주) 같은 책, p.65.

누에르족의 사회는 오히려 평등하다. 마리 더글러스는 만약 그들의 정치 체계가 상속적 족장 제도였다면, 그들 중 몇몇은 더욱 오랜 조상들의 혈통을 기억하게 되었을 것이라는 점을 암시하고 있다.

제도가 기억을 지배하는 다른 예를 우리 자신의 사회에서 찾아볼 수 있다. 과학 집단은 발견을 높이 평가하고 경쟁적 방식으로 기능하고 있다. 이런 점은 학자들로 하여금 독창적 연구를 추구하게 하고, 과학의 과거에 관심을 갖기보다는 그들의 연구 결과가 새롭게 가져올 것을 강조하게 한다. 바로 이것이 과학의 역사에서 망각과 우각호(牛角湖)가 그렇게 종종 생기는지를 설명해준다. 법칙이나 이론을 재발견하거나 과거 학자들에 의해 펼쳐진 흐름을 다시 받아들이게 된 연구자는, 후에 그 자신의 이름이 아니라 그의 전승자의 이름을 남기게 될 것이다. 바로 이런 이유로, 반대 방향의 길을 걷고 과학 제도의 "정신"을 반대로 취하는 학자들이 거의 없는 것이다. 그런데도 불구하고 어떤 분야의 역사를 재구성하는 데 있어서, 강조하려는 측면에 재구성이 자연스럽게 도착한 것 같은 기색을 갖도록 하기 위해, 과거의 선구자나 위대한 이름들이 도움을 요청받을 수 있다. 학자 집단에 의해서 실행된 기억의 유형은 그것의 목적이나 조정 양식에 밀접하게 의존하고 있다.

3. 모든 제도는 지적 테크놀로지다

그것이 존재한다는 사실 자체로, 어떤 사회 구조는 그것이 시행되는 사회에서 질서나 어떤 잉여성을 유지하는 데 기여한다. 그런데 인지적 활동도 역시 인지 존재들의 환경 안에 질서를 창출하거나 적어도 소음이나 혼돈의 부분을 줄이는 것을 지향한다. 제도화하는 것처럼, 안다(Connaître)는 것은 분류하고 정리하고 방향을 설정하고 안정적 윤곽과 주기를 구성하는 것이다. 따라서 규모는 다르지만, 집단의 제도화 활동과 한 유기체의 인지적 작업 사이에는 어떤 동등성이 존재한다. 이러한 이유로 해서 이 두 기능은 서로 서로 양분을 주고받을 수 있다. 특히 개인들은 결정하고 추론하고 예측하기 위해서 제도가 제공하는 질서와 기억에 계속적으로 의존한다.

문화는 개인들에게 거대한 인지 장치를 제공해준다. 우리들의 사회적 경로의 매 단계에서, 집단은 우리로 하여금 언어나 분류 체계, 개념, 유추, 은유, 이미지를 갖추게 해주고, 우리가 비용을 들여 이런 것들을 발명해나갈 어려움을 감면해준다. 법률이나 행정적인 규칙, 작업의 분화, 거대한 조직의 계층적 구조와 그들의 행위 규범은 사회적 기계에 통합되어 있는 기억, 추론 그리고 자동 결정의 형태가 되고, 그만큼 개인들의 지적 행동을 절약해준다. 관습적이고 역사적으로 날짜가 매겨져 있기 때문에, 지적 테크놀로지(문자, 정보 과학 등)는 제도라는 것이 분명해진다. 그렇지만 모든 제도가 지적 테크놀로지로서 간주될 수 있다는 것은 아마도 덜 받아들여질 것이다.

4. 사회적 과정은 인지적 활동이다

우리가 보았던 것처럼, 사회 제도는 우리 인지 활동의 상당 부분의 근거가 된다. 대칭적으로, 사회적 구조는 분명히 사람들의 인지 활동 결과인 논증, 유추, 은유가 없이는 유지되지 않는다. 즉 사회적 "유기체"의 머리에 비교되는 정부[91], 신체의 두

부분을 결합하는 결혼 등의 비유가 그것이다. 그러나 개개인의 인지적 활동은 설명의 마지막 용어가 되지는 않는데, 그 이유는 사회 외적인 영역(신체, 자연)에서 추출된 은유가 사회 구조에서 역으로 자신의 명백함을 도출하기 때문이다.

하나의 부류를 구성한다는 것은 한계를 설정하는 것이다. 그런데 어떠한 경계도 당연한 것은 없다. 틀림없이 세계에는 경도(傾度)나 불연속성이 있지만, 전체를 엄밀하게 분할한다는 것은 외부와 내부를 구분하기 위한 하나 혹은 여러 "기준"을 선택한다는 것을 가정한다. 이런 기준의 선택은 관습적, 역사적, 상황적일 수밖에 없다. 독일, 청색, 지성 등은 어디부터 시작하는가? 다시 반복하자면, 대부분의 경우 유추나 정체성을 인식하게 하면서, 동등성의 개념이나 부류는 문화에 의해서 그려진다. 그러나 단체들 심지어 개인들도, 어렵지만 이러한 개념 분할의 일부분에 대해 의문을 제기할 수 있다. 예를 들어 과학 집단의 주된 사명 중의 하나는 사회의 다른 곳에서 용인되는 분류를 재조직하는 것이다. 과학만이 문제가 되는 것은 아니다. 대부분의 사회를 주도하는 행위들은 그 직접적인 결과나 목표로서, 개념의 한계와 의미를 유지하거나 변화시키는 것을 추구한다. 무엇이 정당한가? 적절한 급여, 과도한 가격은 어디부터인가? 누가 시민인가? 신성한 분야는 어디까지인가? 지성이 대부분 분류의 문제이므로, 모든 사회적 과정은 미세-사회일지라도 인지적 과정으로 해석될 수 있다.

개인적 주체들은 수동적으로 행동 지침을 전달하거나 혹은 그들 문화의 유추나 그들 제도의 추론을 뒤따라가는 것에 만족해 하지 않는다. 그들 개개인의 흥미나 계획에 따라서, 그들은 자신들이 물려받은 개념을 변형시키고 재해석한다. 그들은 상황에 따라서 결정 과정 혹은 현실의 새로운 구분을 만들어낸다.

물론 사회는 주체의 인지적 활동에서 사고한다. 그러나 반대로 개개인은 제도라고 하는 사고하는 기계를 끊임없이 구성, 재구성하는 데에 공헌한다. 결과적으로 모든 사회적인 구조는 개별적 사람들의 지적 상호 작용을 통해서만 유지되고 변형되는 것이다.

5. 인지 생태의 기술적 차원

인지 집단은 그것을 구성하고 있는 개인들의 끊임없는 참여에 의해서 자동-조직되고 유지되고 변화된다. 그러나 이 집단은 인간 존재로만 구성되어 있는 것은 아니다. 우리는 통신 기술과 표상 처리 기술이 마찬가지로 그곳에서 중요한 역할을 했다는 것을 보았다. 우리에게는 아직도 다른 기술들, 심지어는 인간 행동에 내포되어 있는 모든 물리적 세계의 요소들에까지 인지 집단을 확장시킬 필요가 있다.

도로와 자동차, 수류와 선박, 돛과 바람은 문화를 결합하거나 분리시키고, 통신망의 형태와 밀도에 영향을 준다. 신석기 시대에 발명된 농업 혹은 유럽에서 18세기나 19세기에 발달했던 산업은 근본적 사회 변혁의 중심 축이었다. 기술적 변화는 인간, 동물, 식물, 광물 자원 등을 동시에 포함하고 있는 범세계적 인지 집단의 균형을 깨기도 하고 재구성하기도 한다. 도시들은 돌, 육체, 물, 종이로 된 이러한 유기체들이고, 수천 가지 기교로 꾸며진 복합적 교환원으로서, 환상적인 지적 촉진제였고 살아 있는 복합적 기억이었다.

따라서 메타-사회적 망의 윤곽을 변형시키면서 바람, 강, 광물, 전자, 동물, 식물 혹은 고분자 등의 수많은 자연물과 인간 집단 사이의 새로운 배열을 공고하게 하면서, 기술은 *직접적*으로 인지 생태에 영향을 끼친다. 그러나 기술은 *간접적* 방법으로 인지 생태에 영향을 끼치기도 하는데 그 이유는, 우리가 제 I 부에서 주장한 것처럼 기술은 은유와 유추의 강력한 원천이기 때문이다.

모든 제도는 지적 테크놀로지로서 해석될 수 있다는 규칙을 위에서 제안한 바 있는데, 그 이유는 제도가 현실, 결정 과정, 기억 등의 분할을 구현하기 때문이었다. 생산용 도구, 기계, 방법이 제도이므로, 따라서 이들 각각은 비록 정보 처리, 표상의 기록, 전달을 직접적인 목적으로 하지 않더라도, 하나의 지적 테크놀로지가 된다. 물질적인 장치는 기억의 형태다. 지능, 개념, 게다가 세계관은 단지 언어에만 응결되어 있는 것이 아니고 작업 도구, 기계, 방법 등에도 역시 구현되어 있다. 기술의 변화는 *사실 그 자체*로 인지적 집단의 변화다. 그것은 새로운 유추와 분류 그리고 실용적, 사회적, 인지적인 새로운 세계를 내포하고 있다. 기업이나 행정 기관에서 많은 기술적 변모가 결과적으로 실패하거나 중대한 기능 장애로 나타난 것은 바로 이러한 근본적인 사실이 종종 무시되었기 때문이다. 단순히 생산 방식의 변화와 정보 흐름의 재조직을 표면적으로 분석하는 것에 그쳤고, 이전 기술과 그 아래에 구성된 작업 집단들에 의해 이루어진 보이지 않는 지능을 측정하거나 고려하지 않았던 것이다.

6. 두 가지 개방 원리

태동하고 있는 인지 생태를 경직된 사고의 도식 안에 가두어 놓지 않기 위해서는, 두 가지 개방 원리를 마음속에 간직해야 한다. 하나는 지적 테크놀로지가 무한하게 개방된 다양성으로서 분석되어야 한다는 것이다. 다른 하나는 기술의 의미가 자신의 개념이나 어떤 자신의 존재 순간에 결정적으로 주어지는 것이 아니라 사회적 행위자들의 모순적, 우연적인 해석에 달려 있다는 것이다.

접속 다양성의 원리: 지적 테크놀로지는 이 원리를 항상 여러 가지 내포하고 있다. 고려해야 할 것은 다양한 테크놀로지로 형성된 시스템이다. 예를 들어 텍스트 처리 기계에는 문자, 알파벳, 인쇄기, 정보 기기, 음극선 화면 등이 있다. 상호적으로 변형되고 서로 정의되고 있는 여러 테크놀로지를 결합하는 것에 만족하지 않고, 통신의 기술적인 장치는 망을 이루고 있다. 각각의 새로운 접속은 주어진 기술의 용도와 사회적 의미 작용을 변화시키는 데 기여한다. 우리의 예를 생각해보면, 레이저 인쇄기, 자동 식자기, 디지털 이미지 뱅크, 데이터 뱅크, 무선 통신 등은 텍스트 처리의 구체적인 가능성과 결과를 변형시킨다. 여기서 말하고자 하는 것은 인지 생태 안에서 의미 작용과 역할이 항상 동일한 것으로 남아 있는, 불변의 실체로서 생각될 수 있는 지적 테크놀로지는 없다는 사실이다. 지적 테크놀로지는 하나의 본질로서가 아니라 새로운 접속 가능성이 열려 있는 인터페이스 망으로서 분석되어야 한다. 이러한 인터페이스망이란 개념은 나중에 더 광범위하게 논의될 것이다.

해석의 원리: 각각의 행위자는, 지적 테크놀로지의 사용 가능성을 전용하고 재해석하면서, 지적 테크놀로지에 새로운 의미를 부여한다. 내가 이 글을 쓰는 순간에도 나의 화면에 나타난 글자를 크게 했다. 조판에 처음 부여되었던 가능성을 나는 해독 편의 목적으로 바꾸었다. 이것은 아주 작은 예에 불과하지만, 수많은 미세한 바꾸기, 재해석이 결국에는 (하이데거식이

아닌) 실제 사회 기술적 과정을 형성한다. 프랑스에서 정보 통신의 운명은 이런 원리에 대한 아주 잘 알려진 예를 제공해준다. 전달에 대한 열정은 모든 관찰자들을 놀라게 했는데, 그 이유는 기획자들에 의해 예견된 주된 용도가 전혀 아니었기 때문이었다. DGT가 기획한 국가적 공공망은 몇몇 행위자들에 의해 바뀌고, 재해석되어서 결국 상호적 통신의 사설망으로 되었다. 그러나 모든 종류의 상인들이 "새로운 통신"의 시장에 뛰어들어, 각자 나름대로 미디어에 대한 대중적 매력을 끌어모으는 등의 일을 하였다. 새로운 접속의 t + 1 순간 각각에, 새로운 해석이 t 순간에 우세하던 의미를 변화시키거나 혹은 반전시키기도 한다.

7. 결정론도 아니고 ……

*인쇄술*의 경우는 특별히 우리가 위에서 말한 두 가지 원리에 적합한 예에 해당된다. 중국인들은 라틴 기독교 세계 수세기 이전에 이미 인쇄술을 알고 있었다. 그러나 동일한 이름으로, 15세기말에 유럽에 배치되는 인터페이스망과는 동일한 것이 아니었다. 라틴 알파벳에는 몇십 개의 글자만이 있는 반면에, 중국어의 표의표기법은 수천 개에 이르렀으며, 이것은 '중앙 제국(중국)'의 인쇄공들의 작업을 분명히 용이하게 하지 않았을 것이다. 그런 이유로 해서 분리 활자보다는 조각 목판이 더 많이 쓰이게 된 것이다. 다른 한편으로 재료가 달랐다. 중국인들은 도자기나 나무를 사용한 반면에, 유럽인들은 더욱 견고한 금속으로 활자를 주조하였다. 인쇄 그 자체를 위해서는, 중국인들이 잉크 묻은 판을 위쪽으로 향하게 놓고 그 위에 종이를 얹

어놓고 문질렀던 반면에, 구텐베르크는 포도 재배인들의 나사식 프레스를 재사용하였다. 중국의 인쇄술은 유럽인들의 인쇄술과 동일한 활자, 동일한 야금술, 동일한 압축 장치에 접속되지 않았다. 그들의 기술적인 특성은 유럽에서의 경우와 같이 기계화되고 표준화된 첫 번째 산업 활동에 쓰이기에는 적합하지 못했다. 다른 한편으로, 중국 사회는 유럽 사회와 동일한 방법으로 인쇄술을 전혀 사용하지 않았다. 한 문화에서 다른 문화로, 이 기술은 근본적으로 상이한 의미 작용과 용도의 회로 안에 받아들여졌다. 중국에서의 인쇄는 거의 항상 국가의 전유물이었다. 주로 불교, 도교, 왕조의 공식 역사 등을 발간하였다. 유럽에서는 전체적으로 보면, 정부의 통제 시도에도 불구하고, 자유롭고, 분권화되고, 경쟁적인 산업-상업 분야로서, '중앙 제국'의 경우와는 반대로, 고전이나 종교 서적뿐만 아니라 모든 영역의 신간들이 발간되었다.

더욱 최근의 예를 통해 연결된 우리의 해석과 접속 다양성의 원리를 설명해보자. *마이크로 프로세서*는 미사일을 유도하기 위해 처음 만들어졌던 것이지, 개인용 컴퓨터의 핵심적인 부품을 구성하기 위한 것이 아니었다. 거꾸로 보면, 개인용 컴퓨터는 마이크로 프로세서로부터 자동적으로 연역될 수 있는 것이 아니다. 진보라는 것은 연산 속도, 기억 용량, 회로 집적 밀도 등에 의해서만 측정될 수 있다는, 정보 기기 "세대"의 직선적 도식에 의문을 제기하도록 공헌한 것이 바로 마이크로 정보 과학의 모험이었다.

마이크로 프로세서를 수정 사용한 것이 개인용 컴퓨터 성공의 필수적 혹은 결정적인 "원인"이었을까? 아니다. 그것은 정보 과학의 대기업들에 대항한 투쟁에서 해석, 동원된 수많은 다른 사건들 중에 하나일 뿐이었다. 잡다한 목록 가운데, 초기 마이크로 정보 과학 회사 창립자들이 채택한 요인들을 나열해 보면, 프로그래밍 언어 베이직, 전문적인 정보과학자가 아닐 사용자를 위해 구상된 통신용 인터페이스, 1970년대에 미국에서 한창이었던 "반문화" 운동, 빠른 이득을 노리는 벤처 캐피털 회사 등이 거론될 수 있다. 실리콘밸리의 혁신적인 기업들은 정부, 과학, 대기업 이외의 다른 사회적 행위자를 정보 과학의 역사에 끌어들였다. 1976년에 IBM은 마이크로 프로세서에 대해 애플과 똑같은 의미를 부여하지 않았다. IBM은 동일한 연합망 안에 그것을 장착하지 않았다. 우리는 여기에서 사회적 행위자들의 다양한 계획이 똑같은 기술에다 다른 의미 작용을 부여할 수 있다는 것을 보게 된다. 우리의 예에서, 계획 중의 하나는 컴퓨터를 매스커뮤니케이션의 매개체로 만들었고, 다른 것은 그때까지 우세하던 컴퓨터 용도를 유지하기를 원했다.

인지 생태에서는 기계적인 인과 관계란 없으며, 상황과 행위자들이 있을 뿐이다. 기술적인 혁신은 어떤 문화적 형태가 출현하는 것을 *가능하게 하고 그 조건이 되지만*(인쇄술 없이 현대 과학도 없고, 마이크로 프로세서 없이 개인용 컴퓨터는 없다), 필연적으로 그것을 결정하는 것은 아니다. 이것은 생물 영역에서도 약간은 비슷하다. 즉, 하나의 종(種)은 환경으로부터 *연역되지* 않는다. 물론 물이 없으면 고기도 없겠지만, 바다는 필연적으로 척추 동물로 가득 찰 수밖에 없었던 것은 아니고, 해초나 연체 동물만 존재할 수도 있었다.

8. 구조주의도 아닌 ……

문화와 지적 테크놀로지 사이 관계의 집단적, 역동적, 체계적인 차원을 강조할 필요가 있다. 이러한 차원은 개인과 미디어 간의 직접적 관계에 대해 몰두했던 마샬 맥루한(Marshall McLuhan)[76]과 월터 옹(Walter Ong)[82] 같은 학자들에 의해 심각할 정도로 과소 평가되었다. 그들에 의하면, 의사 소통의 능력은 특히 시각이나 청각의 연장물이 될 것이다. 예를 들어, 맥루한적인 모든 이론은 각각의 새로운 미디어가 개인들의 *감각 중추*를 재조직한다는 가설에 근거를 두었다. 그러나 몇몇 표상 처리 유형의 *회귀*와 관련된 효과와 같은 전적으로 집단적인 효과들이 매우 잘못 파악되었다. 미디어의 즉각적 분석의 역설에 다다른다. 즉 인쇄술이 시각적, 연속적, 표준화된 방법으로 기호를 나타내므로, 그것은 시각적, 연속적, 표준적 사고의 양식을 유발할 것이라는 주장이다. 이러한 종류의 명제는 분명히 인지 활동과 지적 테크놀로지 사이의 관계를 분석하는 조잡한 풍자화에 불과하다.

우리가 여기에서 제시하고자 하는 인지생태학은 또한 구조나 *에피스테메(épistémé. 예지, 지혜)* 혹은 패러다임(Paradigme)[24]과 같은 용어를 사용하는 접근법과도 구분되어야 한다. 틀림없이 구조는 존재하겠지만, 그것을 있는 그대로 기술해야 한다. 즉 임시적, 유동적, 분산적이고 분자 방식이며 한계가 불분명한 것으로 기술해야 한다. 구조는 관념의 하늘에서 내려오거나, 신비로운 하이데거식 존재의 "파견(envois)"에서 유래하는 것이 아니라, 역동적, 구체적인 인지 생태에서 비롯되는 것이다. 패러다임이나 *에피스테마이(épistémaï)*는 아무것도 설명하지 못한다. 반대로 그것들은 실제 동작자들의 상호 작용과 해석에

24) (역주). 토마스 쿤에 의해 정의된 과학사관의 중심 용어다. 그에 의하면 패러다임은 주어진 과학 집단의 구성원들이 공유하는 신념, 가치, 기술 등의 전체적인 집합체를 말한다.

의해 설명되길 요구한다.

마지막 오해를 해소해보자. 인지생태학에 대한 생각을 진전시키면서, 우리는 인지에서 주체의 역할을 부정하거나 낮추려는 의도는 전혀 없다. 분명히 인지 활동은 분리된 실재의 특성이 아니다. 사람들은 집단 안에서만 사고한다. 우리는 집단이 그 자체로 사고(意識을 말하는 것이 아니다)를 지녔다고까지 주장했다. 그러나 이런 입장은 주관성을 말살하기보다는 확산하게 하는 결과를 나타낼 것이다. 사람과 사물의 복잡한 상호작용은 계획들에 의해 생기가 돋고, 감수성, 기억, 판단을 갖추게 될 것이다. 그것 자체로 분할되고, 다중적인 것인 개인적 주관성들은 집단과 제도의 주관성 안에 섞여 들어간다. 그것들은 문화의 항상 변화하는 거대-주관성을 형성하고, 그것으로부터 영양을 공급받는다.

환상적 혹은 부차적인 것이라고 규정된 주관성을 희생시키고, 신비롭게 효험이 있는 "구조"를 오랫동안 실체화했던 인문과학의 몇몇 조류에 반대하면서, 인지생태학은 범세계적, 역동적, 개방적이며, 국지적이고 자체-조직적인 개별화가 퍼져 있고, 돌연변이의 독특함으로 점철된 집단 안에서 능동적 지능의 수천 가지 형태를 찾아낸다.

▣ 참고 문헌

BATESON Gregory, *La Nature et la pensée*, Le Seuil, Paris, 1984.

BATESON Gregory, *Vers une écologie de l'esprit* (2 vol.), Le Seuil, Paris, 1977-1980.

BOORSTIN Daniel, *Les Découvreurs*, Seghers, Paris, 1986 (원판 : *The Discoverers*, Random House, New York, 1983).

CALLON Michel (sous la direction de), *La Science et ses réseaux. Genèse et circulation de faits scientifiques*, La Découverte / Conseil de l'Europe / Unesco, Paris-Strasbourg, 1989.

CICOUREL Aaron, *La Sociologie cognitive*, PUF, Paris, 1979.

DELEUZE Gilles, GUATTARI Félix, *Mille Plateaux. Capitalisme et schizophrénie*, Minuit, Paris, 1980.

DELEUZE Gilles, *Le Pli. Leibniz et le baroque*, Minuit, Paris, 1988.

DOUGLAS Mary, *Ainsi pensent les institutions*, Usher, Paris, 1989 (원판 : *How Institutions Think*, Syracuse University Press, Syracuse, New York, 1986).

EISENSTEIN Elisabeth, *The Printing Revolution in Early Modern Europe*, Cambridge University Press, Cambridge / Londres / New York, 1983 (édition française : La Découverte, 1991).

FODOR Jerry, *La Modularité de l'esprit. Essai sur la psychologie des facultés*, Minuit, Paris, 1986 (원판 : *The Modularity of Mind. An Essay on Faculty Psychology*, MIT Press, Cambridge, Massachusetts, 1983).

GOODY Jack, *La Logique de l'écriture : aux origines des sociétés humairies*, Armand Colin, Paris, 1986.

GOODY Jack, *La Raison graphique : la domestication de la pensée sauvage*, Minuit, Paris, 1979.

GUATTARI Félix, *Les Trois Écologies*, Galilée, Paris, 1989.

LATOUR Bruno, *Les Microbes, guerre et paix, suivi de Irréductions*, A.M Métailié, Paris, 1984.

LATOUR Bruno, WOOLGAR Steve *La Vie de laboratoire. La production des faits scientifiques*, La Découverte, Paris, *1988* (원판 : *Laboratory Life. The Construction of Scientific Facts*, Sage Publications, Londres, 1979).

LATOUR Bruno, *La Science en action*, La Découverte, Paris, 1989 (원판 : *Science in Action*, Open University Press, Londres, 1987).

MCCLELLAND James, RUMELHART David (sous la direction de), *Parallel Distributed Processing. Explorations in the Microstructures of Cognition* (2 vol.), MIT Press, Cambridge, Massachusetts / Londres, 1986.

MINSKY Marvin, *La Société de l'esprit*, InterÉditions, 1988 (원판 : *The Society of Mind*, Simon and Schuster, New York, 1986).

MORIN Edgar, *La Méthode*. Tome 3 : *La Connaissance de la connaissance*. Livre premier : *Anthropologie de la connaissance*, Le Seuil, Paris, 1986.

ONG Walter, *Orality and Litteracy : the Technologising of the Word*, Methuen, Londres / New York, 1982.

PRIGOGINE Illya, STENGERS Isabelle, *Entre le temps et l'éternité*, Fayard, Paris, 1988.

PRIGOGINE Illya, STENGERS Isabelle, *La Nouvelle Alliance*, Gallimard, Paris, 1979.

SCHLANGER Judith, *Les Métaphores de l'organisme*, Vrin,

Paris, 1971.
SERRES Michel, *Le Parasite*, Grasset, Paris, 1980.
SERRES Michel, *Statues*, François Bourin, Paris, 1987.
SPERBER Dan, Anthropology and Psychology : towards an Épidemiology of Representations, *Man* (N.S.), 20, 73-89.
WATZLAWICK Paul, HELMICK BEAVIN Janet, JACKSON Don, *Une logique de la communication, Le Seuil*, Paris, 1972.

제 13 장

지적 테크놀로지와 이성

인지에 대한 생태학적 접근은 철학이나 인류학의 몇몇 고전적인 주제, 특히 이성에 대한 주제를 새롭게 해준다. 1960년대 이후로 인지심리학에서 행해진 수많은 연구에 따르면, 형식적인 연역과 귀납은, (종이나 연필, 집단의 논의 가능성이 없이) 뇌신경 체계라는 방편에만 국한된 주체들에 의해 본능적이고 정확하게 실행되기에는 너무 거리가 멀다는 사실이 밝혀졌다. 우리가 "이성"과 동일시할 수 있는 인간 정신의 어떤 특별한 능력은 진정으로 존재하지 않는다. 어떤 사람이 기어코 몇몇 추상적인 추론을 수행했다 하더라도, 틀림없이 신경 체계 외부의 인지적 방편에 의존함으로써 이러한 성공을 설명해야 할 것이다. *지적 테크놀로지*를 고려하면, 어떻게 해서 형식적 추론과 추상화 능력이 우리 종(種)의 안에서 발전하게 되었는지를 이해하게 해준다. 이성은 인간 영혼의 근본적이고 변함없는 속성이 되지 못하고, 역사적 위치가 정해진 공간 안에 있는 가변적인 지적 테크놀로지의 사용에 근거하는 생태적 결과일 것이다.

1. 비합리적 인간

합리성이란 무엇인가? 수많은 논쟁이 벌어질 수 있는 문제다. 우선 다음과 같은 최소한의 정의에 공감하자. 즉 합리적인 사람은 일상의 논리적인 규칙을 따를 것이고, 확률 이론이나 통계의 기본 원리에도 너무 심하게 상반되지 않을 것이다. 그런데 1960년대말부터 실험적 인지심리학에서 추진되고 있는 몇몇 연구는, 인지심리학의 실험적 공식을 통해서 사회 기술적인 환경과 분리될 때, 인간 존재는 합리적이지 않다[40, 58, 104]는 것을 설득력 있는 방법으로 보여주었다.

대부분 대학생 혹은 많은 논리학자들을 포함한 대학인들인 수많은 사람들에게 연역에 관련된 실험이 실시되었다. 대부분의 사람들은 부정문을 취급하는 데에 어려움을 겪었고, 양화사(모든, 몇몇 등)에서 혼동을 하고, 삼단논법에서 실수를 저질렀다. 비록 직업적 논리학자들이 다른 사람들 보다 좋은 결과를 얻기는 했지만, 그들 중 많은 이들도 오류를 범했다.

(p = > q)와 같은 기호 표기, 진리표, 도표, 칠판 앞에서의 논의 등과 같은 외부적 도움이 없이는, 사람들은 형식적 연역에 대해 어떠한 특별한 소질도 지니지 못한 것 같다. 더군다나 그들은 (개별적 경우에서 일반적 규칙을 찾는) 귀납적 추론이나 혹은 가능성이나 통계에 의존하는 추론에서도 더 능숙하지는 못한다.

우리는 습관적으로 사용하는 미리 설정된 고정 관념이나 도식에 부합하는 것만을 추론 과정에서 고려하는 것 같다. 있는 그대로의 자료 내용보다, 그때의 기분, 문제가 던져진 방식 등이 우리가 채택할 해결책을 훨씬 더 많이 좌우한다.

어떻게 이와 같은 자연적 비합리성을 설명할 것인가? 우리는 인간 인지 체계의 "구성 양식"(컴퓨터 구성 양식에서 유추된 것)의 가설에 의해서 그것을 이해할 수 있다. 우리의 의식적인 주의력 혹은 우리의 단기 기억은 아주 적은 양의 정보만을 한꺼번에 처리할 수 있을 것이다. 우리의 인지 체계는 아주 적은 자원밖에는 "통제된 과정"에 제공해줄 수 없을 것이다. 반면에, 장기 기억은 지식을 기억하고 적절하게 복원하는 일에 어마어마한 능력을 갖고 있을 것이다. 이러한 장기 기억 안에서 정보는 아무렇게나 쌓여 있지 않고, 결합망이나 도식에 의해 구조화되어 있을 것이다. 이 도식은 일상 생활에서 우리에게 유용한 상황, 대상, 개념 등에 대한 "정신적 꼬리표"에 해당될 것이다. 우리의 세계관 혹은 실제에 대한 모델은 우리의 장기 기억에 기록되어 있다고 말할 수 있을 것이다.

이러한 인지 구성 양식 가설 덕분에, 인지심리학에 의해 증명된 체계적 추론의 오류를 설명할 수 있게 된다. 비록 우리가 논리학, 확률, 통계의 원리들을 "알고" 있다고 해도(장기 기억의 어느 곳에 저장되어 있다), 그것들을 거의 따르지 않는데, 그 이유는 그것들이 주의력이나 단기 기억력에서 아주 힘든 "통제된 과정"을 실행할 것을 우리에게 요구할 것이기 때문이다. 인간 인지 체계의 구성 양식에 비추어보면, 우리의 장기 기억의 완전한 도식에 의존하는 것이 훨씬 더 경제적이고 빠르다. 우리의 이전 경험에서 기억된 것이 우리를 위해 사고한다.

장기 기억의 도식, 모델, 결합을 활성화하기만 하면, 우리는 소위 *발견에 도움이 되는* 과정을 여러 개 개시한다. 발견에 도움이 되는 과정은 빠른 방법으로서, 대부분 정확한 결과를 주지만, 틀린 것으로 밝혀질 수 있는 결과도 준다. 엄밀한 합리성의 규범에 비해보면, 이것들은 가로지르거나 단축된 경로에 해당되지만, 전자보다 더 경제적인데, 그 이유는 인지 체계에 "배선(配線)"되어 있기 때문이다. 자동적 혹은 반자동적이기 때문에, 그것들은 단기 기억(주의력)을 거의 동원하지 않는다. 예를 들면, 문제에 대한 모든 자료를 고려하는 것 대신에 우리는 가장 두드러진 것 혹은 우리가 취급해본 경험이 있는 상황과 일치하는 것만을 고려하는 경향이 있다.

2. 단기 기억을 도와주는 지적 테크놀로지

지적 테크놀로지는 "통제된 과정"과 동일한 유형의 정보 처리를 가능하게 하면서도, 주의력이나 단기 기억 자원이 고갈되지 않게 해주면서, 지적 테크놀로지는 인간 정신의 몇몇 취약성을 수정하게 한다. 단기 기억은, 예를 들어 그의 기능 중에 일부를 잉크, 종이, 약호 등에 위임할 수 있다. 읽기 / 쓰기와 계산의 과정은, 어렸을 때부터의 오랜 학습에 의해서 자동화되어 있으므로, 주의력이나 즉각적 기억의 자원을 사용하지 않는다. 지적 테크놀로지를 이용하면서, 우리가 추구하는 목적은 발견에 도움이 되는 과정을 따르면서, 세심한 주의력을 요구하는 통제된 과정을 생략하는 것과 동일하다. 그러나 내적 자율 현상("가장 눈에 띄는 것"의 발견 과정)에 의존하는 것 대신에 외부적 장치(한 문제에 대한 자료 목록을 작성하기 위한 종이와 연필)와 학습에 의해 인지 체계 안에 조립된 또 다른 내적 자율 현상(읽기 / 쓰기, 계산 등)을 이용한다. 우리가 "합리성"이라고 부르는 것의 대부분은 좁은 의미에서 보면, 인간의 인지 체계 외부에 있는 장치를 동원하면서 수많은 지적 테크놀로지, 편람, 그래픽 코드 체계, 계산 절차 등을 사용하는 것으로 귀결된다.

논리학은 바로 이런 그래픽 코드 체계 중의 하나다. 그것은 대략 24세기 전에 이르러서야 형식화되었다(인류가 모험한 기간과 비교해서는 아주 짧은 시간이다). 확률론은 3세기, 통계학은 200년밖에 되지 않았다. 이것은, 이러한 지적 테크놀로지에 근거하는 모든 합리성의 정의는 역사적이며 잠정적인 성격을 갖는다는 것을 말해준다. 고전 논리학이나 확률 이론을 이용하는 추론을 "비합리적"이거나 혹은 적어도 아주 투박한 것으로 만들어버릴 수 있는, 정보 과학 매체의 새로운 지적 테크놀로지가 자리잡게 될 가능성도 충분하다. 특히 몇몇 인공 지능이나 시뮬레이션 기술을 생각할 수 있는데, 그것들은 종이 위의 철자나 계산 기술만으로는 효율적으로 포착할 수 없는 아주 많은 수의 인자(因子)들을 역동적이고 상호 작용 방식으로 고려하고 가시화해준다. 단 하나의 합리성이 존재하는 것이 아니라, 역사적으로 변화 가능한 지적 테크놀로지의 사용에 긴밀하게 연결되어 있는 추론의 규범, 결정 절차가 있을 뿐이다.

한 번 더 말하자면, 논리학은 성찰의 자연적 방법이 아니라 시기가 규정되고, 문자에 토대를 둔 지적 테크놀로지다. 인간 추론의 절대적 대다수는 형식적 연역 규칙을 이용하지 않는다. 논리학과 사고의 관계는 직선을 그리기 위한 나무자와 그림과의 관계다. 이러한 이유로, 형식 논리에만 근거하는 인공 지능 작업은 인간 지능에 대한 깊이 있는 시뮬레이션에 이르기 힘들다. 살아 있는 사고에 응답하는 것 대신에, 고전적 혹은 논리적 인공 지능은 실제로 전문가 시스템과 같은 새로운 지적 테크놀로지를 만들었다.

3. 어떻게 지적 테크놀로지는 인간의 인지 체계와 접합되는가? : 연결주의 이론

그러나 인공 지능에는 다른 흐름이 있다. 오늘날 *연결주의* 흐름의 연구자들은 형식 논리 규칙보다는 뇌 체계 기능에 더 많이 의거한다. 연결주의자들에 의하면, 인지 체계는 여러 자극 상태를 취할 수 있는 수많은 작은 단위로 조합되어 있는 망이다. 단위들은 그것들에 연결된 단위들의 상태에 의해서만 자신의 상태를 변화시킨다. 망에서의 모든 변화는 그러므로 국부적 원인을 갖게 되고, 결과는 인접 지역으로 전달되게 된다. 연결주의자들에 의하면, 인지의 패러다임은 추론이 아니라 지각에 있다고 한다. 그것의 표본적 메커니즘은 다음과 같다:

▶t라는 순간에 망은 어떤 안정된 상태에 있게 된다.
▶다음 순간에, 외부 세계와 접촉한 망의 끝 부분(픽업)은 상태를 변화시킨다.
▶끝 부분(픽업)의 상태 변화는, 전달 방식으로, 망의 다른 단위들에게 상태 변화를 유발한다.
▶단위들은 망이 새로운 안정 상태에 이를 때까지 그들의 상태가 상호적으로 계속 변화한다. 이러한 전반적인 균형 상태는 픽업의 상태 변화를 초래했던 시스템 외부 사건들에 대한 "표상"으로서 기능한다. 지각은 불안정화와 재안정화의 과정 전체를 가리킨다.

또한, 연결주의자들의 이론에 의하면, 각각의 새로운 지각은 망에 흔적을 남겨놓을 것이라는 점을 강조해야만 한다. 특히, 아주 흔히 불안정화/안정화의 과정을 통해 이용되는 연결은 결과적으로 강화될 것이다. 따라서 지각, 학습, 기억 사이에는 본질적인 차이가 없을 것이며, 단지 우리가, 단어의 애매성을 그대로 간직한 채, "경험"이라고 부를 수 있는 것 하나밖에는 존재하지 않는다. 상상 혹은 정신 모델의 시뮬레이션은 내적 자극으로부터의 가짜-지각의 개시에 해당될 것이다. 이러한 시뮬레이션은 이전 경험(장기 기억)에 의해 남겨진 기억의 흔적을 당연히 이용하게 될 것이다.

만약에 인간의 인지 체계가, 정확하게 추론을 연결하는 것보다는, 지각적인 해결 뒤에 안정화되면서 자신의 계산을 실행한다면, 어떻게 우리가 때때로 논리 규칙에 따라서 진정한 추론을 하는 것을 설명할 수 있는가? 일반적으로 추상적 사고, 특히 과학적 활동이 존재한다는 것을 어떻게 설명하겠는가? 루멜하트(Rumelhart)와 스몰렌스키(Smolensky), 맥레란드(McLelland), 힐튼(Hilton)은 『*병렬 배분 과정(Parallel Distributed Processing)*』[75]중의 흥미로운 한 부분에서 이 질문에 대답하고자 한다. 우리가 예상할 수 있는 것처럼, 이 저자들은 인간의 인지 체계 외부의 인공물의 존재만이 추상적 사고를 가능하게 한다고 가정한다. 따라서 다시 한 번 지적 테크놀로지의 역할을 살펴보겠지만, 이번에는 연결주의자들의 관점에서 보게 될 것이다.

문제는 다음과 같다. 논리적이지 않고 혹은 "이성"과 같은 인간 심리의 특별한 능력이 없이, 어떻게 논리적 결론에 도달할 수 있는가? 루멜하트와 스몰렌스키, 맥레란드, 힐튼에 의하면, 인간 인지의 가장 중요한 세 가지 능력, 즉 지각하고 상상하고 조작하는 능력을 들 수 있다. 이 세 가지 능력을 결합하고 그것들을 지적 테크놀로지와 연결하면, 소위 추상적 사고를 자처하는 모든 위업을 이해하게 해준다. 세 가지 기본적인 인지 능력을 하나씩 살펴보자.

지각 혹은 형태 인식 능력은 빠른 속도가 특징이다. 인지 체계는, 눈 깜짝할 사이에 감각적인 픽업에 대한 특별한 자극의 분포를 해석한 뒤에 안정된다. 우리는 즉각 상황이나 대상을 인식하고, 의식적인 일련의 연역에 호소하지 않고도 단순한 문

제의 해결을 찾게 된다. 이 점에서 우리는 다른 동물과 완벽하게 동일하다. 즉각적인 지각은 가장 기본적인 인식 솜씨인 것이다.

상상 능력 혹은 외부 세계에 대한 정신적 시뮬레이션 능력은 내적 자극에 의해 개시되는 일종의 특별한 종류의 지각이다. 이 능력은 우리 행위의 결과를 예상하게 한다. 상상은 선택 혹은 의도적 결정의 조건이 된다. 이것 혹은 저것을 하면 무슨 일이 일어날까? 이 능력 덕분에 우리는 이전 경험을 활용하게 된다. 환경과 자신의 반응을 시뮬레이션하는 능력은 학습을 할 수 있는 모든 유기체에서 주요한 역할을 한다.

마지막으로 우리는 작업 혹은 조작 능력을 갖고 있는데, 이 능력은 앞의 것들보다 훨씬 더 인간 종에게 고유한 것이다. *작업(bricolage)* 능력은 *호모 파베르(Homo faber)*의 변별적 표지(標識)다(비록 동물, 특히 이동 목적과 다른 목적으로 앞발을 사용하는 동물들에게서의 수행과 정도의 차이밖에는 존재하지 않지만). 이와 같이 환경을 다루고 수정하는 능력은 문화를 구성하는 데 결정적인 것으로 밝혀질 것이다. 왜냐 하면 논리적 혹은 추상적 사고는 이 문화의 한 측면, 즉 가변적이고 역사적으로 자리매겨진 한 측면에 불과하기 때문이다. 사실 우리가 우리를 둘러싸고 있는 세계의 일부분을 거래하고 재정렬하고 배치하는 것을 통해 결국 그 일부분이 무언가를 *표상*하도록 하는 것은 바로 이러한 조작과 작업의 능력을 우리가 소유하고 있기 때문이다. 우리는 돌도끼를 다듬는 것처럼, 통나무집이나 세-돛대 범선을 만드는 것처럼, 기호 체계를 배열한다. 집은 우리를 피신하게 해주고, 배는 항해하게 해주며, 기호 체계는 표상하게 해준다.

제작하는 종(種)으로 정의되면, 동시에 인류는 의미의 작업에 관여된다는 것을 강조하고자 한다. 새로운 작업의 실행을 조정하는 것은 기존의 재료에 대한 재해석 활동과 불가분의 관계에 있다. 예를 들어, 통나무집을 위한 나무, 의복을 위한 짐승의 가죽, 문자를 위해 점토 덩어리 위에 새기고 인쇄하기 등이 그것이다. 각각의 경우 조작적이고, 암중모색하고, 해석적인 활동은 이미 존재하고 있는 재료를 새로운 사용과 의미 작용의 영역에 들어가게 한다.

일단 세 가지 기본적 능력을 파악했으므로, 우리는 소위 추상적 사고라는 작업을 분해할 수 있으며, 결국에 가서는 어떠한 추상성도 남아 있지 않도록 하겠다.

예를 들어, 열 자리 수 두 개를 곱하는 문제가 있다고 하자. 그 문제를 해결하기 위해 어떻게 할까? 첫 번째로, 작업 능력 덕택에 우리는 시각적이고 청각적인 상징을 이용해서 문제에 대한 물질적 표상을 구축한다. 이 경우에는, 이런 물질적 표상의 원리는 이미 우리가 학교에서 배웠던 것이기 때문에 자유로이 사용할 수 있게 된다. 우리는 "곱셈을 시행할" 것이다. 다시 말해서 종이에다 두 개의 수를 적은 다음, 우리가 교육받은 계산 방식을 동원하게 될 것이다. 여기서 언급할 것은 기수법의 체계, 문자, 불리어(boulier),[25] 아바크(abaque),[26] 계산패(jeton), 곱셈, 덧셈, 나눗셈 표 등 수많은 곱셈 계산 방식이 있다는 것이다. 그러나 이 모든 경우, 수반된 기호 체계나 절차에 따라서 복잡하고 추상적인 문제는 간단하고 구체적인 작은 문제들로 분해된다. 이러한 분해로부터 신속한 형태 인식 능력이 항상 적용될 수 있다. 직접적(3 곱하기 2는 6……)이건 혹은 간접적(표를 보

25) (역주) 중국 명나라 때 많이 쓰이던 주판 모양의 계산기. 나무틀에 고정된 삼각형에 공을 끼워 사용.

26) (역주) 이집트, 로마에서 쓰던 계산용 기구.

거나 주판의 어떤 부분을 관찰하면서)이건 중간의 미세 해결책을 즉각적으로 "보아"야 한다.

문화를 통해 제공된 기호 체계 안에서 번역되면, 추상적이거나 복잡한 문제들은 작업 능력과 즉각적인 지각의 범위 안에 놓이게 된다.

문자 기호, 표, 도표, 도식, 카드와 같은 표상의 양식들은 직접 파악하기에는 수가 많거나 어려운 자료들을 즉각적으로 지각 가능한 형태로 기호화하는 것을 지향한다. 더구나 이러한 표상들은 작업을 쉽게 실현할 수 있도록 구상되어 있다. 아라비아 숫자와 로마 숫자간의 차이는 표기 체계와 그것에 연관된 과정 사이의 관계에 대해 좋은 설명을 제공해준다. 위치에 따른 표기법을 지닌 아라비아 숫자는 로마 숫자보다, 산술 작업에서 훨씬 더 간편한 계산법을 허용해준다. 마찬가지로 경도와 위도로 바둑판 무늬가 그려진 지도를 생각해보자. 이러한 공간 표상 방식은 선원들이 미지의 바다에서, 전통적인 해도보다 더 쉽게 자신의 위치를 계산하게 해준다. 효율적인 지적 테크놀로지는 종종 이러한 즉각적인 가시성(교육에 의한)과 작업 용이성의 결합에서 비롯된다.

이제 우리는 지적 테크놀로지와의 관계 속에서 추상성의 정의를 내릴 수 있다. 즉각적 형태의 조작, 인식 능력 범위를 벗어나는 모든 문제가 추상적이다. 외부적 표상 체계 덕분에, 추상적 문제들은 번역되고 재작성될 수 있으며, 결과적으로 우리의 작업적, 지각적 능력을 동원해서 단순하고 구체적인 일련의 작업을 통해 그것들을 해결하게 된다. 정확하게 실행되기 위해서, 이와 같은 표상 조작은 다른 어떤 활동과 마찬가지로 학습과 훈련을 해야 할 대상이다. 추상적으로 *남아 있*는 문제란, 간단히 말하면 해결될 수 없는 문제인 것이다.

일단 충분히 연습하고나면, 우리는 민감한 상징을 조작하고, 이러한 활동을 통해 형태의 신속한 인식을 수행한다고 상상할 수 있게 된다. 바로 여기에서 세 번째 인지 능력이 개입된다. 즉, 우리 환경의 정신적 모델이 "작동하도록" 하는 능력이다. 예를 들어, 머리로 계산을 하는 동안 한 자리 올림 숫자를 상정한 것을 상상하거나, 몇몇 정보를 이중 항목으로 된 도표 안에 마음속으로 배치하거나, 복잡한 추론이나 상황 등을 도식화하기 위해 도식, 도형 혹은 카드 등의 내부 이미지를 사용할 수 있다. 어떤 문제를 움직이지 않고 눈을 감은 채로 해결하는 우리들의 솜씨는, 우리 문화에서 제공된 기호 체계를 통한 실제 행위와 지각을 연결시키면서, 그 문제들을 물리적으로 해결하도록 습득된 우리의 능력으로부터 파생된 것이다.

4. 인지 체계는 주체/객체의 혼합물이거나 혼합된 인터페이스망이다

정신적 모델의 시뮬레이션 덕분에 인지 체계는, 표상 체계와 사용법을 익힌 작업적 계산 방식(알고리즘)을 부분적으로 내부로 투사한다. 지적 테크놀로지는, 비록 "외부의" 감각적 세계에 속한 것이지만 또한 인지 과정 그 자체에 주요하게 참여한다. 지적 테크놀로지는 인식하는 주관성의 객체적 차원 중에 하나를 구현한다. 지적인 과정은 단지 정신만을 포함하지는 않고, 사물이나 표상적인 기능을 하는 복잡한 기술적 객체 그리고 그런 것들을 수반하는 작업적 자동 운동 등을 내포한다.

지적 테크놀로지는 심지어 가장 일상적인 인지 과정에서도 중요한 역할을 하고 있다. 그것을 이해하기 위해서는 오늘날과 같이 발전된 사회에서 문자의 위치를 생각해보면 충분하다. 지적 테크놀로지는 우리의 지각, 조작, 상상 능력의 사용을 심도 있게 형상화해준다. 예를 들어, 우리가 지도를 참조하는 습관을 가졌거나 혹은 가지지 않음에 따라서 우리가 살고 있는 도시에 대해서 똑같은 지각을 갖지는 않는다. 아주 종종 어떤 문제를 해결하기 위한 방법들은, 예를 들어 수학적 표기법이나 지도의 경우에서처럼 문화가 우리에게 제공하는 표상의 체계에 삽입되어 있다.

생물학적 발전 역사보다 훨씬 더 빠른 역사 안에 인지가 얽매이게 되는 것은 바로 인지에 스며들어 있는 객체적 차원을 통해서다. 정보의 표상과 조작의 새로운 양식을 창조하는 것은 인류의 지적 모험에서 중요한 단계를 나타낸다. 그리고 사고의 역사는 여기에서는 인간 지능의 일련의 *산물*로 동일시되지 않고, 주체적, 객체적 활동의 혼합물인 지적 *과정* 그 자체의 변형과 완전히 동일시된다.

학교는 문자와 더불어 나타난다. 학교의 존재론적인 기능은, 정확히 말하면 하나 혹은 다른 모습의 "합리성"을 훈련하게 하는, 주체와 객체의 밀접한 융합을 실현하는 것이다. 바로 이곳에서, 습자와 읽기를 두 번째 천성으로 만들고, 아이들에게 사전, 색인, 표 등을 사용하거나, 표의 문자, 도표, 도식, 카드 등을 해독하거나, 집합의 내포와 교차를 그리도록 훈련시키며, 기호를 조작하고 해석하는 훈련을 하게 하고, 한마디로 말해 주어진 사회에서 통용되는 지성의 기술 대부분을 배우도록 한다.

경험주의자들은 오로지 경험을 통해서 정형화되는 지식을 상상했었다. 외부 세계는 정신의 백지 상태에다 그 외부 세계의 규칙성을 기입하는 것으로 여겨졌다. 경험주의에 반대해서, 칸트는 인식 주체의 선험적 구조에 우월적 위치를 부여했다.

이 쾨니히스베르크(Könisberg)의 철학자에 의하면, 경험 그 자체는 주체의 범주들에 의해서 조직된다. 철학에서 자신이 달성했다고 믿는 혁명을 설명하기 위해, 칸트는 그 혁명을 자신이 직접 코페르니쿠스의 혁명과 비교했다. 즉 이제부터 지식 문제의 관심 초점은 주체다.

인지생태학은 주체와 객체간 역할에 대한 칸트식의 분배를 수정하게 한다. 오늘날의 심리학과 신경생리학은 인간의 인지 체계가 백지 상태가 아니라는 것을 분명히 확인하였다. 그것의 구성 양식과 전문화된 여러 다른 모듈들은 아주 제약적인 방법으로 우리의 지각, 기억, 추론을 조직하고 있다. 그러나 우리는 정보 표상 및 처리용 외부 장치를 우리의 신경 체계의 전문화된 도구에 접목시킨다. 우리는 생물학적 모듈과 지적 테크놀로지를 아주 긴밀하게 접합해주는 (읽기와 같은) 자동 제어 장치를 만든다. 따라서 불변하는 선험적 주체만큼이나 순수한 이성도 있을 수가 없다. 태어날 때부터 생각하는 작은아이는 언어, 기계, 표상 체계들 등으로 자신을 구성하고, 이것들에 의해 자신의 경험을 구조화한다.

선험적 주체란 역사적이며 변화무쌍하고 무한적이고 혼합된 것이다. 그 주체는 초기 학습을 통하여, 생물학적 유기체와 관련된 객체나 표상적 코드를 이해한다. 주체는 자신의 문화와 자신이 참여하는 제도에 의해 개인에게 부여된 모든 인지적 설비(언어, 개념, 은유, 결정 과정)로 확대되어야 한다. 인식하는 존재는 복잡한 망으로서, 생물학적 마디가 기술적, 기호적, 제도적, 문화적 마디를 통해서 재정의되고 인터페이스된 복잡한 망이다. 생기 없는 객관적 세계와, 활동과 빛을 유일하게 지니고 있는 주체-실체 사이의 명확한 구분은 사라졌다. 인터페이스망과 국부적인 생태 조건을 잠정적으로 드러내는 세계 안에서의 *주관성의 효과*를 생각하여야만 한다.

■ 참고 문헌

ANDERSON John, *Cognitive Psychology and its Implications* (2e édition), W.H. Freeman and Company, New York, 1985.

BADDELY Alan, *Your Memory : a User's Guide*, McGraw-Hill, Toronto, 1982.

DENIS Michel, *Image el cognition*, PUF, Paris, 1989.

GARDNER Howard, *The Mind's New Science. A History of the Cognitive Revolution*, Basic Books, New York, 1985.

GUINDON Raimonde (sous la direction de), *Cognitive Science and its Application for Human-Computer Interaction*, Laurence Erlbaum, Hillsdale, New Jersey, 1988.

JOHNSON-LAIRD Philip, *Mental Models*, Harvard University Press, Cambridge, Massachusetts, 1983.

LATOUR Bruno (sous la direction de), *Les Vues de l'esprit*, n° 14 de la revue *Culture technique*, juin 1985.

McCLELLAND James, RUMELHART, David (sous la direction de), *Parallel Distribuled Processing. Explorations in the Microstructures of Cognition* (2 vol.), MIT Press, Cambridge, Massachusetts / Londres, 1986.

STILLINGs Neil *et al.*, *Cognitive Science. An Introduction*, MIT Press, Cambridge, Massachusetts, 1987.

제 14 장

생각하는 집단과 형이상학의 종말

데카르트철학에서는, 그 자체로 유일하고 투명한 실체의 가운데에서 자유 의지, 이성, 주의력은 끊임없이 상호 지시적이다. 이와 같은 인간 영혼의 이미지는 이제는 시대에 뒤떨어진 것이다.

우리가 프로이트의 생각을 모두 받아들이지 않는다고 할지라도, 그는 설득력 있는 방법으로 우리의 감정과 행동 동기의 중요한 부분은 무의식적이라는 것을 보여주었다. 다른 한편으로 그는 심리 현상 모델을 제시했는데, 그것에는 여러 심적 영역(instance : 예를 들어 "이드(Id)", "자아", "초자아")이 등장하고, 다소간 충돌적으로 상호 작용하며, 협상하고, 타협을 이루는 등의 모습을 보인다. 이들 심적 영역 각각은 다른 원리에 따라 기능하는 것으로 간주되었다. 예를 들어 "원초 과정"의 중심지인 "이드"는 시간의 흐름이나 논리를 알지 못하는 반면에 "자아"는 더 이성적이다.

금세기 초에 정신분석학이 감각적 삶에 대해 실현시킨 것을, 현대 심리학은 오늘날 정신 현상 구조의 인지적 차원에 대해 성취했다. 인지심리학자들에게 소중한 두 가지 명제는 특히, 영혼에 대한 데카르트적 형상에 반대 명제가 된다. 그것은, 정신의 모듈성 혹은 다양성의 명제와 단순한 내적 성찰의 한계 다시 말해 의식에만 좁게 국한된 특성 등의 두 가지다.

영혼의 단일성 문제는 정신 작업의 무의식성의 정도 문제와 관련된다. 사실 대부분의 심리적 기능이 의식 아래에서 실현될 것이기 때문에, 정신의 두 다른 영역에서의 일종의 공통 언어를 가정하거나 혹은 적어도 의식 영역 관용어로의 번역을 가정하는 것은 불합리하다고 볼 수 없다. 게다가 정신의 일부를 직접 다양한 정신 작업에 접근시키는 것은 그 자체로 일종의 심리 단위를 실현하는 것이다. 반대로 거의 대부분의 심리적 생활은 주의력의 영역 밖에 위치하며, 심리 기능과 심적 영역의 모듈성 혹은 이질적 다양성 명제는 더욱더 수긍이 가게 된다. 이 경우 정신의 여러 다른 부분은 내재된 동일한 "논리"를 공유하지 않는다.

1. 정신의 사회

마빈 민스키(Marvin Minsky)[79]에 의하면, 정신이란 것은 일관성 있고, 조화로운 하나의 전체를 형성하지는 않는다. 정신은 반대로 단편과 조각으로 구성되어 있다. 은유를 이용하면서, MIT의 인공 지능 분야에서 유명한 이 연구가는 인간의 뇌가 수백만 년 동안의 진보 과정에서 변별적인 수백 개의 구성 양식에 따라 구조화되고, 각각 다르게 수정되어온 수천의 다른 컴퓨터를 보유할 것이라고 암시하고 있다. 심지어 인지 체계 전체에 공통된 조직의 코드 혹은 원리조차도 없을 것이다. 민스키는 인간 정신의 도표를 우리에게 그려주는데, 그 내부에서는 경우에 따라서 "지점(支店)"으로 모여진 수많은 행위자들이 제한된 자원을 경쟁하면서, 상이한 목표를 추구하고 협동하고 다른 것에 종속되는 등등이 이루어진다. 심리 현상은 일관적인 체계나 더군다나 실체로서가 아니라 범세계적인 사회처럼 상상되어야 한다.

플라톤에서 니체까지 수많은 철학가들과 윌리엄 제임스(Williams James), 프로이트, 융(Jung)과 같은 심리학자들은 각기 그들 나름대로의 방법으로 각각의 사고 이면에 숨어 있는 잡다한 군중을 이미 식별해냈다. 오늘날 제임스 힐만(James Hillmann)과 같이 인지 과학에서는 낯선 휴머니스트적 심리학자나, 들뢰즈나 가타리 같은 앵글로색슨 전통과는 상당히 거리가 먼 철학가들도 또한 프시케(Psyché. 혼)에 대해 다양하고 다신교도적인 접근을 옹호하고 있다.

피아제(Piaget)와 같은 위대한 심리학자들은 지능이 모든 영역에서 작용하는 논리-수학적 수완들의 단일하고 일반화할 수 있는 총체라는 것을 알려주었다. 반대로 호워드 가드너(Howard Gardner)[39, 40]에 따르면, 서로간에 독립적인 다양한 지능을 인정해야 한다고 한다. 일련의 여러 가지 사실들이 이런 가설을 뒷받침해주고 있다. 무엇보다 우선 뇌의 한정된 영역의 손상은, 다른 능력은 완전히 그대로면서 몇몇 정신적 능력에 손상을 줄 수 있다는 것은 잘 알려져 있다. 다른 한편으로, 사람들은 보통 유식한 바보, 무식한 음악가, 인간 관계에서는 아주 능숙하지만 기하학에는 둔감한 사람 등을 만나게 된다. 마지막으로 수많은 문화에서 여러 유형의 지능이 독자적으로 발견되었다. 인지심리학의 몇몇 자료에 근거를 두면서, 그리고 세계의 문화에서 지능의 표상에 관련된 비교 조사 후에, 가드너는 적어도 일곱 개의 상이한 정신 능력이 존재한다고 가정하고 있다. 언어적, 음악적, 논리-수학적, 공간적, 육체적 / 운동 감각적, 개인들 사이, 개인 내부 등에 각각 관련된 사고를 구분해야만 할 것이다. 언어적 수행 능력은 웅변가나 작가들의 특징이고, 기하학 혹은 건축은 공간적인 수행 능력이며, 육체적 / 운동 감각적인 수행 능력은 운동 능력 등에 해당된다. 우리들 각자는 모두 이와 같은 능력을 소유하지만, 다른 정도로 소유하고 있다. 그래서 아무도 전반적으로 지능적이거나 바보이지 않다. 우리에게 필요한 것은 사람들을 단체들, 사회들처럼 고려하는 습관을 가지는 것이다. 그 구성원들간의 구별을 하지 않고, 집단 전체에 대한 판단은 당연히 부당한 것이 될 것이다.

2. 정신의 모듈성

현대 인지 과학의 창시자 중 한 명인 언어학자 노암 촘스키(Noam Chomsky)[19]는 심장, 시각 장치 혹은 운동 전달 시스템 등이 있는 것처럼 정신적 기관이 존재한다고 주장했다. 왜 뇌는, 생물학적 세계에서 유일하게, 분화되지 않고, 구조가 없는 실재가 되는가? 촘스키가 특별히 밝혀내려고 한 것은, 유전적으로 결정된 *언어적 프로세서*가 언어 습득이나 언어 발화체의 이해와 산출에 분명한 책임이 있다는 것이다. 만약 우리가 이런 생각의 결과를 끝까지 따른다면, 인지를 고려하는 한 가지 방법 전체를 포기해야 한다. 예를 들어 촘스키가 옳다는 것을 가정한다면, 모든 영역에 공통된 *하나*의 학습 이론이 성립할 수 없다. 왜냐 하면 모든 "정신 기관"이 같은 방법으로 발달하기 위한 어떠한 *선험적인* 이유도 없기 때문이다.

촘스키 이후로, 제리 포도르(Jerry Foror)[37]는 인간의 인지 체계의 상당 부분은 상대적으로 서로 독립적인 능력에 의해 구조화되어 있다고 생각한다. 지각적 모듈(시각, 청각 등)은 이러한 자율적 능력의 전형적인 예가 될 것이다.

이와 같은 인지적 능력이나 모듈은 기억, "지능" 혹은 주의와 같은 인지 체계의 총체에 공통된 자원을 공유하지는 않는다. 그것들은 자신으로 충분하다. 더구나 우리의 기억이나 주의를 동원하는 것이 어떻든간에, 우리는 계속해서 같은 방법으로 보고 듣는다.

포도르에 의해서 기술된 인지적 모듈은 의식적인 통제 밖에서 자동적으로 기능하고 있다. 예를 들어 언어적 능력의 경우에 수많은 실험에서 보면 우리가 듣는 문장의 의미를 이해*해야만* 한다는 것을 보여주고 있다. 그 문장을 단지 소음으로 생각하는 것은 불가능하다. 그것은 읽기를 하는 데도 마찬가지다. 우리는 인쇄된 한 줄을 일종의 검은 점으로 바라볼 수 없다. 우리는 *읽는 것*을 방해하지 못한다.

인지적 모듈의 자동적 특성의 상관 쌍으로서, 전문화된 인지 모듈은 굉장히 빠르다. 대부분의 인간은 연속된 담화를 단 4분의 1초 간격으로 *그들이 반복한 것을 이해하면서* 메아리로 반복할 수 있다. 청각 모듈이나 언어와 말의 이해 모듈은, 우리의 의도적인 의지가 동원되지 않고서도, 아주 빠르게 그들 각각의 작업 과정을 달성하고, 그들 각각의 기능을 완벽하게 협력한다.

인지 체계의 아주 많은 모듈은 그러므로 "캡슐에 넣어져 있으며", 자동적이고, 아주 빠르다고 할 수 있다. 이것은 무엇보다도 그런 모듈들이 의식을 벗어난다는 것을 의미한다. 그것의 결과는 우리 정신의 주의력 영역에 다다를 수 있지만, 이 모듈에 의해 사용된 과정들은 완전히 불투명하고 모든 통제의 시도를 벗어난다.

3. 인지적 구성 양식과 의식

의식이란 무엇인가? 정신의 자신에 대한 투명성인가? 도덕적 의미(의식이 없는 과학은 영혼의 파괴에 불과하다)? 인지심리학에서의 답변은 다음과 같을 수 있다. 즉, 의식은 단기 기억의 부분적 게시를 담당하는 동작자(agent)다. 정신 사회에서 대부분의 행위자들은 외부 세계가 아니라 이 사회의 다른 행위자들과 관계를 맺는다. 그러나 우리는 우리 동작자들과의 그런 관계에 대해서는 거의 전적으로 감각이 없다. 단지 우리는 단기 기억 안에 표상된 내적 사건만을 포착할 수 있을 뿐이다.

우리가 알다시피, 한정된 자원을 지니고 있는 단기 기억은 한 번에 둘 혹은 셋 이상을 의식하거나 혹은 동시에 여러 사건에 대해 우리의 주의를 이끌어가는 것이 매우 어렵다. 그런데 우리의 인지 체계는 동시에 많은 작업을 달성한다. 주의 영역 외부에 있기 때문에 이와 같은 작업은 결과적으로는 무의식적이다. 그것들은 의도적 의지를 벗어나기 때문에 자동적이다. 우리가 일반적으로 뇌의 기능과 인간의 인지 체계에 대해 알고 있는 바에 따르면 어떠한 정신적 지역도 심지어 무의식적일지라도 다른 모든 것에 대해 감독이나 통제를 하지 못한다. 전지적인 의식과 전능한 의지가 몇몇 은밀한 오케스트라 책임자들로 대체되지는 않을 것이다.

우리가 인지 과정의 대부분이 *자동적*이라고 말할 때, 그것을 통해서 뇌가 튜링 기계의 형식적 동등체일 것이라고 주장하는 것은 아니다. 대부분의 인지 과정이 자동적이라는 것은, 결정된 작업을 하고, 미리 프로그래밍된 궤도에서 빠져나올 수 없는, 수많은 작은 컴퓨터로 신경 체계가 실제로 구성되어 있다는 것을 의미하지는 않는다. 오늘날의 전자 장치는 살아 있는 사람의 유동적이고 지속적이며 부분적으로 불안정하고 비결정적인 배열과는 아주 다르다. 결정론과 자동성은 다른 것이다. 많은 수의 인지 과정은, 그것들이 자율적이고 통제되지 않으며 서로 서로 어느 정도 독립적이기 때문에 자동적이라고 규정되는 것이다. 정신은 대부분 무의식적이고 기계적이며, 단편과 조각으로 이루어진다. 이러한 부분들의 상호간의 무시는 예를 들어 지각과 같은 몇몇 처리를 신속하고 독립적으로 이루어지도록 한다. 이러한 자동성은 틀림없이 우리 유기체의 생존에 조건이 된다. 우리가 보거나 듣는 방법이 우리의 순간적인 기분이나 편견에 의존하지 않는 것은 우리를 위해 틀림없이 더 좋은 일이다.

자동적이거나 혹은 편집된(컴파일된) 과정은 서술적 지식의 해석에 호소하지 않기 때문에, 그것들은 작업 기억에서는 자리를 차지하지 않는다. 그 과정은 다른 임무들을 위해 작업 기억을 비워준다. 우리들 각자는 자동적인 임무를 달성하면서 대화를 유지할 수 있다. 그 임무는 시각이나 호흡과 같이 태어날 때부터 배선된 것일 수도 있고, 자동차 운전과 같이 학습된 것일 수도 있다. 수많은 자동적 과정은 유기체 외부에 있는 자료에 의해 제어된다. 예를 들어, 인간의 목소리는, 우리가 의도하는 바가 어떻든간에 말의 인식과 이해의 모듈을 자동적으로 개시한다. 우리 정신의 대부분 기능 작용은 우리의 의도적인 통제를 벗어난다.

4. 인지생태학과 형이상학의 종말

우리는 지금까지 현대 인지심리학이 몇몇 기여한 부분을 요약해보았다. 이제 그것으로부터 인지생태학이 관심 있어 하는 결론을 도출해야만 한다. 인지적 모듈, 정신의 사회, 다중적 지능 등에 대한 모든 작업은 우리로 하여금 사고가 상당 부분, 여러 자동적 기계의 결합과, 이질적 능력들의 대립적 협력 작업에 기인한다는 것을 알게 한다. 기제(機制), 무의식, 혼합된 다중성, 한마디로 근본적인 외재성은 정신적 생활의 한 중앙에 놓여 있다. 그때부터 기계적인 장치나 사회적 제도와 같이, 물론 이것들 자체도 사물이나 사람들로 구성되어 있지만, 기제 혹은 비생물학적 과정이 사고에 참여하는 것을 인식하게 되는 것에는 어떠한 불합리성도 없다. 그 자신에 유일하고 투명한 실체의 속성을 사고에 부여하는 것이 가능하지 않을 뿐더러, 주관성과 객관성간의 명확한 구분은 버려야만 한다. 예기치 않은 우회적 수단을 통하여 인지생태학은 우리에게 하이데거가 예고한 "형이상학의 종말"을 보여준다. 그러나 이번에는 형이상학(다시 말해서 무기력과 인과적 기제로 축소된 객관적 세계에 직면한, 자유롭고 의지적인 주체의 고착화)이 먼 곳으로부터 우리를 지향하는 존재의 선험성을 위해서 사라져버리지는 않는다. 인지생태학은 형이상학의 뚜렷한 대립을 잡다하고 뒤섞인 세계로 교체하며, 이 세계에서는 *주관성의 효과*가 국부적이고 일시적인 과정으로부터 모습을 드러낸다. 순수한 주관성과 객관성은 올바르게 잘 정의된 어떤 범주나 실체에도 정당하게 속하지 않는다. 한편으로는, 맹목적이고 산만한 기제, 기술적 객체, 지리적 혹은 존재적 영역 등이 주관성을 형성하는데 조력한다[26, 47, 48]. 다른 한편으로는, 세계의 사물은 상상력에 의해 가득 채워져 있으며, 인간의 기억이나 계획, 작업에 의해 투자되고 부분적으로 구성되어 있다.

언어의 경우를 다시 한 번 살펴보자. 말을 하기 전에 입안에서 자신의 혀를 일곱 번 굴리는 것은 분명히 어렵다. 우리가 내뱉는 언어적 발화체가 대부분 우리의 의식에까지 다다른다 해도 언어의 모듈은 폭넓게 무의지적이다.

정신분석학이 보급된 이후로, 각자가 알고 있는 것처럼 "이드(ça)는 말한다". 그러나 프로이트나 라캉에서 보다 더 극단적인 의미로, "이드(ça)는 말한다". 우리 입으로 표현되는 것은 단지 우리의 충동, 억압, 다른 콤플렉스뿐만 아니고 문법과 사전도 표현되고, 관용 어법이나 말투를 통해 지방 전체가 표현되며 또한 우리가 속한 많은 사회적 망 등도 표현된다. 우리에게 자신의 "지령"을 전달하고 우리 목소리로 말하는 것은 범세계적인 모든 군중이다.

다른 사람들의 뒤를 이어, 미셸 세르는 이와 같은 언어의 반자동적, 비개인적인 차원을 강조한다. 『기생 생물(*Parasite*)』의 저자에 따르면, 언어는, 우리를 구성하기 때문에 주체적이기도 하고, 상당히 자동적이고 외부적이며, 사회적으로 공유된 것이기 때문에 객체적 성격을 띤다.

언어는 사회적, 초개인적, 인지적 차원을 보여주는 좋은 예다. 우리는 많은 과정과 다양한 요소들이 사고 안에 개입한다는 것을 지적한 바 있다. 다시 말하면, 한 집단, 제도, 사회적 망 혹은 전체적으로 문화가 "사고한다" 혹은 식별한다고 주장해도 아무런 모순이 없다. *사고는 항상 이미 집단적 사실이다*. 사회학과 심리학은 관찰하는 데 사소한 차이만을 보인다. 우리는 항상 이질적 망의 변전과 관계한다. 정신적 사회를 다른 등급에서 포착하는 것이 문제일 뿐이다. 여기저기에서 유사한 협력적,

투쟁적 과정이 이루어지고 있다. 이편저편에서 아직도 번역, 재번역, 변형, 유통되는 것은 바로 다양한 메시지들이다.

5. 불연속성의 논거(論據)

동작자들의 다양성, 인간 집단들 사이의 분명한 경계가 불연속적이거나 존재하지 않는 다는 것은 사회적 인지를 거부하기 위한 논거를 대신할 수 없다. 동일한 이유로 개인들이 사고한다는 것을 부인하게 될 것이다. 개개인의 인지적 장치는 집단의 인지 장치보다 더 실질적이고 더 동질적이며 다 잘 분할되어 있지 못하다. 신체 기능 작용, 기술의 사용, 문화가 제공해준 기호 체계, 수많은 사회적 사건과 상황들은 이미 잡다한 단편과 적대적인 과정들로 조합된 개인적 인지 배열의 경계를 흐리게 한다.

사고한다는 것은 인간과 사물이 뒤섞여 있는 집단적 변전이다. 왜냐 하면 인공물은 사고하는 집단 안에서 자신의 분야에서 역할을 하기 때문이다. 만년필에서 공항, 표의표기법에서 텔레비전, 컴퓨터에서 도시 복합 단지에 이르기까지, 여러 사물의 불안정하고 번식력 있는 체계는 집단의 지능에 전체적으로 참여한다.

개인들의 인지 장치에서처럼, 많은 사회적 과정이 자동적, 기계적이고, 캡슐에 포장되어 있다. 그 조직의 비서국, 어떤 기업의 회계부, 어떤 내각의 관료 부서 등은, 그것들을 이용하거나 그것들에 영향받는 사람들의 관점에서 보면, 기계들처럼 기능하거나 기능해야 한다. 그렇지만 심부름꾼 망은 전자메일로, 회계 업무는 컴퓨터 프로그램으로 대체될 수 있다. 사회적 기계들은 인간, 가공물, 동물, 자연적인 힘 등이 구별 없이 조합된다. 인지 집단에 수많은 비생물학적이고 비인간적인 독립 부분이 있다는 것은, 여기에서 우리가 흥미를 갖는 기능적인 관점에서 보자면, 엄밀히 그것의 사고하는 속성을 전혀 바꾸지 않는다. 뇌는 수많은 자동적 모듈을 내포한다. 마찬가지로, 사회는 기계적 독립 부분으로 가득 차 있다. 다시 한 번 반복하자면, 그 독립 부분은 복사기, 컴퓨터, 수력발전소, 거대 조직의 부서 등과 같이 서로간에 상대적인 독립성을 지닌다.

6. 의식은 개인적이지만 사고는 집단적이다

생각하기 위해서는 의식적이 되어야 하지 않을까? 은유적으로밖에는 집단적 의식을 말할 수 없는 반면에 집단이 실제로 인지적 주체라고 주장할 수 있는가? 앞서 본 것처럼, 현대 인지과학적 관점에서 보면, 의식과 그것에 직접 관련된 것들은 분명히 지능의 중요한 측면이긴 하지만, 필수적인 것이 아닌 측면을 표상한다. 의식은 유기체, 그의 환경, 자신의 고유한 인지 체계 기능 작용 등 사이의 인터페이스들 중에 하나라고 생각될 수 있다. 그것은 바로 단기 기억 일부분의 게시 체계며, 통제된 과정으로 향한 조그만 창이다. 이 통제된 과정은 자동적 혹은 반사적 과정보다 덜 강력하고 덜 신속하다. 반대로 그것들은 더 많은 유연성을 제공한다. 그것들은 선천적 배선이나 지나간 경험에 따라서 *자료*에 반응하는 경향을 지니고 있는 자동 운동보다는, 지향된 *목적*에 대해 더 우수한 민감성을 나타낸다. 그런데 집단 안에서 이러한 유연성과 민감성은 의식 이외의 다른 수단에 의해 성취될 수 있다. 예를 들자면, 집단적 토의, 대항

세력의 존재, 시간 유예의 제도화된 기제 등이 그것을 대신할 수 있다. 그러므로 지능의 특징이 되는 유연성과 새로운 것과의 타협 능력에 도달하기 위해서는 따라서 의식 이외에 다른 장치들이 있을 것이다.

사회 안에서, 어느 것도, 특히 문자가 발명된 이후로는 개인적 인지 체계 안에서 관찰되는 단기 기억의 철저한 한계와 상응하는 것은 아무것도 없다. 그런데 앞서 본 것처럼, 의식적인 정신 생활에 결합된 연속성과 통일적 느낌은, 인간 개인의 인지 구성 양식에 압력을 가하는 제약들에 밀접하게 관련되는 것 같다. 다시 말하면, 집단들이 개인들과 이러한 제약을 공유하고 있지 않기 때문에, 그들은 지능적이기 위해 의식적일 필요는 없다.

선형성과 통일적 느낌은 성찰의 중간 층위에서만 가치가 있다는 것을 다시 밝혀야겠다. 신경 단위 단계에서, 평행적인 기능 작용, 상호 작용에 있는 실재의 다중성 그리고 무의식 등은 반대로 결정적 자질이다. 의식, 실체적 단위, 연속적 기능 작용 등은 사고에 필수적인 것이 아니다.

의식이란 것은 그러므로 거의 아무것도 아니다. 바로 이런 이유로, 우리는 무의식적 속성을 통해서 범세계적인 집단의 사고를 갖출 수 있는 것이다. 그런데 (확실히 개인적인) 의식은 다른 한편으로는 거의 전부인 것 같아보인다.

모든 방향에서 그것을 초월하는 사회적이고 우주적인 장치 안에서의 단순한 중재, 망의 효과, 단일한 점으로 종종 나타나는 것인 의식은, 정확히 말해 인과적 중심이나 표상의 근원으로 자처하면서 기능하고 있다. "나는 생각한다, 나는 안다, 나는 원한다 등"을 주장하면서 의식은, 엄밀하게 말하자면 개인의 한계를 추월하는, 무한하게 복잡한 배열에만 속하는 것을 제

것으로 삼고, 제 것이라고 주장한다. 이와 같은 환상은 중요성이 없지는 않다. 왜냐 하면 결과를 수반하는 결정, 인지 생태 혹은 범세계적 메타-사회의 실제 변형은 그것으로부터 파생되기 때문이다. 이런 풍요로운 실수, 이와 같은 아주 미세한 실제와 커다란 환상간의 흔들림, 이와 같이 거의 모든 것이라고 믿고, 그럼에도 불구하고 결국 거대 망(특히 의식의 약한 망……) 안에 무언가를 생산해내고마는, 이러한 아무것도 아닌 것, 바로 이것이 인지 생태 안에서의 개인적 의식의 모순적 위치를 정의해주는 것이다. 비록 우리가 범세계적 망의 우연적 효과를 *안다*고 해도 이러한 양식으로 *살지*는 않거나 드물다. 게다가, 우리는 *의식된 것으로서* 우리의 말과 행위를 설명해야 한다. 종이 위에서 극복할 수 없는 모순 같아보이는 것이 대부분 인간의 수면을 전혀 방해하지 않고(그들은 물론 다른 걱정이 있다), 또한 그들이 깨어나서부터 그들의 일상적인 열정을 추구하는 것을 만류하지는 않는다. 이로 이것이 논리 적용 영역의 편협성에 대한 새로운 증거가 아닐까?

7. 생명 없는 객체, 당신들은 영혼을 가지고 있는가?

인간 집단 그 자체가 인지할 수 있다고 받아들인다 할지라도, 우리는 사물과 자연 집단들을 포함하는 섞인 집단이 지능적일 수 있다는 것을 받아들이기에는 더욱 망설일 수가 있다. 어떻게 *사물*이 지능의 성질을 띨 수 있을까? 우리는 잠정적으로 우리의 대답을 지적 테크놀로지에 국한할 것이다. 풍차 방앗간, 고속철도, 관개수로 등은 제쳐두고 문자와 같은 기호 체계, 컴퓨터와 같은 복합 기계 혹은 종이, 연필, 인쇄된 책 등과 같은 이용 가능한 사물 등에 대해 살펴보겠다.

르르와-구랭(Leroi-Gourhan)은 손도끼가, 일종의 무시무시한 문화적 손톱처럼 손을 연장해 주었다고 말할 수 있었다. 맥루한은 미디어에 대한 그의 분석을 의미와의 관계에 근거를 두었다. 인쇄술은 보는 방식을 연장했고 고양시켰으며, 라디오는 우리 귀의 청각력을 증대시킨 것 등이다. 연장(延長)의 은유는 우리가 지적 테크놀로지의 역할을 이해하는 데 도움이 될 수 있는가? 분명히 무기력한 사물이 지능의 성격을 갖는 것은 신경 체계의 도구, 뇌의 확장으로서일까? 우리는 조각가의 손에 있는 가위와 망치와 같이, 당당한 인간의 사고에 의해 명령받는 오히려 수동적인 도구의 이미지를 갖고 있을 것이다. 그러나 사고가, 통일되고 자신의 주인이 되는 속성에서보다는 이질적 집단의 효과에 동일시되면, 이러한 설명은 견디지 못한다.

인간 정신은, 마치 위성이 임무를 수행하는 것처럼 지적 테크놀로지들이 그 주변을 맴도는 조직 센터가 아니다. 그 자신도, 모든 크기와 모든 조립 형태의 위성들을, 중심 태양 없이 배열한 것에 불과하다.

컴퓨터나 혹은 종이, 연필, 알파벳에 의해 형성된 배치는 상대적으로 일관성 있는 미세 모듈을 형성하는데, 그 모듈은 개인적이며 동시에 개인을 뛰어넘는 인지망에 반독립적인 다른 수많은 매듭에 추가된 매듭처럼 덧붙여지게 된다.

사고에 영향을 미치는 것에 대한 사고 그리고 명확한 구분 없는 모든 방향으로 확산되는 사고를 어떻게 분명하게 한계를 정하는가? 어떻게 지능과, 그것이 유래한 조직적, 객관적, 사회적인 망을 분리할 수 있겠는가? 그리고 색칠하고, 조각하고, 글쓰고 그리고 건축하고 그리고 끌을 다루고 하는 손이 없는 정신이란 무엇인가? 그리고 붓, 연필, 가위가 이 손의 손가락 사이에 없다면? 내면의 이미지가 없는 사고는 무엇이며, 안구나 안구의 유리 체액, 무지개 빛 색소 그리고 알타미라의 황토에서부터 화면의 화소(畵素)에까지 이미지를 만들기 위해 발명되었던 그런 모든 것들이 없는 사고는 무엇이란 말인가? 어느 곳에나 존재하는 전달 수단, 반(半)-주체, 반(半)-객체, 집단의 산물, 우리 안에서 거의 자동 장치처럼 말하는 것인 언어가 없는 정신은 무엇인가? 대화도 없고, 사회와 모든 기억 장치가 없는 정신이란 무엇인가? 거의 아무것도 아니다.

8. 지적 테크놀로지와 프랙탈 주관성

누가 생각하는가? 대단히 복잡하게 되어 있는 무한한 망은 다중적으로 생각하고, 그 각각의 마디는 이질적인 부분들이 식별할 수 없게 얽혀 있으며, 그런 식으로 끊임없이 프랙탈 경사면을 만든다. 이 망의 행위자들은 다른 것들로부터 받아들인 것을, 끊임없이, 모든 의미로 번역하고, 반복하고, 단절하고, 굴절시킨다. 통일된 주관성의 점차 소멸하는 작은 불꽃이 광야의 도깨비불처럼, 다중적으로 망을 누비고 다닌다. 집단의 초개인적 주관성. 손재주, 관찰력, 어루만짐 등의 개인 내부 주관성. 분명히 사람은 생각하지만, 그러나 범세계적 거대-망이 그 사람 안에서 사고하기 때문이다. 도시와 신경 세포, 공립 학교와 신경 세포 전달자, 기호 체계와 반사 작용 등 개인적 지식을 중심에 놓지 않음으로써, 좀더 복잡하고 좀더 풍요로운 새로운 인지 광경을 발견하게 된다. 특히 인터페이스와 온갖 종류의 연결의 역할이 주요한 중요성을 얻게 된다. 고전적 예를 하나 들어본다면, 인쇄된 알파벳을 사용하는 것은 특히 좌뇌(더 분석적이고 언어적인 곳)를 활동하게 하는 반면에 표의 문자는 우뇌(더 전체적이고, 이미지나 리듬에 접속된 곳)의 도움을 받는다. 따라서 지적 테크놀로지들은 일반적으로 정신이나 혹은 사고에 연결되는 것이 아니라 인간 인지 체계의 어떤 독립 부분에 연결된다. 이것들은, 자신들의 모듈과 함께 초개인적이고 횡단적이며 몇몇 개인 내부적 연결보다 일관성이 더 강한 배열을 형성한다.

지적 테크놀로지는 나의 사무실의 컴퓨터나 당신 손안에 있는 책과 같이 인지적 주체 *밖에* 놓여 있다. 그러나 그것은 또한 공유된 코드, 유통되는 텍스트, 복사되는 소프트웨어, 인쇄하거나 헤르츠 선로를 통해서 전달되는 이미지 등처럼 주체들 *사이*에도 있다. 주체들을 연결해주면서, 그리고 그들 사이의 조정을 하면서, 의사 소통과 표상의 기술은 집단적 인지망을 구조화하고 그것의 특성을 규정하는 데 공헌한다. 지적 테크놀로지는 아직도 상상과 학습을 통해 주체 *안에* 있다. 손이 비어 있고 움직이지 않더라도 사람들은 문자, 방법, 자, 콤파스, 목록, 그래프, 논리적 대비, 셈 노래, 표상과 시각화의 양식 등과 더불어 생각한다. 지금 읽는 것을 글로 쓰기 위해 나는 하이퍼텍스트 소프트웨어를 사용하는데, 여기서 마디(텍스트의 블록)는 연속적으로 이어지는 것이 아니라 망 안에 조직되어 있다. 이 망은 화면에 카드로 형상화되며, 카드에서 꼬리표(블록의 이름)는 화살표로 이어진다. 내가 나의 컴퓨터 앞에 있지 않더라도 어떤 아이디어가 떠오르면, 그것이 기록될 도식의 부분을 상상한다.

자연어의 지식, 표의 문자 혹은 알파벳의 읽기-쓰기, 번호와 측정 체계, 줄과 열로 표상하기, 타자기나 컴퓨터의 자판 사용 등처럼 지적 테크놀로지의 내재화는 아주 강할 수 있으며, 거의 반사 작용과 같다. 어둑어둑할 때 속삭이는 말들, 정오의 태양 혹은 화면의 반전된 하늘 아래 빛나는 기호들, 우리는 세계에 펼쳐진 기호 배열을 내부로 투입한다. 습관 혹은 상상에 의해 내재화, 주관화, 은유화되는 이러한 외부의 요소들을 통해서 우리가 듣거나 볼 수 있는 새로운 실재, 지속적인 심상 형성 혹은 일시적 사건 등이 창조되고, 다른 것들 혹은 우리 자신이 또 다시 내재화하고 ……, 따라서 지적 테크놀로지의 연구를 통해 객체와 주체의 프랙탈적이고, 상호적인 끼워맞춤 관계를 밝혀낼 수가 있다. 인지 주체는 시뮬레이션되고 결합되고 중첩되고 재해석되는 객체들, 기억 매체들, 다양한 조합의 받침점들을 통해서만 인지적 주체는 기능한다. 그러나 그것이 없으면 주체는 사고하지 않을 이러한 세상 사물들은 그 자신도, 사물들을 인간적으로 만드는 주체들과 상호 주관적 집단의 산물이기도 하다. 그리고 이 집단들과 인간 주체들은, 그들 역시 객체적 표지를 갖는데, 그 표지는 그들의 삶에 얽혀져 섞여 있다. 그리고 객체에 의해 주관성이, 주체에 의해 객관성이 파멸되는 교차 전개 과정을 따라서 이렇게 항상 새롭게 이어진다.

▣ 참고 문헌

CHOMSKY Noam, *Règles et représentations*, Flammarion, Paris, 1985 (원판 : *Rules and Representations*, Columbia University Press, New York, 1980).

DELEUZE Gilles, GUATTARI Félix, *Mille Plateaux. Capitalisme et schizophrénie*, Minuit, Paris, 1980.

DENIS Michel, *Image et cognition*, PUF, Paris, 1989.

FODOR Jerry, *La Modularite de l'esprit. Essai sur la*

psychologie des facultés, Minuit, Paris, 1986 (원판 : *The Modularity of Mind. An Essay on Faculty Psychology*, MIT Press, Cambridge, Massachusetts, 1983).
GARDNER Howard, *Frames of Mind : The Idea of Multiple Intelligence*, Basic Books, New York, 1983.
GARDNER Howard, *The Mind's New Science. A History of the Cognitive Revolution*, Basic Books, New York, 1985.
GUATTARI Félix, *Cartographies schizoanalytiques*, Galilée, Paris, 1989.
GUATTARI Félix, *Les Trois Écologies*, Galilée, Paris, 1989.
MCCLELLAND James, RUMELHART David (sous la direction de), *Parallel Distributed Processing. Explorations in the Microstructures of Cognition* (2 vol.), MIT Press, Cambridge, Massachusetts / Londres, 1986.
MINSKY Marvin, *La Société de l'esprit*, InterÉditions, 1988 (원판 : *The Society of Mind*, Simon and Schuster, New York, 1986).
SERRES Michel, *Statues*, François Bourin, Paris, 1987.
SERRES Michel, Gnomon, *in Éléments d'histoire des sciences* (sous la direction de Michel Serres), Bordas, Paris, 1989.
VATTIMO Gianni, *Les Aventures de la différence*, Minuit, Paris, 1985.

제 15 장

인터페이스

이 책에서 인터페이스에 관해 많은 질문이 있었다. 우리는 개념을 정의하기에 앞서 그것을 사용해 작업하고 설명했지만, 아마도 이제는 이 개념을 그것 자체를 위해 다룰 시점에 이른 것 같다. 정보 과학이나 화학 분야의 전문적인 용어 의미를 뛰어넘어서, 인터페이스 개념은 이질적 환경들 사이의 번역, 접속 작업을 가리킨다. 이 개념은 통신(혹은 운송)을 환기시키며 동시에 전송이 성공적이기 위해 필수적인 변형 과정을 떠오르게 한다. 인터페이스는 변전의 두 차원, 즉 운동과 변신을 전체적으로 포괄한다. 그것은 통행의 조작자다.

사회-기술적 장치에 대한 "인터페이스망에서"의 분석에서는 본질들에 의한 사고와 행위의 무력한 매혹이나 경탄이 금지된다. 각각의 새로운 인터페이스는 이전에 있던 인터페이스의 효력과 의미 작용을 변화시킨다. 모든 것은 세계 안에서의 접속, 재해석, 번역의 문제로 귀속되는데, 그 세계는 엉기고 혼합되고 범세계적이고 불투명하며, 그 세계 안에서는 어떤 효과나 메시지도 무기력함의 평온한 여정을 따라 신기하게 퍼져가지 않으며, 반대로 인터페이스의 비틀기, 변형하기, 다시 쓰기를 거쳐서 가야만 한다.

1. 정보 과학에서의 인터페이스

전문적 어휘로서 "인터페이스"라는 단어는, 변별된 두 개의 정보 기기 시스템 사이나 혹은 하나의 정보 기기 시스템과 통신망 사이의 통신을 하게 해주는 장치를 지칭한다. 이러한 용어의 의미에서 볼 때 인터페이스는 정보 흐름의 코드 변환, 관리 작업을 주로 실행한다. 모뎀(변조-복조기)은 단순한 인터페이스의 한 예다. 그것은 컴퓨터의 이진 신호를 고전적인 전화망에서 전송될 수 있도록 하는 아날로그 신호로 변형시키고, 마찬가지로 반대의 변형을 실행한다. 컴퓨터가 전화망을 *경유하여* 통신할 수 있는 것은 바로 모뎀이라는 디지털/아날로그 인터페이스 덕택이다.

*인간/기계의 인터페이스*는 정보 과학 시스템과 그것을 사용하는 인간 사이에 통신을 하게 해주는 소프트웨어와 하드웨어의 총체를 가리킨다. 사람들은 점점 더, 다른 언급 없이, 인터페이스 용어를 인간/기계의 인터페이스라는 의미로 사용한다. 이 어휘는 정보 기기 시스템의 *입력*과 *출력*이란 어휘를 부분적으로 대체한다. 예를 들어, 컴퓨터 자판은 무엇보다도 펀치 카드 판독기와 같은 자격의 "*입력 기관*"으로서 간주되었다. 화면은 깜빡이는 빛, 리본 천공기 혹은 1960년대 컴퓨터 프린터처럼 *출력 기관*으로 오랫동안 고려되었다. 타자-코드화 혹은 캡쳐 작업자들이 기계에 내용을 공급해주었고, 다른 작업자들이 연산 결과를 모으고 처리하였다. 어휘는 사회-기술적 장치 안에

서 자동 기계가 차지하는 위치를 잘 말해준다. "입력" 혹은 "출력"은 중앙 기계의 주변에 놓인다. 그런데 이러한 시기는 지나갔다. 진정한 논리적인 중첩을 통해 두 극단이 같은 쪽으로 합쳐졌고, 돌아가며, 오늘날 이 두 극단은 "인터페이스"를 형성한다. 대부분의 사용자가 더 이상 전문 정보과학자가 아닐 때, 그리고 초기 정보 과학에서 문제되었던 대량 관리, 순수 계산의 문제 대신에, 의사 소통과 의미 작용의 미묘한 문제가 대두될 때, 인터페이스는 사회 기술적 배열의 절점이 된다.

우리는 전자계산기와 그것의 주변 환경 간의 접속을 보장해주는 모든 기술적 장치에 인터페이스라는 용어를 회귀적으로 적용했다. 바로 그런 식으로 컴퓨터는 우리에게는 계기적인 인터페이스를 끼워넣고 겹쳐놓은 망으로 보인다. 어느 날의 인터페이스는 그 다음날이면 제거되거나(천공 카드 판독기처럼), 혹은 새로운 것으로 보완되어 기계에 통합되거나(몇몇 전자 변환기와 같은 하드웨어 인터페이스 혹은 이진 언어와 같은 소프트웨어 인터페이스) 한다.

인터페이스망의 용어를 통한 이러한 분석을 통해 우리는 컴퓨터에 대한 모든 본질주의적, 정태적 혹은 논리학적 견해를 거부하게 된다. 디지털 자동 기계에 대한 소위 안정적 정의에 근거한다면, 사람들은 정보화의 사회적 혹은 문화적 결과를 아무것도 연역해내지 못할 것이다. t라는 순간에 컴퓨터라고 하는 인터페이스망에 새로운 인터페이스(음극선 화면, 마우스, 새로운 프로그래밍 언어, 크기 축소)를 연결하면, t + 1의 순간에는 미세 장치로 된 다른 집단, 다른 사회를 만나게 되며, 그것은 새로운 사회-기술적 배열로 들어가게 될 것이고, 다른 관계들을 중재하게 될 것이다. 사람들은 매킨토시와 에드박[27]이 두

---

27) (원주) 존 폰 뉴만(John Von Neumann)에 의해 작성된 에드박(Edvac :

개의 컴퓨터라고 주장해도 소용이 없다. 그것들은 완전히 다른 인터페이스망으로서 인지적, 감각 운동적, 해부학적으로 상이한 모듈들이 끼워넣어지며, 다른 기술, 작업 절차, 제도 등과 동일한 실제적 배열을 형성하지 않는다.

텍스트 처리용 기계를 예로 들어보자. 여기에는 수많은 인터페이스가 포함된다. 즉 언어, 숫자, 알파벳, 인쇄, 타자기(자판), 컴퓨터, 여러 소프트웨어, 음극선 화면 등등. 이 인터페이스들 중에 많은 것들은 어둠 속에서 번역, 변형 작업을 하면서 컴퓨터의 겹쳐진 속에서만 활동한다. 그러나 모두는 기계라는 복합적 배열을 조합하는 데 기여한다. 계기적 포장, 수직적 조합, 통합의 차원은 다른 차원인 수평적 접속의 차원과 교차한다. 우리 예를 계속 보면, PAO(컴퓨터 보조 출판)은 주요한 네 가지 인터페이스 특성이 결합되면서 유래한 것이다. 즉 Wisiwig[28] 형태의 텍스트 처리, 마이크로 컴퓨터, 조판용 소프트웨어, 저렴한 가격의 레이저 인쇄기 등이다. 1970년대말에 인터페이스들이 첨가됨에 따라, 아무도 분명하게 그것을 추구하지는 않았지만, PAO의 생각이 조금씩 필요 불가결하게 되었다. 분산적 출판의 새로운 공간을 열면서 PAO는 기업의 통신, 소규모 출

Electronic Discrete Variable Computer)의 계획에 의해 이루어진 것이다. 이것은 처음으로 오늘날 아직도 컴퓨터 내부 조직의 기반이 되는 기본 원리가 수립된 계획이다. 에드박의 구성은 1951년에 와서야 완성되었다[70].

28) (원주) Wysiwig(*What you see is what you get*) 원리는 화면에 나타나는 것과 종이에 인쇄될 것 사이의 원칙적으로 완벽한 동일성을 보장하는 것이다. 사실 초기 워드프로세서 소프트웨어에서는, 이탤릭으로 인쇄될 단어를 화면에 나타내기 위해 약속된 코드를 앞에 붙이도록 했다. 반면에 Wysiwig 소프트웨어에서는 이탤릭으로 인쇄될 단어를 간단히 *이탤릭*으로 화면에 나타낸다. 이러한 인터페이스 원리는 사용자가 인쇄 이전에 페이지 외견을 조정하게 해주며, 원치 않는 결과를 피하고, 시도와 오류의 과정을 줄이며, 결국 불필요한 추상적 코드를 제거하면서 화면 위에서의 작업 조건을 개선한다.

판 그리고 저널리즘 회로를 재조직했다. PAO의 소프트웨어에 통합되었기 때문에 수많은 인쇄술의 오래된 전문 지식이 광범위하게 퍼져나가게 되었고, 새로운 직업들이 출현하는 등의 일이 생겼다.

비록 PAO가 1990년대 초반에 정보 과학의 주된 용도 중의 하나임에도 불구하고, 1960년대의 컴퓨터를 생각하면서 PAO를 예측한다는 것은 절대적으로 불가능한 일이다. 그 이유는 저렴한 가격의 레이저 인쇄기, 개인용 컴퓨터, "인간공학적" 문서 처리 소프트웨어 등이 그 당시에는 검토되지 않았기 때문이다. PAO는 심지어 1975년에도 상상할 수 없는 것이었다. 개개의 새로운 인터페이스는 새로운 접속을 허용했고 그것은 그 자체로 새로운 가능성을 열어준다. 그 결과 한두 개 정도의 기술적 층위를 넘어서는 것을, 그것이 무엇이든간에, 예견하거나 연역하는 일이 불가능해지는 것이다.

만약에 우리가 PAO를 디지털 이미지 뱅크, 데이터 뱅크, 하이퍼텍스트, 통신, 전문가 시스템 등에 접속한다면 새로운 구체적 효과를 얻게 되며, 이 효과는 관련된 배열의 기본 성분에서는 연역해내기 힘든 것이다. 기술적 장치의 의미는 그 성분들의 의미의 합계가 아니고, 정해지지 않은 외부로부터 해석적 양식에 의해 새롭게 떠오른다.

2. 인터페이스망으로서 지적 테크놀로지

인터페이스 개념을 정보 과학 영역에 한정하기보다, 우리는 그것을 모든 지적 테크놀로지의 분석 작업에서 사용할 수 있다. 예를 들면, 당신이 손에 갖고 있는 책은 인터페이스망이다. 무엇보다 우선 언어 혹은 사고의 시각적 인터페이스인 문자의 원리가 있다. 이와 같은 첫 번째 인터페이스 자질에다 (표의표기법이 아닌) 음성적 알파벳의 자질이 결합된다. 또다시 알파벳 시스템에는 하나의 외관, 특별한 포장이 씌워진다. 그것은 그리스어나 아랍어가 아니라 로마식 인터페이스일 것이다. 그런데 로마식 알파벳 그 자체는 어떻게 제시되고, 어떤 서체로 제시되는가? 카롤링(caroline), 이탤릭(italique), 옹시알(onciale) 활자체인가? 그리고 이 활자들은 어떤 재료에 쓰여지는가? 파피루스, 점토판, 대리석, 양피지, 종이, 음극선 화면, 액정 화면? 각각의 매체는 활자화된 것의 상이한 형태, 사용, 접속을 허용한다. 파피루스는 롤러를 요구하고, 양피지와 종이는 코덱스(codex)[29]의 발명을 허락했다.

인쇄술은 이미 발전된 인터페이스망, 즉 라틴 알파벳, 샤를르마뉴 하에서 알구앵(Alcuin)에 의해 표준화된 카롤링 서체, 종이, 코덱스 등위에 조성되었다. 기계식 인쇄기가 자리잡은 후에, 인쇄업자들은 텍스트에의 접근을 용이하게 하기 위해서 새로운 소프트웨어적 층위, 즉 제목 페이지, 목차, 색인, 페이지 번호 매김, 구두점 기호 등을 첨부했다는 것을 우리는 보았다.

책이란 무엇인가? 단어들의 사회인가? 물론 그렇지만, 그런 단어들은 수세기를 통해서 축적되고 개화한 인터페이스망에 의해, 독자들 앞에, 물질화 되고, 접속되고, 제시되고, 활용되었다. 주어진 한 순간에 글쓰기의 기술적 망 안에서 단 하나의 인터페이스만을 삭제하거나 덧붙이더라도 텍스트와의 모든 관계가 변화된다.

지적 테크놀로지가 참여하는 사회 기술적 배열을 이해할 수 있기 위해서는 인터페이스들의 분자적 측면으로 내려간다는

---

29) (역주) 서로 연결된 나무판 묶음. 로마인들은 이것 위에 글을 썼음.

조건에서만 가능한 일이다. "지적 테크놀로지"는 너무나도 총괄적이다. 거리를 두고 관찰되고, 대강 취급되고, 하나의 개념에 투박하게 통합된 다중적 장치들이 그들의 구체적 연결과는 별개의 실용적 성격들, 그것들을 구성하는 미세-사회의 변화들, 사회적 행위자들의 해석들을 가질 수 있는 것과 같다. 인터페이스는 지적 인터페이스에 대한 모듈적, 진동적, 다중적, 그물 모양의 기술(記述)을 지향한다.

인터페이스는, 감각적 혹은 인지적 모듈, 다양한 개성, 작업적 공정, 상황 등에 연결될 준비가 되어 있는 자유로운 끄트머리, 그것들에 걸리기에 적합한 갈고리를 항상 갖추고 있다. 인터페이스는, 덫이나 체포 장치와 같이 기능하면서 불가분하게 물질적, 기능적, 논리적인 배열이다. 나는 화면, 페이지, 헤드폰 등에 체포되었으며, 책의 망에 빨아들여졌으며, 나의 컴퓨터나 미니텔에 매달려 있다. 내가 물질적 장치를 잊고, 인터페이스 안에 있는 인터페이스, 즉 문장, 이야기, 이미지, 음악 등에만 체포되어 있다고 느낄수록 함정이 더 잘 닫혀 있고, 나의 감각 모듈과 다른 것들의 관계는 더 긴밀해진다.

그러나 반대로, 인터페이스는 통신의 행위자들에게 제공된 정보의 포획 양식을 정의하는 데 기여하고 있다. 그것은 미디어의 의미 작용이나 가능한 사용 영역을 열거나 닫으며 방향을 설정해준다. 비디오테이프 녹화기는 텔레비전과의 관계를 변화시키고, 헤드폰과 워크맨의 조그마한 크기는 녹음기의 용도를 재설정하게 한다. 인터페이스는 실용적 측면의 조건이 되는데, 실용적 측면은 인터페이스로 할 수 있는 것이고, "내용(contenu)"이라고 잘못 명명된 것이다. 왜냐 하면, 분석 과정에서, 내용은 그 자신이 또다시 무언가를 *포함하기(contient)* 때문이다, 마치 풍성한 살이나 의미 작용의 핵심을 결코 볼 수 없고 그저 연속된 껍질로 구성된 양파와도 같다. 의미란 것은 항상 망 안의 수많은 가는 선을 가리키며, 경계선에서, 표면상에서, 우연한 만남에서 협상된다.

3. 인터페이스의 존재론

세련될 때까지 의미 작용의 세계를 다듬었던 바로 그 종(種)이 기술-세계로 둘러싸여 있다. 이와 같은 인간의 두 가지 측면은 거의 서로간에 반향을 하고, 서로 얽히고, 서로 뒤섞어져 있다. 기술의 본질은 역사가 보여주는 인터페이스망이 덤불 모양으로 자라나고, 응결되는 것이 교체되는 이러한 물결 안에 모두 존재한다. 상징 세계에서와 같이, 모든 기술적 용도와 해석은 끊임없는 재정돈 속에 있는 거대한 불안정 구조에서, 서로 서로 의지하고 서로 대답하며 서로 대립한다. 예기치 않은 접속이나 결합은, 기술적 배열이나 텍스트 안에 새로운 가능성의 세계를 갑자기 열어준다. 사회 기술적 집단이 이렇게 만들어진 것이어서 인지 생태의 거대한 혁명은, 사물 사회의 작은 개혁의 날카로운 끝 부분을 축으로 돌아간다. 예를 들어, 구텐베르크는 나선형 인쇄기, 잉크, 납과 주석의 합금 문제 등을 해결하는 데 수년을 보냈다.

지적 테크놀로지뿐만 아니라 모든 기술은 인터페이스망에서 분석될 수 있다. 무기, 도구, 다양한 기계들은 기록 혹은 전달 장치들처럼 인지 모듈, 감각-운동적 회로, 인간 해부적 부분 그리고 작업, 전쟁, 통신의 다중적 배열 속의 다른 인공물들과 가능한 긴밀하게 겹쳐지기 위해 명확히 구상된 것이다.

인터페이스의 개념은 또한 인공물 영역 이면에까지 펼쳐질 수 있다. 게다가 그것이 인터페이스의 임무라 할 수 있는데, 그 이유는 인터페이스가 두 공간, 두 종(種), 두 개의 다른 종류의 실재 사이의 접촉, 번역, 접합의 표면이기 때문이다. 즉 하나의 코드에서 다른 것으로, 아날로그에서 디지털로, 기계 장치에서 인간으로 등등의 번역, 변형, 이행인 모든 것들은 인터페이스의 성격을 갖는다. 이것은 문처럼 간단한 사물일 수도 있고, 이질적 배열(공항, 도시), 과정의 순간, 인간 행위의 단편 등일 수도 있다. 이러한 실재들은 틀림없이 상이한 존재론적 영역, 층위에 속하지만, 실용적 측면에서 보면 이질적이고 범세계적인 집단 안에서 형태를 변형시키는 안내자일 뿐이다. 가장 다양한 복합 배열은 인터페이스화할 수 있는데, 다시 말해 접합, 운송, 회절(回折), 해석, 방향 전환, 위치 이동, 번역, 반역, 약화, 강화, 여과, 기재, 보존, 인도, 전달 혹은 마비 등을 할 수 있다. 일시적, 개방적이고 갈라지는 망 안에서의 행위의 확산이다.

인터페이스를 통해서 무슨 일이 일어나는가? 다른 인터페이스다. 인터페이스들은 하나가 다른 것들 안에서, 하나가 다른 것들에 의해서 포개지고 접혀지고 구겨지고 변형되며, 초기 목적에서 일탈된다. 그리고 이것은 마지막 포장, 마지막 접혀진 것까지 이어진다. 다시 말하면, 내용(담겨진 것)이 있다면 그것에서 끼워 맞춰지고 응결되고 압축되고 휘어진, '담는 것'을 상상해야 한다. 내부는 오래된 표면으로 구성되었으며, 다시 떠오르게도 하고, 다소간은 투명하게 볼 수도 있고, 계속적으로 왜곡되는 환경을 정의하는 데 공헌한다. 그 결과로 어떤 행위자는 전혀 의사 소통할 만한 실체를 지니지 못해도 항상, 포착하고 치워버리고 포장하고 전용하고 변형시키며, 접속하고 신진대사시켜야 할 다른 행위자나 다른 인터페이스를 지니고 있다.

우리 신체의 첫 번째 인터페이스는 피부인데, 그것은 방수가 되고 모공이 있으며, 교환의 경계와 장소가 되고 한계며 접촉이다. 그러나 이 피부가 포장해주는 것은 무엇인가? 머리 부분에는 두개골이 있다. 그런데 이것의 안에는? 뇌, 즉 전환기와 신경 섬유가 얽혀 있고, 그것들을 접속해주는 이루 헤아릴 수 없는 (신경) 송신기 등으로 이루어지는 망이다.

생식 기능은 두 성을 결합(인터페이스)하게 하며, 매개체나 관을 통해 그리고 다른 개체들을 형성하면서 전체 신체를 구성한다. 순환 장치는 관의 망이다. 피는 운송 수단이다. 심장은 교환기다. 폐는 공기와 피 사이의 인터페이스다. 소화기는 튜브, 변형기, 필터다. 효소, 신진대사, 촉매 등은 분자 형태의 부호화, 해독화 과정이다. 모두 중개자들, 운송자들, 메시지 전달자들이다. 신체는 인터페이스의 거대한 망과 같다.

혀는 무한히 복잡한 섬유로서, 이곳에서 의미의 밝은 섬광이 전파되고 분할되고 소멸된다. 단어들도 이미 인터페이스다. 목소리로 반향하고, 노래로 절제되고, 비틀어지고, 리듬이나 운율로 다른 단어에 이상하게 접속되고, 문자로 가시 공간에 투사되고, 인쇄에 의해 표준화, 다중화되고 망에 놓여지며, 소프트웨어에 의해 손가락 끝에서 불러모아지고, 경쾌하게 되는, 다중적으로 다시 입혀진 의복, 다른 설레임으로 다양하게 요동하는 전율이다.

각 순간은 그 자체로 두 순간의 통로에 불과하다. 운송 수단, 관, 번역자, 밀사들의 막연하고, 들끓는 다수가 변전의 기반이 된다. 그것은 *엔젤로스(Angelos)*, 즉 전달자(메신저)다. 항상 다중의 목소리며, 가끔은 음정이 맞지 않는, 천사들의 무지개 빛으로 빛나는 합창이 바로 여기에 있다.

4. 지식의 문제로 복귀

우리는 이와 같은 인터페이스의 존재 혹은 더 정확하게 방법론을 무엇에 사용하는가? 인지생태학이라는 사고에 대한 사고의 영역을 준비하는 데 사용한다.

분자적이고 연결주의적인 세계는 실체들 사이의 거대한 이원적 대립, 즉 주체와 객체, 인간과 기계, 개인과 사회 등에 더 잘 저항할 것이다. 그런데, 모든 구체적인 인지 배열들이 반대로 전통적 존재론의 경계 양편에 일반적으로 속하는 인터페이스들의 잠정적 혼합물, 망, 응결체로 구성된다는 사실을 인식하는 것을 방해하는 것은 바로 이러한 거대한 이분법이다.

단 하나의 축에다 모든 것을 귀결시키려고 현실의 이질성이나 다양성을 부인하고자 하는 것은 전혀 아니다. 사람들은 예를 들어 "물질"*만* 존재한다는 것과 그것이 뇌를 전화나 컴퓨터와 조합되도록 우리에게 허용한다고 주장하지 않을 것이다. 사물이 사고한다는 주장을 우리에게 허용하는 범심론(汎心論)의 어떤 새로운 모습을 선지적으로 예측하려는 것도 더욱 아닐 것이다. 우리는 사물을 사고에 참여시키기 위해 혹은 컴퓨터를 뇌에 접속하기 위해 그렇게 많은 획일화가 필요하지는 않다. 동질적이고 보편적인 공간의 형이상학과 대립하여, 인터페이스의 개념은 점점 더, 아무리 멀리 가도, 계속적으로 부딪치고 생산되고 강조되는, 현실의 다양성과 이질성을 인식하도록 강요한다. 모든 과정이 인터페이스화하기, 따라서 번역이라면 거의 아무것도 같은 언어를 말하거나 같은 규범을 따르지 않는 것이고, 어떠한 메시지도, 중립적 인도 환경 안에, 있는 그대로 전달되지 않고, 반대로 그것을 변신하게 하는 불연속성들을 뛰어넘어야 한다. 메시지 그 자체는 관 안의 움직이는 불연속체이고,

그 결과는 역시 상이성을 생산하는 것이다. 의사 소통 이론은 많은 부족함에도 불구하고 순수하게 상대적인, 따라서 물질적이거나 정신적이지도 않고 객관적이거나 주관적이지도 않은, *사건* 기반의 존재론을 제안했다.

의사 소통 기술과 지식 유형, 혹은 문화적 표상과 같이 제도화된 실재 아래에서, 인터페이스망으로의 분석 방식은 새로운 연결을 향해 열려 있는, 역동성이나 생태성에 따라 짜여지고 분산되는 망을 향해 열려 있는 이질적 집단을 드러내 보여준다. 그 분석 방법은 실체, 변함없는 정의 그리고 소위 결정(決定)들을 모두 없애버리고, 존재와 사물을 변전의 흐름 속에 되돌려놓는다. 그것들의 사회적 변전, 투쟁과 계획의 목표 그리고 그들의 가능한 미적 혹은 실존적 변전으로 되돌려놓는 것이다.

우리가 이 책에서 만들고자 시도했던 인터페이스 이론은 그러한 지식의 유형, 그러한 표상의 복합체들을, 마치 그에게 의미를 부여하는 매체들, 연결들, 사회-기술적 장치들과 독립적으로 그 자체로 존재하는 것처럼, 인공적으로 사물화하고 자율화하는 것을 피하게 한다. 지능의 연결주의적 혹은 신경 단위적 모습에서처럼, 모든 지식은 매체들의 접합, 망의 구성 양식, 인터페이스의 배열 안에 존재하고 있다. 새로운 지적 테크놀로지 안에 과거의 지식을 번역하는 것은, 새로운 지식(텍스트를 쓰고, 하이퍼텍스트를 구성하고, 전문가 시스템을 인식하는 것)을 산출한다는 것을 말한다. 매체를 변화시킬 수 있고, 다르게 표상될 수 있으며, 자신의 정체성을 보존하면서 간단히 이전될 수 있는 안정적인 "지식" 혹은 "정보"가 있다고 믿는 것은 환상일 뿐이다. 그것이 환상인 이유는 지식 이론이 몰두하는 것들, 즉 앎, 정보 혹은 의미 작용 등은 정확히 말해서 매체, 접속, 인접성, 인터페이스 등의 효과이기 때문이다.

안다는 것은 무엇인가? 그것이 작동시키는 것은, 약간 더 조밀하고 더 세게 구겨진 접힘, 정말로 두터운 인터페이스의 층상, 교환자들과 선로들을 틀림없이 더 오래 접속시켜주는 망등이다. 그러나 사람들, 생명체들, 사물들의 거대한 범세계적 집단에서 생기는 세계의 흐름과, 인지 과정 사이에는 어떤 본질적 차이도 존재하지 않으며, 단지 미미하고 유동적인 경계만이 있을 수 있다.

결 론

기술-민주주의를 위하여

결 론

기술-민주주의를 위하여

1. 기술과 거대 하이퍼텍스트

한 사회에서 순환되고 있는 메시지와 표상의 총체는, 유동적이고 미로 같으며, 수백의 모습을 보이고 수천의 도로와 수로를 통하는, 거대한 하이퍼텍스트처럼 간주될 수 있다. 같은 도시의 구성원들은 공통된 거대 망 안에서 많은 요소와 접속을 공유한다. 그럼에도 불구하고 각각의 개개인은 그것에 대해 개인적이고 상당히 부분적이며, 이루 헤아릴 수 없는 번역과 해석을 통해서 변질된 시각만을 갖는다. 거대한 사회적 하이퍼텍스트, 즉 "문화" 안에 운동성이나 생명을 다시 불어넣는 것은 바로 이와 같이 국부적이고 개별적이고 주관적이며 외부에 접속된 기계를 통해서 이루어진 이러한 부당한 결합, 변신이며 왜곡이다.

이러한 하이퍼텍스트의 구성 양식은 무엇인가? 어떤 방식으로 표상들이 서로 연결되는가? 메시지가 순환되는 망의 위상은 무엇인가? 어떤 유형의 작업이 담화나 이미지를 산출하고, 변형시키고, 운송하겠는가? 그런 것들이 인지생태학이 대답할 수 있어야 하는 질문들 중의 몇 가지다.

인지생태학은 고전적 인문과학이 예술, 과학, 통신, 문화에 대해 말해야만 하는 모든 것을 결집해야 하는 동시에, 마찬가지로 과학이나 문화 등의 *테크놀로지*에 호소해야만 한다. 실제로 문명이 나타나는 범세계적인 거대한 망의 연결, 마디, 교환자, 작업자들은 단지 사람들만이 아니라 예술 작품들도 된다.

우리가 여기에서 테크놀로지를 강조하는 것은 부당함을 수정하려는 것이고, 너무 오랫동안 떨어져 있었던 *사물*을 지능에 돌려주기 위한 것이다. 대략적인 면에서의 "기술"((마치 단어가 실제적이고 동질적인 실재를 지칭하는 것처럼)은, 그것이 무엇이든 어떤 것의 "하부 구조"를 "결정하거나" 확립하거나 형성한다고 주장하는 것과는 전혀 관계가 없다. 집단이 어떻게 사고하고 꿈꾸는지를 이해하고자 할 때, 우리는 오히려 끊임없이 재조직되고, 수많은 행위자들로 가득 찬 개방적인 생태 시스템과 마주하게 될 것이다.

물론 구체적인 가공물은 통신, 표상 혹은 계산의 어떤 개별적 배열에서는 주요한 역할을 한다. 그러나 그것들은 전적으로 인간 집단에 얽혀져 있는 것들이다. "기술"이란? 무수한 인터페이스들이며, 그것이 기생하는 집단의 다양한 모험에 함께 하는, 서로간에 아주 상이한 인공적 공생 박테리아의 이질적 무리다. 특별한 목표에 그것을 개입시키는 것은 국지적 상황에서 비롯되거나 그것들을 둘러싸고, 그것들에 의미를 부여하는 인간 행위자들의 아마도 우연적인 해석에서 비롯된 것이다. 어떤 목적을 위해, 어떤 결과를 얻기 위해 제휴된, 동일한 종류의 "기술"의 획일적 구성 요소가 아닌 것이다. 그것에는 사물의 성격만큼이나 인간적 성격이 존재한다.

기술은 아무것도 결정하지 않는다. 기술은 해석이 교차되는 기다란 연쇄로부터 유래되고, 기술을 사용하는 단체나 개인의 현동적 주관성을 통하여 새로운 변전 속에서 해석되고, 움직일 것을 기술 자체가 요구하고 있다. 그러나 사회의 물질적인 환경이나 제약을 일부분 정의하면서, 그리고 기술을 이용하는 집단의 인지적 활동을 구조화하는 데 기여하면서, 그 기술은 거대 하이퍼텍스트의 변전을 *조건짓고 있다.* 기술의 상태는 실제로 인지의 거대 망의 위상과 그곳에서 실행되는 작업 유형, 그곳에 전개되는 결합 방식 등에 영향을 끼치고, 그것의 끝없는 변신에 리듬을 붙이는 표상의 변형과 순환의 속도 등에도 영향을 끼친다. 기술적 상황은 기울게 하고 영향을 주고 심지어 금지할 수도 있지만, 그것은 강제하지는 않는다.

주어진 한 순간에 지적 테크놀로지의 어떤 윤곽은 하나의 문화에 몇 가지 가능한 영역(그리고 다른 것이 아닌)을 열어준다. 어떤 가능성인가? 우리는 아주 흔히 지난 다음에서야 그것을 알게 된다. 구텐베르크는 인쇄술이, 현대 과학의 발전, 종교 개혁의 성공 혹은 신문이나 책을 통해 서양의 정치적 발전에 대해 효력을 나타냈던 역할을 예견하지도 못했으며 할 수도 없었다. 인간 행위자들이 단결하고, 위험을 무릅쓰고 모색을 하며 탐험을 해야만 했다. 그 행위자들은 그들이 물려받은 긴 역사를 통해 지식을 얻고, 그들의 집단에 영향을 끼치는 문제를 통해 방향이 정해지고, 그들 시대의 의미적 지평에 국한된 사람들이다.

주어진 한 순간에 기술적 윤곽의 의미 작용과 역할은 그 기술적 윤곽을 자극하는 계획 혹은 아마도 그것을 서로 다투는 경쟁적인 계획들 그리고 모든 방향에서 그것을 괴롭히는 계획들로부터 분리될 수 없다. 우리는 정보 과학 매체의 통신 기술에 의해 제공된 새로운 가능성들에서, 문화의 다음 상태나 혹은 집단적 사고의 새로운 생산물을 연역해낼 수 없다. 우리는 단지 몇몇 지침을 제시할 수 있고, 하나 혹은 두 개의 실마리만을 그려낼 수 있을 뿐이다. 이와 같은 결론에서 우리가 말하고자 하는 내용은 무엇보다도 지적 테크놀로지를 기본적인 정치적 장소, 분쟁과 다양한 해석의 투기 장소로서 지칭하려는 것이다. 그 이유는 일상적 도시 생활의 상당 부분이 조직되고, 단체의 주관성이 배열되는 것은 지각, 사고, 의사 소통의 집단적 장치 주변에서이기 때문이다.

어떤 방법으로 몇몇 계획, 몇몇 개인적 행위자가 정보 과학, 무선 통신, 편집, 텔레비전, 영화, 음악 제작 등이 점진적으로 집중되는 거대한 디지털망의 방향을, 그 화려한 운명으로부터 바꾸어놓을 수 있겠는가. 합리주의자, 실용주의자의 짧은 견해에서 벗어날 것인가? 이득과는 다른 이유를, 구경거리보다는 다른 아름다움을 탐구하는 일에 투신할 수 있을까?

이러한 질문에 대한 긍정적인 대답을 얻을 수 있기 위해서는 행위의 측면만큼이나 지식의 측면에서, 다른 사회적 삶의 공간들을 지배하고 있는 원리와는 상이한 원리를 통해서 지배되는, 독자적인 기술 과학에 대한 생각을 미리 포기해야만 할 것이다. 이렇게 해서 우리는 우리의 서론 주제로 되돌아가게 된다. 이 책 전체를 통해 우리는, 여러 사회적 행위자들(생산자 혹은 사용자 또는 구상자)의 계획, 분쟁, 상이한 해석이 지적 테크놀로지들의 정의에 결정적인 역할을 한다는 것을 살펴보았다. 우리 생각에는 그러한 판단을 기술 과학 전체로 일반화시킬 수 있다. 이러한 명제는 해방적이다. 그 이유는, 과학이나 기술의 현대적 역동성 이면에는 이성이나 효율성(긍정적이건 부정적이건 간에)이 아니라, 다중적인 이론, 상반되는 해석 과정이 존재한다면 정치적 영역에서 기술 과학을 정당하게 배제할 수는 없기 때문이다.

2. 기술-과학은 전반적으로 해석적이다

순수한 해석이 지배하는 축복받은 영역과, 의미의 은총이 전혀 도달하지 않고, 순수한 작용의 자연스런 흐름에 내맡겨진 저주받은 지역을 분리할 수 있을까?

그어진 곡선을 측정 기구를 이용해서, 미시적인 규모에서 해독하게 되면, 중국 고전이나 성서를 해독할 때만큼이나 맥락과 역사에 따라 수많은 해석이 가능하게 된다. 거시적 규모에서는, 과학이나 기술의 역사는 전적으로 온갖 종류(예를 들어, 미셸 세르를 중심으로 한 *과학 역사 개론*의 저자들이 잘 보여준 것처럼)의 해석과 재해석으로 가득 찬 것이다.

기술은 가장 현대적인 것조차도 모두가 조립, 재사용, 전환된 것이다. 해석, 변형하지 않고 이용할 수 없다. 명제, 이미지, 물질적 장치 등의 현존은 그것의 이용에 의해서, 그것과 접촉한 사람들의 해석에 의해서밖에는 규정될 수 없다. 그리고 기술 역사의 소란스러운 작업자들은 다양하고, 예측 불가능하고, 하나의 영역에서 다른 것으로 끊임없이 유동적인 목적을 위해서 그들이 탈취하는 모든 것을 끊임없이 재해석하고 전용한다. 비록 이미 자연의 영역이나 이전 용도에서 최소한의 기술적 대상들이, 다른 용도로 재해석되고 비틀려지기 위해 추출되었다고 해도, 느리게 발전하는 사회의 기술보다는 오늘날의 기술에서 이와 같은 유동성은 훨씬 더 분명하게 나타난다. 어떠한 기술도 내적인 의미 작용, 안정된 "현존"을 지니지 않고, 단지 다중적인 사회적 연합이 연속적으로, 동시적으로 그 기술에 부여하는 의미만을 지니게 된다. 아마도 "기술의 본질"이 있을 수 있지만, 그것은 인류 기원의 핵심을 포착하고 전용하고, 해석하는 탁월한 능력과 혼동되게 될 것이다. 따라서 기술을 더 잘 규정하는 것은 객관화, 원인과 결과의 기계적 접속 혹은 소위 *비인간적*인 "기술자 시스템"의 맹목적 전개가 아니라, 수많은 집단의 들끓는 해석학적 활동이다.

이사벨 스탕제(Isabelle Stengers)와 쥬디트 슈랑제(Judith Schlanger)[92]는 기술적 혁신은, 과학적 이론의 자동적 "적용"과 동일시되기보다는 의미 작용의 창조를 이루는 것이라는 사실을 잘 보여주었다. "이러한 의미 작용은 사회적(혁신의 구성이나 사용에 내포된 명칭 부여, 사회 관계), 정치적(불확실한 오염이나 정부의 독점에 대한 기초 자료 접근 가능성, 입법 상태) 혹은 문화적(대중과의 관계)인 제약만큼이나 경제적인(비용, 특허, 시장의 상황, 투자, 회사의 발전 책략 ……) 제약을 가리킨다. 기술적 혁신은, 그것이 일관된 방법으로 이러한 서로 다른 잡다한 제약을 만나거나, 그것이 과학적이고 동시에 경제적이며 문화적인 측면에서 의미를 취하거나 하는 등의 경우가 아니면 존재하지 않는다."[30] 게다가 이렇게 얻어지는 어떤 의미도 미리 보장되지는 않으며, 어떠한 기술적 진보도, 이질적 집단에서나, 그것이 유통되고 그것이 재구성할 수도 있을 복잡한 망에서 성능을 시험받기 전에는 *선험적*으로 규정되지 않는다.

---

30) (원주) *In* Isabelle Stengers et Judith Schlanger, *Les concepts scientifiques, invention et pouvoir*, La Découverte, Paris, 1989.

3. 사고-계산?

하이데거와 수많은 기술 과학 비평가들의 주된 실수 중의 하나는 *과학을 믿은* 것이었다. 다시 말해서 마치 기술 과학이란 명칭 하에 전달되는 전략, 연합, 해석, 협상이 다른 인간의 시도에는 없는, 특별한 특징을 지닌 것처럼 행동한 것이다. 하이데거는 예를 들어 "비-진리의 정확성은 모든 의지의 의지 영역(domaine de la volonté de volonté)에서 적절한 불가역성을 소유한다"고 쓰고 있다. 이것은 다시 말해, 그들 고유의 영역에서 과학이란 확실한 것이며 기술은 항상 효율적이란 것이다. 그러나 절대로 그렇지 않다. 다른 곳에서와 같이 과학에서도 사람들은 종종 실패하고 항상 암중모색한다.

미셸 칼롱(Michel Callon), 브뤼노 라투르와 새로운 과학 사회학의 학파는, 과학적 명제들이 "저항할 수 없기"는커녕 격렬한 논쟁의 대상이 되었다는 것을 보여주었다. 일단 받아들인 뒤까지도 상당한 에너지를 소비하면서(실험실, 측정, 저장 기구, 출판 경로, 교육, 재정 충당, 다양한 친구 ……) 그것들을 *유지*(왜냐 하면 집단의 각 구성원은 다른 사람들에게서 수용한 것을 재해석하고 전용하기 때문이다)해야 한다. 기계나 기술적 과정에 대해 보아도, 그것들 또한 "억제할 수 없을 정도로" 전파되지는 않는다. 성공을 거두는 기계가 있는 반면(모두가 그것을 효율적인 것으로 인정하고, 그것은 장식의 일부가 된다), 많은 것은 어둠 속에서 유산되었다. 과학과 기술은 집단의 일상적인 과정과 같은 성격을 갖는다.

과학적 발화체들이 중립적, 객관적, 사실적, 보편적인 것처럼 보이는 것은 사실이다. 그러나 이와 같은 현대 과학의 소위 중립성, 비인간성, 확실성은 결과이고 산물이다. 그것은 전혀 과학의 본질과는 무관한 것이다. 과학 집단과 실험실에서 유통되는 대부분의 발화체들은, 다른 집단에서 유통되고 있는 것만큼이나 불확실하고 논쟁적이며, 상황적이고 개인적이며, 해석적이다. 우리는 이상적인 완성된 상품과 힘들여 그것을 구성하려 시도하는 행위, 즉 실험실, 복잡한 과정, 돈, 인력 등의 상당한 지출 그리고 교육 기관, 도서관, 기업 등의 관리에도 불구하고 대부분의 경우 실패하는 행위를 혼동하는 것이다. 중성적이고 보편적인, 다시 말해서 모든 사람에 의해 수용되고 교과서에 수록되는(안정화는 게다가 아주 임시적이다. 왜냐 하면 "과학은 진보하기 때문이다"……) 몇몇 발화체를 만들어내기 위해서는 어마어마한 노력이 필요하다는 것을 주목해야 한다. 주관성, 역사, 분쟁이 통용되지 않는 환상적이고 초월적이며, 비-가치론적인 영역이 존재한다는 것은 생각할 수 없다.

*집단의 변전에서 분리된 힘*과 같은 기술-과학은 없다 하더라도, 실제로 "과학"이라는 이름 아래에는, 그 변전의 국부적이고 일시적인 측면에 불과한 것으로 축소되어서는 안 되는 지식의 목표가 있는 것이다.

"[……]시-공적 운동 체계로서, 미리 계산할 수 있는 방법으로, 자연이 우리의 표상에 자신을 드러내 보여주는 객관성"(하이데거)만이 과학에서 유일한 문제는 아니다. 감히 말하자면, 바로 여기에 계산, 보편적 법칙, 결정론적 기제 등을 근본으로 하는 과학의 에피날(Epinal)적 이미지[31]가 있는 것이다. 만약 이런 이미지가 옳았다면, 만약 여기에 과학적 시도가 과학을 먹여 살리는 집단에 제공해야 할 모든 것이 있다면, "생활 세

31) (역주) 보통 나무에 투박하게 새기고 스텐실로 채색된 통속적 그림을 보통 에피날 그림(image d'Epinal)이라고 부른다. 에피날의 통속화는 1810년경부터 19세기 동안 명성을 얻었다.

계"와 "이성" 간의 대립이 어떤 신빙성을 갖게 될 것이다. 그러나 일리아 프리고진과 이사벨 스탕제[87]는 최근에 그 이미지가 과학적인 모험의 어떤 단계에만 그리고 단지 몇몇 영역에만 일치한다는 것을 보여주면서, 이와 같은 이미지의 기만성을 밝혀냈다. 불행하게도 우리는 종종 소위 갈릴레이에 의한 현대과학의 창설이라는 후설의 이론이나 "생각하지 않는" 과학에 대한 하이데거의 맹렬한 비판 이상은 나아가려 하지 않는다. 삶과 이성, 과학과 성찰 혹은 기술과 사회 사이의, 너무 빨리 말해진 대립은 과학적 절차의 아주 국한된 측면에 종속된 것이다. 이 모든 것 중의 어떤 것도 기술-민주주의의 창설을 촉진하는 데에는 적절하지가 않다.

하이데거나 미셸 헨리(각주 3) 참조)는 중세 사람들이 신성한 권한으로서의 왕권을 믿었던 것처럼 과학을 "믿었다". 이 신성한 권한은 왕이 아니다. 왜냐 하면, 그의 아버지가 당시 직책을 갖고 있는 군주를 학살하도록 했기 때문에, 그리고 그는 무력과 국민의 복종, 귀족들의 협력, 힘있는 이웃과의 연합을 등에 업고 있기 때문이다. 아니다. 그는 "신성한 권한"의 왕이다. 마키아벨리는 아직까지도 *왕자론*을 쓰지 않았다.

마키아벨리가 정치적 권력에 대해 실행했던 일, 즉 *세속화*는 과학과 기술에서도 완수해야 할 것으로 남아 있다. 이 작업은 과학의 인류학이라는 새로운 학파의 작업 덕분에 이미 상당히 진척되었다. 그것은 "삶"에 반대하는 "이성"이나 "존재"에 반하는 "객관화"가 아니라, 다른 곳에서처럼 힘, 연합, 다소간 견고한 망, 섬세함, 암중모색, 해석 등에 대한 질문이며, 그리고 인간적 실재뿐만 아니라 비인간적 실재들(미생물, 고분자, 일렉트론, 場, 회선, 모터 등)과 함께 하는 질문이다.

4. 소위 인간과 기계의 대립에 대해

어떻게 인간과 기계 간의 대립이 그렇게도 철저할 수 있는가? 적절한 분할은 한편에 인간 사회, 다른 한편에 기계라는 종족 사이를 지나가지 않는다. 한쪽의 모든 실효성과 다른 쪽 자체의 속성이 모두 유래되는 것은, 항상 더 광범위하거나 혹은 더 미세하거나 혹은 더 번개 같은 우주의 일부분을 이용하면서, 바로 이러한 상호 접속, 동물 종족과 무한 수의 항상 증가하는 인공물의 이러한 연합, 이러한 잡교, 이러한 잡종 집단과 복잡성을 더해 가는 회로의 구성 등으로부터다.

이것은 기계가 인간의 가장 좋은 친구라는 것을 말하려는 것은 아니다. 물론 인간 자신도 인간의 친구라는 것은 더욱 아니다. 죽음과 복종의 기계, 착취의 기계, 인간에 대해 인간에 의해 던져지고, 인간에 의해 만들어지고 유지되고, 그리고 다른 인간을 때려눕히는 광적인 기계가 있다. 그러나 일상적이고 유용하며 적절한 기계, 귀여움받고 순종하며, 좋게 유지되는 기계도 역시 존재한다.

육체의 인간과 금속과 실리콘의 기계 사이의 쉽고 투박하고 화려한 대립에 집중하는 것을 멈추고, 잡종의 거대 기계를 판별해내자. 그 기계는 돌과 사람, 잉크와 종이, 단어와 철도, 규칙과 특혜, 전화망과 컴퓨터망으로 만들어진다. 즉 거대한 이질적인 괴물로서 기업, 행정 기관, 공장, 대학, 연구소, 온갖 종류의 집단과 집단 등이다. 예를 들어, 국가란 유사 이래로 혹은 거의 수메르 이래로 니스를 칠한 거대한 벽돌 궁전, 창고, 복잡한 계층, 방위병, 부역 책임자, 관개 수로, 대장장이, 무기, 노예, 소, 작은 가축, 건조된 점토판, 설형 계산, 필경사 집단, 보리를 파종한 땅, 도로에 걸어다니는 세무원 등과 더불어 존재한다.

어떤 새로운 거대 기계, 어떤 돌연변이 배열을 내일의 컴퓨터는 조직하겠는가?

인간과 광적인 기계를 대립시킬 것이 아니라 대립시켜야 할 것은 현실과 이성적 질서다. 한편으로, 현실은 가장 묵직하고, 가장 두터우며, 다중적이고 무한히 다양하고 합산할 수 없으며, 체계화할 수 없고 소용돌이치고 흐트러지고 뒤섞이고 잘 정돈된 카드를 흐트러뜨리고, 거의 전적으로 불투명한 것이고, 다른 한편으로 이성적 흐름(circours)의 미약한 질서에서는 목적과 수단이 논리적으로 이어지고, 수단은 항상 목적에 종속되고, 목적은 어떤 숭고한 하늘에 종속되며, 하늘은 윤리 혹은 음성 혹은 자유 혹은 이성적 의지의 공화국 혹은 하느님의 모습을 가진다. 인간 운명에 대한 미네르바[32]적인 시각에 대립되는 것은 소위 기술적 체계가 분명히 아니다. 그것에 대립되는 것은 바로 현실의 무한한 격동이다.

5. 오늘날 도시는 전세계에 확대된다(범세계적 도시)

암소의 젖 분비를 자극하는 호르몬은 1920년에 발견됐다. 유전공학 덕택에 사람들은 얼마 안돼서 미생물을 통해서 이와 같은 호르몬(점잖게 단백질이라고 다시 명명된)을 생산하는 데 성공하였다. 이와 같은 연구에 출자했던 산업 단체들은 분명히 그것을 통해 수익을 올리려는 생각을 하였다. 이를 위해 그들은 그들 제품의 우수성, 유용성, 수익성에 대해 농민들을 설득해야만 했다. 또한 호르몬이 해롭지 않다는 것에 대해 보건, 농업을 통제하는 행정 부서들을 납득시켜야만 했다. 그 목적으로

32) (역주) 로마 신화에서의 지혜, 예술, 기술의 여신.

단백질의 무해성을 증명하기 위해서 수많은 시험이 시도되었다. 이러한 시험들에는 수많은 화학 생산물, 복잡한 설비, 동물들, 인간 모르모트 등이 동원되었다. 미국에서는 이미 농부나 행정 기관이 설득되었기 때문에, 유럽인들에 대해 수의(獸醫) 기업들이 자신의 이익을 변호하기가 더 쉬웠을 것이다. 그러나 우리가 잘 알다시피, 유럽에서는 우유가 상당히 초과 생산된다. 버터를 응고시키고, 분유를 만들기 위해 막대한 재정이 들어간다. 농민을 보호하기 위해서 우유 가격은 인위적으로 부풀려진다. 그렇다면 더 많은 우유를 생산하게 하는 방법은 무엇을 위한 것인가? 수의(獸醫) 기업들의 대답은 적은 수의 암소로 같은 양의 우유를 생산한다는 것이다. 단지 과잉 생산 때문에, 도살 장려금이 있다는 것 때문에 이것은 더 장점이 커질 것이다. 일이 복잡해지는 것은, 호르몬 처리된 암소들은 우유를 더 생산하기 때문에, 노르망디나 샤랑트[33]의 방목용 풀보다 훨씬 더 풍부하고 비옥한 풀을 필요로 한다. 따라서 이 암소들에게는 산업적으로 만들어진 특별한 동물용 사료가 필요하다. 예를 들어 브라질산 콩 등으로부터 만든다. 이러한 콩의 새로운 수요는 아마도 브라질의 수출을 위해 단작(單作)을 확대하게 만들 것이다. 이렇게 되면, 식량 산출에 유리한 동시 재배가 없어지고, 원시림이 줄어들게 되지 않을까? 어쨌든 남아메리카 대륙의 풍경이나 생태 체계가 변하는 결과를 초래할 것이다. 유럽 시골의 풍경 변화도 당연할 것이다. 방목을 포기하면 노르망디의 작은 숲 풍경은 어떻게 변화할 것인가? 어떤 동물, 식물 종이 이러한 변화로부터 고통을 당하거나 이득을 보게 될 것인가?

아무것도, 절대로 아무것도 유럽의 농업 기구나 단체가 수의(獸醫) 기업의 시나리오에 찬동하도록 강요하지 않는다는 점을

33) (역주) 노르망디와 샤랑트는 프랑스의 지역(도) 이름.

지적하자. 거의 아무것도 CEE(유럽연합)의 시민 단체들이 집단 기구들의 결정에 영향을 미치도록 시도하는 것을 방해하지 않는다. 분명히 앙 진영에는 각자의 전문가, 과학자, 농업 기술자들이 있을 것이다.

따라서 단백질을 생산하기 위한 새로운 방법이 제약 연구소, 그들의 장비, 시험, 가축 우리 등의 복잡한 망을 작동하게 하고, 여기에는 또한 세균, 암소, 농부들, 노르망디의 목장, 브라질의 어떤 지방에서의 콩의 단작(單作), 유럽인의 규정 등도 동원된다.

여기서 인간들 사이의 관계만 문제가 될까? 분명히 아니다. 인간, 짐승, 세균, 단백질, 과학적 장치, 법률, 규정, 풍경, 식물, 생태 체계 등 사이에 관계가 맺어진다. 제약 산업의 목표는 이전에 있던 배열을 해체하고 새로운 것, 즉 자신의 이익대로 기능하는 배열을 만드는 것이다.

어떤 장소에서 이러한 연합이 엮어지거나 해체되는가? 사회 안에서? 아니다. 조작 영역은 사회보다 훨씬 더 광범위하다. 이러한 초-사회적 장소를 "지구"라고 명명할 수 있다. 여기에서는 실재들을, 그것이 무기력한지 혹은 살아 있는지에 따라, 사람인지 혹은 사물인지에 따라, 작은지(미생물) 혹은 큰지(시골 풍경, 생태 체계)에 따라서 구분하지 않는다. 기술적 민주주의 계획은 *범세계적 인류학*에 근거하는 것이다.

현대의 왕자는 국경, 경계, 규칙을 계속해서 무시하고 뛰어넘는다. 민주주의도 마찬가지여야 한다.

6. 기술의 중립성?

일반적으로 기술이란 것은 좋지도 나쁘지도 중립적이지도

필연적이지도, 극복할 수 없는 것도 아니다. 그것은 정신에 의해 분할된 한 차원으로서, 세계 도시 안의 이질적이고 복잡한 집단의 변전의 차원이다. 이것을 잘 식별하면 할수록 우리는 기술-민주주의의 도래를 앞당길 것이다.

사회 기술적 변형 과정은 과거의 대부분 사회에서는 느렸지만, 2~3세기 이전부터는 그 리듬이, 우선은 서양에서 그리고 이제는 전세계에서 가속화되고 있다. 이 과정은, 다소간 안정화된 이전 "기술 체계"와 이 체계를 중심으로 조직된 사회에게는 전염적이고 파괴적인 성격을 종종 보유한다. 그 이유는 "기술"이, 반복하자면 일반적으로 사회 조직 형태, 제도, 종교, 표상 등에 항상 밀접하게 섞이기 때문이다. "가치"는 아주 심층적인 의미에서 우연적이다. 왜냐 하면 가치는 물질적이고 조직적인 다수의 장치로 이루어진 잠정적인 안정화와 관련되기 때문이다. 이 장치들은 수많은 주역들에 의해 재해석, 채택, 파기될 것들이다. 틀림없이 바로 여기에 많은 학자들이 기술을 현대 악의 필수적 원인과 동일시하는 이유가 있다. 그들은 그들이 집착하는 가치의 쇠퇴 근원을 기술에서 찾는다. 그러나 기술은 집단 활동 전체에서 정신에 의해 분할된 한 가지 차원일 뿐이다. 물질적 배열과 관계하는 차원이고, 인간 세계와 우주의 물리적 접속 차원이다. 우리가, 독자적 힘으로 이 관점을 사물화할 때부터, 오늘날 인류를 짓누르는 어려움 속에서, 우리는 신기하게 이 관점에 고유한 삶, 책임감을 부여하게 된다. 그러나 개량된 무기에 의해 저질러진 공포감이 어떠하든 혹은 생태 재앙이 생기거나 전통적 삶의 환경이 파괴되거나 혹은 비인간적인 환경이 만들어질 때, 이러한 자기 자신에 대한 나쁜 짓의 책임은 바로 인간 집단이며, 일종의 개념적 희생양으로서 모든 악을 떠넘길 수 있는 외부적 실재가 아니다.

기술을 단죄할 수 없는 것과 동일한 이유로, 기술을 찬양하는 것 또한 불합리하다. 특히 궁극적 목적에 관계된 것을 그것에 아무것도 요구하지 않는 것, 일반적으로 그것에 너무 요구하지 않는 것도 불합리하다. 어떠한 "해결책"도 "기술"에서 비롯되지는 않는다. 그러나 단지 농부, 곤충, 기업, 대기, 기자, 조합, 대학, 바이러스, 연구소, 강, 사회적 계급, 정부, 고분자, 다양한 연합, 국제 기구, 일렉트론 등이 서로간에 처하게 될 협상이나 분쟁의 유리한 혹은 불리한 몇몇 출구를 제공할 수는 있다.

그것의 전개 과정을 상세하게 매일 같이 관찰하는 사람에게서 사회 기술적 과정은 서로 접속하고 배열하며 파괴하고 사라져버리고 이동하는 다중적 특이성으로 나타난다. 규칙적 발걸음, 장기적 경향, 패러다임, 거시 구조 등은 회귀적 착시(錯視)에 불과하며, 자신도 역시 특이성의 일시적인 산물인, 포착 작업을 위한 연출에 불과한 것이다.

소위 "기술자 시스템" 혹은 "기술"이 집단 변전의 흐름에 다시 빠지게 되면, 제도화의 차원이 적어도 잠정적으로 어느 곳에도 존재한다는 것을 드디어 알게 된다. 다시 한 번 이 논의의 정치적 중요성이 밝혀지는데, "기술"이 독자적이고 분리되고 운명적이고 전능하고 특별한 본질에서 비롯된 것으로 인식되면 될수록, 우리에게 힘이 남아 있다고 생각하기 힘들어진다. 반대로 우리가 "기술의 본질"을 잘 이해하면 할수록, 기술적-민주주의의 자리가 있다는 사실과 여기서 지금 비평하고 개입해야 할 열려진 넓은 공간이 존재한다는 사실이 점점 더 명확해진다.

통일된 행성의 시대, 세계적 분쟁의 시대, 가속화된 시간, 쇄도하는 정보, 의기양양한 미디어의 시대, 다양하고 모든 것에 존재하는 기술 과학의 시대에, 누가 정치적 행동의 목적과 수단을 재고해야 한다고 느끼지 않을까? 민주적 결정 과정 안에 기술적 선택을 전적으로 통합하는 것은 정치의 필연적 변혁에 핵심 요소가 될 것이다. 민주적이라고 말해지는 사회는, 그 이름값을 하기 위해서는 사회 기술적 과정 안에서 주요한 정치적 사실을 식별해내는 것과, 또한 사회적 현대 제도가 국회나 길거리에서 만큼이나 과학적 기구나 대기업의 연구 발전(R&D) 부서 안에서도 형성된다는 것을 이해하는 것이 매우 바람직하다. 사람들은 투표하면서만큼이나 전자 전화번호부를 만들거나 유전자 조작 작업을 하면서도 세상의 도시를 만들어내는 데 기여한다. 그러나 이와 같은 집단적 산물은 항상 모호하고 다의적이고 해석에 노출되어 있다. 프랑스의 미니텔은 처음 개통되었을 때 거대한 국가 망이었지만, 많은 사용자들에 의해서 대화형 전자우편 매체로 신속하게 재해석되었고, 여기에서 의사 소통의 새로운 방법이 발명되었다. 그러나 전자우편 그 자체는 장밋빛 환상(가상 포르노) 업자들에 의해 전용되었고, 또 그들은 …….

어떤 면에서는 집단 내 작업자들이 몰두하는 재해석, 전용, 분쟁, 연합, 타협의 안에서 기술적 정치가 *이미 행해지고 있다*는 것을 이해했을 것이다. 기술-민주주의가 생성하기 위해서는 기술-정치가 공공의 장에서도 *역시* 이루어지기만 하면 되는데, 이곳은 평등한 시민이 행위자들이고, 가장 강한 이성이 항상 우월하지 않은 곳이다. 자립적이고 분리되고 운명적이고 전능하고, 악의 근원 혹은 진보의 특권적 도구 등등 기술-과학에 대한 잘못된 이미지를 거부하고, 집단적 변전의 특별한 차원을 식별해내는 것, 그것이 바로 이 집단의 성격을 더 잘 이해하는 것이고, 기술적 민주주의의 도래를 더 가능하게 하는 것이다. 나는 소위 기술적 진보를 *지배*하는 가능성에 대해 어떠한 환상도 품지 않는다. 문제는 확신을 갖고 지배하고 예견하는 것이 아니라 몇 가지 선택을 *공동적으로 수용*하는 것에 관계된다. 모두 함께 그 선책에 책임을 지는 것이다. 세기말에 위치한 우리에게 주어진 *불확정적 미래*에 열린 눈으로 과감히 맞서야 할 것이다.

▣ 참고 문헌

ALFONSI Philippe, *Au nom de la science*, Barrault-Taxi, Paris, 1989.

CALLON Michel (sous la direction de), *La Science et ses réseaux*, La Découverte, Paris, 1989.

HEIDEGGER Martin, *Essais et conférences* (trad. André Préaux), Gallimard, Paris, 1958.

LATOUR Bruno, *Les Microbes, guerre et paix*, suivi de *Irréductions*, Métailié, Paris, 1984.

LATOUR Bruno, *La Science en action*, La Découverte, 1989.

LATOUR Bruno et WOOLGAR Steeve, *La Vie de laboratoire* (trad. M. Biezunski), La Découverte, Paris, 1988.

PRIGOGINE Illya et STENGERS Isabelle, *La Nouvelle Alliance*, Gallimard, Paris, 2e édition, 1986.

PRIGOGINE Illya et STENGERS Isabelle, *Entre le temps et l'éternité, Fayard*, Paris, 1988.

SERRES MiChel (sous la direction de), *Éléments d'histoire des sciences*, Bordas, 1989.

STENGERS Isabelle (sous la direction de), *D'une science à l'autre, des concepts nomades*, Paris, Le Seuil, 1987.

STENGERS Isabelle et SCHLANGER Judith, *Les Concepts scientifiques, invention et pouvoir*, La Découverte, Paris, 1989.

■ 감사의 말

이 책은 몬트리올에 있는 퀘벡대학의 정보통신학과에서 교수로 초대되었을 당시에 구상되고 부분적으로 편집된 것이다. 나의 몬트리올 동료인 질 "제논" 마회(Gilles "Zénon" Maheu), 찰스 핼러리(Charles Halary) 그리고 쟉크 아젠스타트(Jacques Ajenstat)는 내게 폭넓은 읽을거리와 훌륭한 생각을 제시해주었다.

(미셸 세르 주간의)『과학 역사 개론(*Élements d'histoire des sciences*)』 저자들 사이에 트레일(Treilles)의 학술회의에서 이루어졌던 논의는 내가 가지고 있는 기술에 대한 견해를 수정하게 해주었다. 브뤼노 라투르의 설득력 있는 침묵 그리고 격려는 아마도 이런 측면에서 결정적인 역할을 한 것 같다.

이사벨 스탕제에게 특별히 감사를 드린다. 내가 그의 편지함에 쏟아놓았던 텍스트에 대해, 그는 건설적이고 우호적이고 상세한 비판으로 끊임없이 내게 답장을 보내주었다.

마지막으로 나의 감사의 마음을 도미니크(Dominique)에게 전하고 싶다. 그는 내 연구를 수월하게 하기 위해 모든 것을 해주었고 항상 소홀함이 없었다. 그리고 이 책의 교정본을 모두 참을성 있게 읽고 귀중한 조언을 해주었다.

▣ 일반 참고 문헌

[1] ALFONSI Philippe, *Au nom de la science*, Barrault-Taxi, Paris, 1989.

[2] AMBRON Sueann, HOOPER Kristina (sous la direction de), *Interactive Multimedia*, Microsoft Press, Redmond, Washington, 1988.

[3] ANDERSON John R., *Cognitive Psychology and ils Implications* (2e édition), W. H. Freeman and Company, New York, 1985.

[4] ANDLER Daniel (sous la direction de), *Une nouvelle science de l'esprit. Intelligence artificielle, sciences cognitives, nature du cerveau.* Numéro spécial de la revue Le Débat, n' 47, Gallimard, Paris, 1987.

[5] ANDRÉ-LEICKNAM Béatrice, ZIEGLER Christiane (sous la direction de), *Naissance de l'écriture. Cunéiformes et hiéroglyphes* (catalogue de l'exposition au Grand Palais), Éditions de la Réunion des musées nationaux, Paris, 1982.

[6] BADDELY Alan, *Your Memory : a User's Guide*, McGraw-

Hill, Toronto, 1982.
[7] BATESON Gregory, *La Nature et la Pensée*, Le Seuil, Paris, 1984.
[8] BATESON Gregory, *Vers une écologie de l'esprit* (2 vol.), Le Seuil, Paris, 1977-1980.
[9] BLOOR David, *Socio/logie de la logique ou les Limites de l'épistémologie*, Éditions Pandore, Paris, 1982 (영국 초판 : *Knowledge and Social Imagery*, Routledge and Kegan Paul, Londres, 1976).
[10] BONNET A., HATON J.-P., TRUONG NGOC J.-M., *Systèmes experts, vers la maîtrise technique*, Inter-Éditions, Paris, 1986
[11] BOORSTIN Daniel, *Les Découvreurs*, Seghers, Paris, 1986 (미국 초판 : *The Discoverers*, Randorn House, New York, 1983).
[12] BOTTERO Jean, *Mésopotamie. L'écriture, la raison et les dieux*, Gallimard, Paris, 1987.
[13] BRANDT Stewart, *Inventing the Future at MIT*, Viking Penguin Inc., New York, 1987.
[14] BRETON Philippe, *Histoire de l'informatique*, La Découverte, Paris, 1987.
[15] CALLON Michel (sous la direction de), *La Science et ses réseaux. Genèse et circulation défaits scientifiques*, La Découverte/Conseil de l'Europe/Unesco, Paris-Strasbourg, 1989.
[16] CASTORIADIS Cornélius, *L'Institution imaginaire de la société*, Le Seuil, Paris, 1975.

[17] *Chaos Computer Club* (sous la direction de Jürgen WIECKMANN), *Danger pirates informatiques*, Plon, Paris, 1989 (원판 : *Das Chaos Computer* Club, Rowohlt Verlag GmbH, Reinbek bei Hamburg, 1988).

[18] CHESNEAUX Jean, *La Modernité monde*, La Découverte, Paris, 1989.

[19] CHOMSKY Noam, *Règles et représentations*, Flammarion, Paris, 1985 (원판 : *Rules and Representations*, Colurnbia University Press, New York, 1980).

[20] CICOUREL Aaron, *La Sociologie cognitive*, PUF, Paris, 1979.

[21] Commission mondiale sur l'environnement et le développement, *Notre avenir à tous* (Rapport Brundtland), Editions du Fleuve Les publications du Québec, Montréal, 1988.

[22] CORTEN André, TAHON Marie-Blanche (sous la direction de), *La Radicalité du quotidien. Communauté et informatique*, VLB, Montréal, 1987.

[23] COULON Alain, *LEthnométhodologie*, PUF, Paris, 1987.

[24] DEBORD Guy, *Commentaires sur la société du spectacle*, Gallimard, Paris, rééd. 1992.

[25] DEBORD Guy, *La Société du spectacle*, Gallimard, Paris, 1992.

[26] DELEUZE Gilles, GUATTARI Félix, *Mille Plateaux. Capitalisme et schizophrénie*, Minuit, Paris, 1980.

[27] DELEUZE Gilles, *Le Pli. Leibniz et le baroque*, Minuit, Paris, 1988.

[28] DENIS Michel, *Image et cognition*, PUF, Paris, 1989.

[29] *Dix ans de tableur*, dossier *in Sciences et vie micro*, n° 68, janvier 1990.

[30] DOUGLAS Mary, *Ainsi pensent les institutions*, Usher, Paris, 1989 (원판 : *How Institutions Think*, Syracuse University Press, Syracuse, New York, 1986).

[31] DURAND Jean-Pierre, LÉVY Pierre et WEISSBERG Jean-Louis, *Guide de l'informatisation. Informatique et société*, Belin, Paris, 1987.

[32] EISENSTEIN Elisabeth, *The Printing Revolution in Early Modern Europe*, Cambridge University Press, Cambridge / Londres / New York, 1983 (프랑스어 번역 출판 예정, La Découverte, Paris, 1991).

[33] ELLUL Jacques, *La Technique ou l'Enjeu du siècle*, Armand Colin, Paris, 1954.

[34] ELLUL Jacques, *Le Bluff technologique*, Hachette, Paris, 1988.

[35] ELLUL Jacques, *Le Système technicien*, Calmann-Lévy, Paris, 1977.

[36] FEYERABEND Paul, *Adieu la raison*, Le Seuil, Paris, 1989 (원판 : *Farewell to Reason*, Verso, Londres, 1987).

[37] FODOR Jerry, *La Modularité de l'esprit. Essai sur la psychologie des facultés*, Minuit, Paris, 1986 (원판 : The modularity of Mind. An Essay on Faculty Psychology, MIT Press, Cambridge, Massachusetts, 1983).

[38] GANASCIA Jean Gabriel, *L'Ame machine. Les enjeux de l'intelligence artificielle*, Le Seuil, Paris, 1990.

[39] GARDNER Howard, *Frames of Mind : The Idea of*

Multiple Intelligence, Basic Books, New York, 1983.

[40] GARDNER Howard, *The Mind's New Science. A History of the Cognitive R évolution*, Basic Books, New York, 1985.

[41] GARFINKEL Harold, *Studies in Eihnomethodology*, Prentice Hall, Engelwood Cliffs, New Jersey, 1967.

[421 GOLDSTINE Hermann, *The Computer from Pascal to von Neumann*, Princeton University Press, Princeton, New Jersey, 1972.

[43] GOODY Jack, *La Logique de l'écriture : aux origines des sociétés humaines*, Armand Colin, Paris, 1986.

[44] GOODY Jack, *La Raison graphique : la domestication de la pensée sauvage*, Minuit, Paris, 1979.

[45] GRAS Alain, POIROT-DELPECH Sophie (sous la direction de), *L'Imaginaire des techniques de pointe*, L'Harmattan, Paris, 1989.

[46] *Groupware*, dossier de la revue *Byte*, décembre 1988.

[47] GUATTARI Félix, *Cartographies schizoanalytiques*, Galilée, Paris, 1989.

[48] GUATTARI Félix, *Les Trois Écologies*, Galilée, Paris, 1989.

[49] GUINDON Raimonde (sous la direction de), *Cognitive Science and its Application for Human-Computer Interaction*, Laurence Erlbaum, Hillsdale, New Jersey, 1988.

[50] HAVELOCK Eric A., *Aux origines de la civilisation écrite en Occident*, Maspero, Paris, 1981.

[51] HAVELOCK Eric A, *The Muse Learns to Write :*

Reflections on Orality and Litteracy from Antiquity to the Present, Yale University Press, New Haven, Connecticut / Londres, 1986.
[52] HEIDEGGER Martin, *Essais et conférences* (trad André Préaux), Gallimard, Paris, 1958.
[53] HENRI Michel, *La Barbarie*, Grasset, Paris, 1987.
[54] HOTTOIS Gilbert, *Le Signe et la Technique*, Aubier, Paris, 1984.
[55] *Hypertext*, dossier de la revue *Byte*, octobre 1988.
[56] ILLICH Ivan, SANDERs Barry, *ABC, l'alphabétisation de l'esprit populaire*, La Découverte, Paris, 1990 (구전, 문자, 문화 사이의 관계에 관한 상당한 참고 문헌 보유).
[57] JANICAUD Dominique, *La Puissance du rationnel*, Gallimard, Paris, 1985.
[58] JOHNSON-LAIRD Philip *N., Mental Models*, Harvard University Press, Cambridge, Massachusetts, 1983.
[59] *La Recherche en intelligence artificielle*, VANDEGINSTE Pierre (articles réunis par), Le Seuil, Paris, 1987.
[60] *La Techno-Démocratie, mode d'emploi*, dossier de la revue *Esprit*, numéro d'août-septembre 1983.
[61] LAFONT Robert (sous la direction de), *Anthropologie de l'écriture*, CCI du Centre Georges-Pompidou, Paris, 1984.
[62] LAMBERT Steve et ROPIEQUET Suzanne (sous la direction de), *CD ROM, the New Papyrus*, Microsoft Press, Redmond, WA., 1986. (Contient la reproduction du texte de Vannevar BUSH As we may think origine-

llement paru dans *The Atlantic Monthly* en 1945.)

[63] LANDRETH Bill, *Oui of the Inner Circle* (2e édition), Tempus Books, Microsoft Press, Redmond, Washington, 1989.

[64] LATOUR Bruno (sous la direction de), *Les Vues de l'esprit*, n° 14 de la revue Culture technique, juin 1985.

[65] LATOUR Bruno, *Les Microbes. Guerre et paix, suivi de Irréductions*, Anne-Marie Métailié, Paris, 1984.

[66] LATOUR Bruno, WOOLGAR Steve, *La Vie de laboratoire.* La production des faits scientifiques, La Découverte, Paris, 1988 (원판 : *Laboratory Life. The Construction of Scientific Facts*, Sage Publications, Londres, 1979).

[67] LATOUR Bruno, *La Science en action*, La Découverte, Paris, 1989 (원판 : *Science in Action*, Open University Press, Londres, 1987).

[68] LE MOIGNE Jean-Louis (sous la direction de), *Intelligence des mécanismes, m écanismes de l'intelligence*, Fayard / Fondation Diderot, Paris, 1986.

[69] LEROI-GOURHAN André, *Le Geste et la parole*, vol. 1 et 2, Albin Michel, Paris, 1964.

[70] LÉVY Pierre, L'invention de l'ordinateur, *in Éements d'histoire des sciences*, sous la direction de Michel SERRES, Bordas, 1989.

[71] LÉVY Pierre, *La Machine univers. Création, cognition et culture informatique*, La Découverte, Paris, 1987, et Le Seuil, coll. Points Sciences, Paris, 1992.

[72] LIGONNIÈRE Robert, *Préhistoire et histoire des*

ordinateurs, Robert Laffont, Paris, 1987.

[73] MARCHAND Marie, *La Grande Aventure du minitel*, Larousse, Paris, 1988.

[74] MATURANA Humberto, VARELA Francisco, *The Tree of Knowledge*, New Science Library, 1987.

[75] MCCLELLAND James L., RUMELHART David E. (sous la direction de), *Parallel Distributed Processing. Explorations in the Microstructures of Cognition* (en deux volumes), MIT Press, Cambridge, Massachusetts / Londres, 1986.

[76] McLUHAN Marshall, *La Galaxie Gutenberg. Face à lère électronique*, Éditions H.M.H. Ltée, Montréal, 1967.

[77] McNEILL William, *The Pursuit of Power Technology : Armed Forces and Society since A. D. 1000*, University of Chicago Press, Chicago, 1982.

[78] MIÈGE Bernard, *La Société conquise par la communi-cation*, Presses universitaires de Grenoble, 1989.

[79] MINSKY Marvin, *La Société de l'esprit*, InterÉditions, 1988 (원판 : *The Society of Mind*, Simon and Schuster, New York, 1986).

[80] MORIN Edgar, *La Méthode*. Tome 3 : *La Connaissance de la connaissance*. Livre premier : *Anthropologie de la connaissance*. Le Seuil, Paris, 1986.

[81] MUMFORD Lewis, *Technique et civilisation*, Le Seuil, Paris, 1950.

[82] ONG Walter, *Orality and Litteracy : the Technologising of the Word*, Methuen, Londres / New York, 1982.

[83] ONG Walter, *Method and the Decay of the Dialogue*, Harvard University Press, Cambridge, Massachusetts, 1958.

[84] PAPERT Seymour, *Jaillissement de l'esprit. Ordinateurs et apprentissage*, Flammarion, 1981 (미국판 : Basic Books 1980).

[85] PARRY Adam (ed.), *The Making of the Homeric Verse : The Collected Papers of Milman Parry*, Oxford, The Clarendon Press, 1971.

[86] PRIGOGINE Illya, STENGERS Isabelle, *La Nouvelle Alliance* (2e édition), Gallimard, Paris, 1986.

[87] PRIGOGINE Illya, STENGERS Isabelle, *Entre le temps et l'éteinité*, Fayard, Paris, 1988.

[88] QUÉRÉ Louis, *Des miroirs équivoques*, Aubier-Montaigne, Paris, 1982.

[89] RASTIER François, *Sémantique interprétative*, PUF, Paris, 1987.

[90] SCHANK Roger, *The Cognitive Computer*, Addison-Wesley Reading, Massachusetts, 1984.

[91] SCHLANGER Judith, *Les Métaphores de l'organisme*, Vrin, Paris, 1971.

[92] SCHLANGER Judith, STENGERS Isabelle, *Les Concepts scientifiques. Invention et pouvoir*, La Découverte, Paris, 1988.

[93] SERRES Michel, *Le Parasite*, Grasset, Paris, 1980.

[94] SERRES Michel, *Statues*, François Bourin, Paris, 1987.

[95] SERRES Michel (sous la direction de), *Éléments d'histoire*

des sciences, Bordas, Paris, 1989.
[96] SERRES Michel, Gnomon, *in Éléments d'histoire des sciences* (sous la direction de Michel Serres), Bordas, Paris, 1989.
[97] SERRES Michel, *Hermes IV. La distribution*, Minuit, Paris, 1977.
[98] SIBONY Daniel, *Entre dire et faire, penser la technique*, Grasset, Paris, 1989.
[99] SIMONDON Gilbert, *Du mode d'existence des objets techniques*, Aubier, Paris, 1958.
[100] SIMONDON Gilbert, *Lindividuation psychique et collective*, Aubier, Paris, 1989.
[101] SPERBER Dan, Anthropology and Psychology : towards an Epidemiology of Representations, *Man* (N.S.), 20, 73-89.
[102] SPERBER Dan, WILSON Deirdre, *La Pertinence. Communication et cognition*, Minuit, Paris, 1989.
[103] STENGERS Isabelle (sous la direction de), *D'une science à l'autre, des concepts nomades*, Paris, Seuil, 1987.
[104] STILLINGS Neil *et al., Cognitive Science*. An Introduction, MIT Press, Cambridge, Massachusetts, 1987.
[105] SVENBRO Jesper, *Phrasikleia. Anthropologie de la lecture en Grèce ancienne*, La Découverte, Paris, 1988.
[106] TURKLE Sherry, *Les Enfants de l'ordinateur*, Denoël, 1986 (원판 : *The Second Self*, Simon and Schuster, New York, 1984).
[107] VARELA Francisco J., *Autonomie et connaissance.*

Essai sur le vivant, Le Seuil, Paris, 1989.

[108] VATTIMO Gianni, *Les Aventures de la différence*, Minuit, - Paris, 1985.

[109] VIRILIO Paul, *L'Espace critique*, Galilée, Paris, 1987.

[110] WATZLAVICK Paul, HELMICK BEAVIN Janet, JACKSON Don D., *Une logique de la communication*, Le Seuil, 1972.

[111] WEISSBERG Jean-Louis (sous la direction de), *Les Chemins du virtuel. Simulation informatique et création industrielle*, numéro spécial des Cahiers du CCI, Paris, avril 1989.

[112] WINKIN Yves (textes recueillis et présentés par), *La Nouvelle Communication*, Le Seuil, Paris, 1981.

[113] WINOGRAD Terry et FLORES Fernando, *L'Intelligence artificielle en question*, PUF, 1988 (원판 : *Understanding Computers and Cognition*, Ablex, Norwood, New Jersey, 1986).

[114] YATES Frances, *L'Art de la mémoire*, Gallimard, Paris, 1975 (원판 : *The Art of Memory*, Routledge and Kegan Paul, Londres, 1966).

[115] YOUNG Jeffrey S., *Steve Jobs, un destin fulgurant*, Éditions Micro Application, 58, rue du Fbg-Poissonnière, 75010 Paris, 1989 (원판 : *Steve Jobs. The Journey is the Reward*, Scott Foresman and Compagny, New York, 1987).

또한 다음의 훌륭한 잡지를 소개하고자 한다.

Terminal, informatique, culture, société, 18, rue de Châtillon, 75014 Paris (50호 이상 발간).

■ 한국어 번역판 저자 후기

초-진화적(meta-evolutive) 단계로서의 사이버 공간

피에르 레비
(퀘벡 트르와 리비에르대학 사회적 커뮤니케이션학과)

1. 서 문

생물권(biosphere)은, 오늘날 그리고 미래에는 더욱더, 기술-생물권이 될 것이다. 지구 표면의 많은 부분이 농업, 목축, 도시화에 의해 변모되었다. 해양과 지구의 생태계는 계속 증대되는 인간 개입의 부담을 안고 있다. 인간 활동은 이미 지각할 수 있을 만큼 대기의 구성과 온도에 영향을 미쳤고, 우리가 상상할 수 있는 모든 생명의 형태에 반향을 끼친다. 바이오테크놀로지를 통해서 우리는 빠른 시간 안에 새로운 종류의 식물, 동물뿐만 아니라 새로운 생태계를 창조하였고, 이러한 창조는 더욱더 우리의 통제를 벗어난다.

만약 우리가 인간 사회를 생명 그 자체의 일부라고 생각한다면, 이러한 새로운 상황은 사회의 가장 가상적이고 강력한 소산인 언어(그리고 그것의 확산에 동반된 기술들)의 영향 아래에 있는 생물권의 전체적인 진화를 가속화하는 것을 의미한다.

인류는 사이버 공간을 통해 그 통합을 구축하는 초월적 유기체(superorganisme)가 된다. 그리고 초월적 유기체는 생물권의 변화와 유지에 주된 동작주가 되고 있기 때문에, 사이버 공간은 생물권의 신경 시스템처럼 확장적으로 자란다. 만약 우리가 (유기적, 감각적, 언어적) 진화를 자동적인 움직임으로서 관찰할 수 있다면, 만약 우리가 문화적 진화와 생물적 진화의 깊은 통합성과 그 상호의존성을 이해한다면, 그 결과로 우리는 그 사이버 공간이 이러한 통합된 진화의 정점을 이룬다는 사실을 발견할 수 있게 된다.

이 글에서 내가 제시하는 생각은 아주 단순한 것이다. 그것은 다음의 세 가지 명제로 공식화할 수 있다.

첫째 명제 : 문화적 진화가 존재한다.

둘째 명제 : 문화적 진화는 생물적 진화의 연속이다.

셋째 명제 : 사이버 공간의 전개는 문화적/생물적 진화의 마지막 단계며, 미래 진화의 기반을 이룬다.

이러한 이론적 틀 안에서 집단적 지능의 역할은 무엇인가? 내가 말하고자 하는 것은 진화의 연속선에서 각각의 단계, 각각의 층위는 집단적 지능을 개량해주고, 그것에 새로운 영역을 부여해준다는 것이다.

나는 이러한 생각이 대단히 논쟁적이라는 것을 알고 있으며, 독자가 이것에 즉각적으로 동의하리라고 기대하지 않는다. 나는 단지 나의 관점을 숙고해볼 기회를 제공하고, 각자의 고유한 관점을 구축하는 일에 도움이 되길 바라는 것이다.

위의 세 명제의 정확한 이해를 위해, 나는 우선 몇 가지 정의를 제시하려 하는데, 특히 생명의 성격에 관련된 것들이다. 나의 정의에서 생명은 과정(process), 즉 진화적 과정이다. 더 정확하게 말하면, 생명은 형태들의 창조, 재생산, 선별의 과정이다. 창조적 재생산이 이루어질 때, 생명이 존재한다. 여기서 '형태(form)'란 단어를 강조해야 한다. 물론 생명은 *유기적* 형태의 재생산이다. 그러나 자신을 재생산할 수 있는 *다른 종류의 형태*가 존재한다. 즉 지각, 감정의 형태, 경험의 형태, 행동의 형태, 그리고 언어적, 테크놀로지적, 사회적 형태까지도 존재한다. 철학자로서 나는 내가 방금 독자들에게 제시한 추상적 정의를 진지하게 취급하기 때문에, 나는 생명이 유기적 층위(organic layer)에서 멈추지 않는다는 결론을 얻어내야만 한다. 후속 층위에서 형태의 재생산이 계속되기 때문에, 생명은 지각적 경험과 문화의 더 높은(혹은 더 가상적인) 수준에서 계속 이어진다.

이 글에서 내가 제시하려는 것은 진화적 과정에 — 혹은 차라리, 앞으로 보겠지만, 초-진화적 과정에 — 방향이 있다는 것이고, 이 방향은 디지털화, 가상(假想)화 그리고 집단적 지능으로 향한 진보라는 것이다. 물론 '진보'라는 단어는 학문 세계에서는 금기시된다는 것을 알고 있다. 그럼에도 불구하고, 나는 신경 체계와 더 큰 뇌의 출현, 인간 문화의 출현, 글자, 알파벳, 인쇄기, 컴퓨터의 발명 등에서 일종의 진보를 발견한다. 진화를 계획하는 전능한 신이 있다거나, 신의 의지 안에 이미 모든 것이 기록되어 있다는 것을 뜻하는 것이 아니라, 나는 단지 복잡성을 향한 움직임이 존재한다는 것을 지적할 뿐이다. 물론, 이 방향은 단지 몇몇 진화 분야(꼭 박테리아나 벌레 분야인 것은 아닌)에만 관계된다. 또한 이 진보는 유익하고 오래된 다윈식 과정, 즉 자기 재생산, 변이, 선별의 결과다. 사실 진보는 필연적으로 새로운 강력한 재생산 기제(메커니즘)의 출현에서 비롯된다. 이것을 새로운 미디어라고 말할 수도 있을 것이다.

2. 디지털 "코드"의 위계(位階)와 형태의 아날로그적 세계의 위계

우선 초기 디지털 코드인 DNA에서 시작하여 컴퓨터 디지털 코드에서 잠정적으로 끝나는 성장의 일반적 과정을 먼저 기술하려 한다. 나는 다음의 두 특성을 가지는 것을 '디지털'이라고 부른다. 첫째, 그것은 몇몇 불연속적 상징이나 요소들의 조합에 기초하고 있다. 둘째, 코드와 그것이 기술하려는 것 사이에는 어떠한 명백한 아날로그적 관계가 존재하지 않는다. 디지털 코드는 '관습적'이다.

1) DNA와 유기적 형태

DNA는 진화 과정의 초기 층위를 제어한다. 즉 유기적 형태와 환상(環狀) 분자 과정의 층위다. DNA가 디지털 코드인 이유는 그것이 4개의 핵산 조합에 기초하기 때문이고, 이 조합은 그 조직을 명령한다고 여겨지는 단백질과 어떠한 유사성도 없기 때문이다. 당신은 DNA가 없으면 재생산할 수 없고 따라서 생명을 가질 수 없다. 잘 알다시피, DNA의 이중 나선은 살아 있는 세포를 조합하는 단백질의 구성을 제어하는 기제의 주요한 부분이다. DNA는 자기 재생산의 기제를 포함하는데, 이것은 최초의 복사기처럼 생각될 수 있고, 기억과 생명의 연속성을 유지해준다. DNA 덕분에 형태들이 재생산된다. 그러나 다행스럽게도 이 복사기는 계속적인 실수를 저지르며, 이것이 살아 있는 형태들의 폭발적인 다양화의 확률적 기반이다.

이 단계에서 집단적 지능 혹은 학습은 종, 생태계 그리고 전체 진화 과정에서 지질학적 규모로 나타난다.

2) 신경 체계와 경험 형태

초기 진화의 층위에서 창조된 아주 다양한 유기체들 중에서 몇몇은 신경 체계를 발달시켰다. 신경 체계는 두 번째 위대한 디지털 코드의 기초가 된다. 즉, 뉴런들 사이의 커뮤니케이션과 뉴런들의 집단적 지능을 가능하게 하는 전기 충격 시스템과 분자 전달자(메신저)가 그것이다. 반복해서 말하지만, 이 코드는 그것이 표상하는 것으로 추측되는 것, 즉 냄새, 소리, 시각 영상, 감정 등과 아무런 유사성이 없다. 그것들은 모두 동일한 전기적 충격과 신경 전달 물질(neurotransmitter)로 표현된다. 이 디지털 체계는 지각 있는 존재에 의해 경험된 '세계'의 주형(鑄型)이다. 그것은 한편으로는 그것의 연속적이고 아날로그적인 냄새, 소리, 색깔, 형상 등에 의해 가상적 세계와 닮았고, 다른 한편으로는 그것을 계산하는 디지털 기계와 비슷하기도 하다.

이러한 층위에서, 단순히 유기적 형태나 분자 과정 패턴만이 존재하는 것이 아니라, 완전히 새로운 형태적 범위가 존재하는데, 즉 주관적 경험 안에 생존하는 지각과 행동의 형태다. 여기서 학습과 기억은 개별적 동물의 규모로 발달한다. 형태는 경험과 마음 안에서 자신을 재생산한다. 동물들 사이에 의사 소통이 생겨나고, 동물 사회가 점점 더 복잡하게 성장해간다.

3) 언어와 문화

경험의 가상적 세계가 복잡해지는 것을 통해 세 번째 위대한 디지털 코드에 이르게 된다. 즉, 인간 언어로서, 이것은 지시 대상이나 언어적 표현의 의미들과 아무런 직접적 유사성이 없는 음소들의 조합에 기초한다.

이 단계에서 새로운 종류의 형태들이 나타난다. 이것은 이전의 동물 세계에서는 존재하지 않았던 복잡한 의미 형태와 기호 유형이다. 설화, 신화, 의식, 설명, 변명, 질문 등뿐만 아니라, 음악, 춤, 가면, 우상, 의류, 요리, 천문 등도 해당된다. 이러한 모든 형태들은 문화적 진화에 의해 창조, 재생산, 선별된다. 우리는 문화적 형태를 재생산, 진화, 차별화하기 위해 적합한 환경을 구축하는 영장류의 사회다. 이 형태들은 흥미로운 진화적 제약을 겪게 된다. 즉, 그것들은 자신을 낳은 사회들을 격려하고 촉진시켜야만 한다. 그들이 생존하는 사회를 파괴하는 길로 이끄는 문화적 형태는 살아남을 수가 없다. 인간 사회들과 그들의 문화(일종의 기호 생태계)들은 그러므로 공생 관계 안에 있다.

인류의 출현이 특징짓는 것은 언어의 탄생, 그리고 결국 문화적 진화라고 하는 새로운 진화 형태의 시작이다. 기술, 종교(혹은 복잡한 사회 제도)와 함께 언어는 인간 이전의 동물의 왕국에서는 알려지지 않은 일종의 집단적 지능의 매체가 된다. 언어로 무장한 인간 집단 지능은 질문을 제기하고, 과거를 기억하며, 미래를 대비하고, 보이지 않는 것을 세밀히 조사하고, 의미를 창조하며, 다가올 세대를 위해 새로운 발명을 기록하고 저장한다. '집단적'이란 용어는 말로 의사 소통하는 현존하는 정신들 사이의 연결뿐만 아니라 이미 죽은, 살아 있는, 앞으로 올 (가상적) 정신들 사이의 의사 소통에도 적용된다. 여기서 학습은 인류적 규모로 존재하며, 이러한 학습은 문화적 진화와 융합된다.

4) 문화적 형태의 재생산 기제의 개량 : 문자, 알파벳, 인쇄기 그리고 사이버 공간

언어적, 문화적 형태의 재생산 기술의 진화는 두 번째-순서의 진화다. 내 견해로는 이러한 두 번째-순서의 진화를 이해하는 것은 일반적인 문화적 진화를 이해하는 열쇠가 된다. 문자의 발명으로, 언어적 형태는 이제 살아 있는 유기체와 독립된 기억을 갖게 되었다. 물론 그것을 활성화하는 살아 있는 인간을 필요로 하기는 하지만, 그것들은 수세기 동안 순수하게 가상적 상태로 지속될 수 있다.

문자의 발명으로부터 우리는 언어적 형태가 괄목할 만하게 증식되는 것을 알 수 있다(과학, 역사, 시, 연극, 소설 등). 그리고 도식적, 음악적, 의례적 측면에서도 동일하다. 한 장르는 문화적 생명의 종(種)(예를 들어 노래, 소설, 영화, 비디오 게임)과 비교될 수 있고, 개별적인 소설, 영화 혹은 비디오 게임은 문화적 생명의 개체와 같다. 문자로 시작된 재생산 기제의 개량과 함께, 이러한 개별적 문화적 형태는 더 쉽게 자신을 재생산할 수 있게 되었고, 그들 종(種)의 숫자, 즉 형태의 다양성이 지속적으로 늘어난다.

유기체의 진화는 형태들이 그들의 범위를 확장시키는 첫 번째 영역이다. 그 다음에 주관적 경험의 진화는 형태의 두 번째 영역으로서, 여기서의 진화는 첫째 것보다 더 빠르다. 문화는 세 번째 진화 영역을 표상하며, 앞의 두 가지보다 더 빠르고 더 다양하다. 문화적 진화가 점점 더 직접적이고 의도적으로 유기적, 감각적 진화를 가속시킨다는 사실을 우리는 인식해야만 한다. 즉,

- ▶ 인공적 선별, 농업, 유전공학에 의해 새로운 형태를 창조하는 과정에서의 유기적 진화.
- ▶ 커뮤니케이션 기구, 강화된 시청각 도구, 의약 등에 의한 감각적 진화. 이 모든 도구는 이전보다 더 신속하게 새로운 지

각적 형태를 탐구한다.

알파벳은 문자의 경이적인 개량을 표상한다. 30개 이하의 기호를 조합하는 것에 기반을 두기 때문에 더 간단하고, 동시에 더 보편적이다. 각각의 알파벳은 초기 시나이 문자(protosinaïtique. BC 1200년)에서 파생된 것으로, 어느 면으로 보면 하나의 유일한 알파벳만이 존재하는 것이다. 알파벳은 최초의 보편적인 의사 소통 체계며, 기호의 재생산 과정에서 이후 이어진 위대한 개량들이 그것에 기초하고 있다는 점이 놀라운 것이다.

인쇄기는 알파벳과 이미지의 기술적 자기-재생산으로 생각될 수 있다(최초 인쇄 서적의 조판을 생각해보자).

끝으로 전신, 사진, 음악 녹음, 전화, 영화, 라디오, 텔레비전, 격리된 컴퓨터 등은 사이버 공간 창조의 태생적 과정의 분산적 기원으로 생각될 수 있다. 우리가 사이버 공간에 이르면 모든 기호적 형태들은 어디에나 존재해 있는 것이 된다. 그것들이 어딘가에 있다면 모든 곳에 있는 것이 된다. 여기에 덧붙여, 문자는 독립적 기억, 재생산의 독립적 체계, 가상적 편재(遍在)일 뿐만 아니라, 독립적 행동 능력을 보유하기도 한다. 소프트웨어란 무엇인가? 그것은 문자의 일종으로서, 스스로 행동하고, 다른 소프트웨어와 상호 작용하고, 다른 기호 조합을 창조하고, 기계를 작동하고, 로봇을 활성화하고, 인쇄된 단어보다 훨씬 더 독립적인 방법으로 자신을 재생산할 수 있다. 우리는 문화적 진화를 문화적 기호들의 재생산적이고, 현존하며, 진화적인 특질을 점진적으로 개량시키는 것으로 생각할 수 있다. 이 개량의 움직임 속에서, 이러한 형태적 생명의 환경을 구성하는 인간 사회가 휩쓸려간다.

3. 인류학적 변화와 언어의 역사

1) 서 론

문자, 알파벳, 인쇄기, 사이버 공간, 각각의 단계, 각각의 층위는 이전 것을 통합하고, 문화적 세계의 새로운 다양화, 팽창으로 나아간다. 커뮤니케이션과 상호 접속이 늘어날수록, 문화적 생명이 더 다양한 장르를 수반하면서 더 활발하고 풍요롭게 된다.

2) 문 자

문자의 발명은 문화적 지속성과 언어의 개량을 표상하며, 따라서 인간의 집단적 지능의 개량을 의미한다. 앞서 언급한 대로, 문자에 의해 몇몇 언어적 형태는 어떠한 화자가 존재하지 않아도 수세기 동안 존속될 수 있다. 언어는 이제 어떠한 살아있는 개인들에 독립적으로 자신의 기억을 보유한다. 그러나 그것은 해석의 전통에 종속된다. 그것의 발명에서부터 현재에 이르기까지, 문자는 수많은 지속된 집단적 지능 계보(종교, 예술 전통, 대학들 등)의 주된 지주가 된다. 문자는 신석기 혁명의 최고의 업적으로서, *농업, 사육, 도시, 국가,* 고등 *종교* 등을 포괄한다. 또한 지식이 신화나 의식(儀式)을 넘어서 확산된다. 그것은 의학, 점성술, 수학 등에서 지식을 체계적으로 구성, 분류하는 시작인 것이다. 문자는 새로운 종류의 공간을 수반한다. 즉, 국가에 의해 보호되는 경계를 가지는 유목의 열려진 공간을 뛰어넘어 영역이 확장된다. 그리고 새로운 종류의 시간도 수반하는데, 그것은 바로 역사로서, 정보 축적이 끊임없이 계속될 수 있기 때문이다.

문자(그리고 그것에 동반된 전체 문명)를 받아들인 민족은 문화를 지배해왔다. 위대한 문화는 위대한 문자 체계를 보유하였다. 설형 문자, 상형 문자, 중국 문자, 아즈텍 표의 문자 등.

3) 알파벳

알파벳은 문자의 발전이 좀더 진전된 것으로서, 따라서 언어의 더 발전된 형태를 의미한다. 알파벳은 문자 기호를 간단한 음성 조합 체계로 축소한 것으로서 필경사들의 독점으로부터 벗어나게 한다. 알파벳은 *민주주의*를 가능하게 했다(각각의 시민은 법률을 읽을 수 있다). 돈의 발명은 페니키아와 그리스 알파벳의 탄생과 동일 시기에 이루어졌다. 철학, 논증적 수학 그리고 *명시적, 보편적 단언으로 이루어진 지식*도 역시 알파벳과 연계된다. 마지막으로 못지 않게 중요한 것은, 세 가지 *일신교(一神敎)*와 *불교*는 알파벳 경전에 기초한다. 이제 역사만 있는 것이 아니라, 역사의 의식(意識)과 그 방향에 대한 질문들도 존재하게 된다. 다시 말해 위대하고 강력한 문화는 알파벳으로 씌어진 위대한 문헌과 결합되어 있다. 즉, 히브리어, 그리스어, 라틴어, 아랍어, 산스크리트어 등이 그것이다.

4) 인쇄기

독자적 기억(문자)과 그것의 용이한 쓰기, 읽기(알파벳) 이후에, 인쇄기는 언어의 역사에서 다음 단계를 표상한다. 즉, 기계적으로 재생산해내는 능력이다. 인쇄기는 16세기 이후 자체 조직되고 성장해온 *과학 집단*의 의사 소통 기반이 된다. 최근의 연구에 의하면, 정확한 자료를 담은 인쇄된 잡지와 서적은 과학자들의 대규모 국제망 안에서의 효율적인 의사 소통을 보장해주었다. 이것은 현대 실험 과학의 탄생에 필요 조건 중에 하나다(지적해야 할 것은 과학 집단이 제일 처음으로 집단적 지능에 명시적으로 기초한 원리로 자신을 조직하였다는 것이다). 결과적으로 테크놀로지적 발전이 증대되었고, 긍정적인 피드백의 고리에 의해 *커뮤니케이션, 탐험, 교역, 과학, 테크놀로지, 산업혁명, 자본주의* 등이 다 함께 도래했다. 종교 개혁 그리고 자유주의, 민주주의 혹은 사회주의 등과 같은 지상적 구원의 이데올로기들은 인쇄기 의사 소통 체계에 의해서 지지되었다. 이것은 또한 *정치 개혁*과도 연계된다. 대중 여론의 성장은 신문에 의해 지지되고 이것은 현대 민주 사회의 출현으로 이어지며, 나중에는 사회주의적이고 파시스트적인 사회 운동으로 연결된다. 인쇄기는 과학적, 산업적, 정치적 혁명의 시기와 일치한다.

인쇄기 혁명의 주된 결과 중의 하나는 *지평의 확장*으로서, 이것은 운송의 개량이 의사 소통 테크놀로지의 발전과 (오늘날까지) 거의 항상 나란히 해온 이래로, 지적인 관점에서 뿐만 아니라 아주 실제적인 측면에서 이루어졌다. 전세계에 대한 유럽의 지배 — 말하자면 인쇄기 문명 — 는 최초의 인류의 상호 접속과 일치한다. 따라서 종(種)의 세계적 집단적 지능의 가능성을 그려볼 수 있다. 그러나 그것은 언어 역사의 다음 단계에서나 이루어질 수 있을 것이다.

5) 사이버 공간

사이버 공간은 모든 이전의 미디어, 즉 문자, 알파벳, 인쇄기,

전화, 영화, 라디오, 텔레비전 그리고 더 나아가 모든 커뮤니케이션의 개량, 기호를 창조하고 재생산하도록 고안된 모든 기제들 등의 모든 미디어를 통합한다. 사이버 공간은 매체(medium)가 아니라 초-매체(metamedium)다.

사이버 공간의 주된 특성 그리고 특히 더 나은 집단적 지능으로 이끌어주는 것들을 나열해보자.

사이버 공간은 수많은 지적 테크놀로지를 유지하는데, 그것들은 (데이터베이스, 하이퍼-문서, 웹 등을 통해) 기억을 강화하고, (상호 작용적, 시각적 시뮬레이션을 통해) 상상력을 강화하며, (자료로부터 연산되고 원격-시각, 원격-청각으로 일반화된 이미지를 통해) 지각을 강화하며, (단어, 이미지, 음악, 가상적 공간 프로세서 등의) 창조를 강화한다. 이러한 지적 테크놀로지들은 개인적인 것뿐만 아니라 공동적인 인지 체계(회사, 기구, 모든 종류의 가상 집단 그리고 가장 거대한 가상 집단인 일반적 인류)들을 증가시킨다.

사이버 공간 — 컴퓨터의 세계적 상호 접속에 의해 열려진 의사 소통 공간 — 은 새로운 *대규모 다수 대 다수 의사 소통 배열*을 가져온다. 인쇄기, 그 뒤에 라디오, 텔레비전은 일 대 다수 방식으로 정보 교환을 조직하고, 대규모 청중과 집단 의식을 창조하였지만, 그것들은 진정한 상호 작용적 의사 소통을 방해하였다. 우편 체계와 전화는 일 대 일 의사 소통 체계를 구축하였고, 대화와 상호 작용을 가능하게 했지만, 이것들은 집단이 자기 표현하는 것을 방해하고 그들이 창조한 의사 소통 공간 안에서 증식된다. 사이버 공간은 일 대 일, 일 대 다수뿐만 아니라 다수 대 다수 의사 소통을 가능하게 하고, 세 방식을 실시간으로 연결하며 이것은 집단적 지능에 매우 유용하다. 이러한 새로운 가능성들은 이미 과학적, 상업적, 정치적, 예술적 등의 목적으로 이미 대규모로 사용되고 있다.

네 번째로, 월드 와이드 웹은 누구나 — 가상적으로 — 쓰고 읽을 수 있는 유일하고 세계적이며 다국어로 된 하이퍼-문서로 생각될 수 있다. 어떠한 텍스트도 하나의 현실적 언어 영역의 일부로 — 가상적으로 — 고려될 수 있는 것은 이것이 처음이다. 이 영역의 중심은 어느 곳에도 없고, 그것의 경계는 어느 곳에도 존재하며, 그 원소들은 모든 다른 것들과 관련된다. 이러한 거대하고 유일한 하이퍼-문서는 세계적, 인간적, 문화적 맥락을 역동적으로 구체화(reification)한 것의 일종이다.

사이버 공간의 주된 의미는 실시간 안에 모든 것을 보편적으로 상호 접속하는 것이고, 문화적 언어적 형태가 살아 있는 가상적 공간을 실현하는 것이다. 어디부터 사이버 공간이 자라나기 시작했는가? 10년 전에 웹(WWW)이 발명되었던 시기? 최초의 인터넷 접속이 이루어진 시기? 최초의 컴퓨터와 함께? 전신기를 통해 실시간으로 최초의 의사 소통이 이루어진 것과 함께? 르네상스의 과학자, 철학자, 예술가들의 유럽 공화국과 함께? 인쇄기와 함께? 알파벳과 함께? 지각과 의사 소통의 가상적 세계와 함께? DNA와 함께? 나의 견해로는 최초의 세포에서부터 사이버 공간의 집단적 지능에 이르기까지 하나의 유일한 진화 과정, 하나의 유일한 생명의 에너지가 존재한다. 그리고 그것을 미래의 정신권(noosphere)에까지 이어진다.

이제 경제는 정보, 아이디어, 창조성 그리고 집단적 지능에 기반을 둔다. 정치에서는, 지속적으로 사이버 공간을 발명하고 가장 잘 이용하는 민족이 아마도 지배하게 될 범지구적 민주 정부로 서서히 움직여간다. 우리의 지식은 정교한 지도, 데이터 뱅크, 시뮬레이션, 직접 영상 등에 점점 더 기초하게 될 것이다. 복잡한 데이터와 과정(processe)은 상호 작용적 시각 모델로 변형될 것이다. 망원경은 멀리 떨어진 별과 시간이 시작되는 사건들을 우리에게 보여준다. 현미경은 분자의 모양과 그것들의 작용 방식을 우리에게 보여준다. 우리는 매일 매일 더 많은 의학적 이미지들을 얻게 된다. 지구에 대한 위성 관찰 및 웹 캠(cam)은 어디에서든 실제적 텔레-비전을 창조해낸다.

4. 전반적 진화의 선도

잘 알다시피 테크놀로지, 과학, 경제가 발달하면서 생물학적 종과 생태계를, 가장 좋은 것 혹은 가장 나쁜 것을 위해 파괴하거나 창조할 수 있는 힘이 우리에게 존재한다. 인간 문화는 이제 생물권 진화의 주된 인자(因子)가 되었을 뿐만 아니라 자신의 고유한 진화의 주된 인자가 되기도 한다. 물론 이제까지 진화는 목표가 있는 것이 아니었다. 그 수많은 다양한 방향은 재생산, 변이, 선별의 다윈(Darwin)적 기제의 결과일 뿐이었다. 그러나 우리가 인식해야만 하는 것은 이제부터 진화는 점점 더 우리 소관이 된다는 것이다.

우리는 발달의 정확한 종착점을 알 수 없지만, 우리가 알고 있는 것은 인류가 자신의 집단적 손과 집단적 뇌 안에 생물권의 운명과 자신의 숙명을 쥐고 있다는 것이다. 우리는 진화할수록 우리가 자유롭다는 것을 더 많이 알게 된다. 생물권 진화의 첨단에 서 있는 우리는 점진적으로 우리의 정신을 모아서 더 위대한 정신을 창조한다. 그것은 유기적, 문화적 성격의 전반적 생명을 관찰할 수 있는 정신이고, 유기적, 실험적, 문화적, 후기 문화적 성격의 전반적 진화를 선도할 수 있는 정신이다.

1) 유기적, 지각적 진화를 변화시킨 기술-정신권(techno-noosphere)

문화적인 기술-정신권은 이제 두 개의 이전 진화 영역에 직접적으로 영향을 미친다. 유전 공학은 식물, 동물 그리고 아마도 곧 인류의 DNA을 직접 변화시킨다. 유기적 생명의 분자 과정에 대한 지식과 통제는 이제 나노 로봇, 생체 컴퓨터, 변형된 하이퍼 바디(hyperbody)를 창조해내는 데에 이르렀다. 인지 과학의 발전과 의약 연구는 우리의 정신적 능력과 우리의 지각력을 변화시키는 데 기여할 것이다. 틀림없이 우리는 좀더 직접적으로, 아마도 신경 접속(neuroconnexion)에 의해 정신권에 접속하는 길을 찾아낼 것이다. 증가된 지각의 진보, 즉 다중 사용자 가상 현실과 커뮤니케이션도 지각 형태의 더 많은 진화에 이바지할 것이다. 마지막으로, 아마 이제 시작 단계일 뿐인, 소프트웨어 진화는 오늘날 우리가 알고 있는 것보다 훨씬 더 자율적인 새로운 형태를 창조할 것이다. 우리는, 이전 어느 때보다 더 광범위하게 다양한 형태들을 만들어주는 인공-자연적 생명과 인공-자연적 지능의 복합체를 창조하는 중이다. 관념(idea)의 세계는 점진적으로 진화에 의해 개척된 궁극적 공간처럼 보일 것이다. 그러나 물론 이 진화는 자신의 고유한 유기적, 실험적 기반을 유지할 것이다

2) 두뇌생물권을 향하여

모든 생명 형태는 독립적 단위를 구성한다. 따라서 언어와 기술이 가이아(Gaïa)[1]의 유기적, 무기적(無機的) 생명에 더 많은 영향을 미칠수록, 전체적으로 가이아는 점점 더 기술-언어

---

1) 그리스 신화에 나오는 땅의 신.

세계에 영향을 미칠 것이다. 물론 이러한 피드백의 기관(器官)은 사이버 공간이 될 것이다. 이것은 인간의 집단적 지능의 활동에 정보를 주기 위해 생물권에서 비롯되는 데이터를 수집하고 종합할 수 있는 공간이다. 유기적 생명과 기술은 아주 미세하게 뒤섞일 것인데, 그 이유는 그들이 아무런 구별되는 본질을 갖고 있지 않기 때문이다.

우리 행성의 살아 있는 존재들은 우리가 숨쉬는 대기(大氣)와 우리가 살고 있는 생물권을 창조하는 데에 협력한다. 생물권에는 종(種)이나 국가, 분야도 구별이 되지 않는다. 우리는, 대기를 비롯한 다른 중요한 변수를 안정적으로 유지하는 것에 주의를 기울이면서, 생물권의 의식적인 조절기가 된다. 새로운 날들이 계속될수록 우리는 이러한 일반적인 협력을 어떻게 강화하고 증진할 것인지에 대한 지식을 더해가게 된다. 우리의 의사 소통과 집단적 지능 테크놀로지의 덕분이다.

피드백을 가장 효율적으로 관리하기 위해, 사이버 공간은 우리 경제 활동이 생물권에 미치는 반향을 실시간 안에 우리에게 알려줄 것이다. 투자와 소비는 가이아의 전체적 조종을 위한 도구가 될 것이다. 사이버 공간은 자신의 이름에 걸맞게 될 것인데[그 어원에 따르면 "조종 공간(piloting space)"이다], 그 이유는 그것이 의식적인 두뇌생물권을 향한 우리 여행의 운전 기구(계기판과 핸들)가 될 것이기 때문이다.

우리가 이러한 목표에 근접할수록 더 폭넓은 자유가 그 공간을 열게 되며, 우리는 실시간 안에 다차원적 집단 지능을 작동시킬 필요가 더 많아질 것이다. 움직임이 가속될수록 그것은 점점 더 교란되고 혼란스러워질 것이다. 예상치 않았던 의도가 갑자기 나타날 것이고, 일종의 가상 현실 비디오 게임 안에서 우리는 신속하고 집단적으로 반응할 것이다. 그곳에서는 사람과 소프트웨어 등 모든 참여자들이, 그들이 창조하고, 그것에 종속되는 바이오-테크놀로지 우주 안에서 균형을 유지해야 한다. 그리고 이러한 인공 두뇌적인 자기-창조적 고리를 누가 움직이는지를 결국에는 아무도 알지 못하게 될 것이다.

진화는, 의미 공간과 협조, 경쟁 형태들의 범위를 점점 더 신속하게 개방하면서 좀더 자유롭게 사고하는 두뇌생물권을 향해 성장한다. 이 두뇌생물권은 무한한 지혜와 무한한 광기를 뿜어낼 것이다. 그것은 가상적 닮은꼴을 배양해낼 것이다. 그 닮은꼴은 정신권으로서 형태와 관념(idea)의 왕국이며, 자기 자신의 진화를 위한 유도 불빛이 될 것이다. 그렇지 않으면 아마도 그 반대가 될 것이다. 정신권 — 의식의 무한한 공간 안에 있는 관념의 팽창하는 우주 — 은 그 움직임 속에서 기술-생물적 진화를 가져올 것이다.

테크놀로지와 경제 정보는 사이버 공간 안에 통합된 집단적 지능에 의해 실시간으로 관찰되는 생태생물학 안에서 합체된다. 중앙 집중적이고 관료적인 구조는 그들의 의미나 힘을 상실할 것이다. 협동적이고 개방적인 태도들이 도덕적 표준이 될 것이며, 청구, 고소, 검열은 문화적 후진성으로 파악될 것이다. 국가, 언어, 직업, 문화, 분야 등의 경계는 극복될 것이다. 동물, 식물, 미생물 그리고 무기물까지도 다 함께 맺어줄 "지구 정신" 안에서 문화들은 자신들을 조합하고 그들의 힘을 배가할 것이다. "위대한 대화"의 정신. 이러한 견해는 우리가 모든 전쟁을 멈추고, 다 함께 새로운 종류의 생명을 발명한다는 것을 내포한다.

아마도 우리는 인류를 유전적으로 변형할 것이고, 우리의 물질적 문제를 해결하기 위해 거의 전적으로 제작된 생물권에 의해 창조된 대기(大氣)를 (지구 혹은 다른 행성에서) 숨쉬는 능력도 바뀔 것이다[생물권은 자가 복제 바이오 산업, 수소 에너지(hydrogen economy), 광전지 실리콘 기반의 인공 생명 등이 된다]. 그러면 우리에게는 지적, 윤리적, 정신적 문제만이 유일하게 남겨지게 된다.

아마도 미래에 종교는 이전의 모든 정신적 전통을 통합하게 되고, 세 가지 진화 영역(유기적, 실험적, 의미적)을 포함하는 전체 생물권의 진화에 대한 우리의 책임을 강조하게 될 것이다. 미래의 종교, 집단적 지능의 과학과 예술은 생물권의 경이적인 모험과 운명을 조율해갈 것이다. 생물권은 기술권이 되고, 그 뒤에 자신을 영원히 더 자유롭게 창조, 재창조하는 정신권이 될 것이다

인류는 우주적 자가-지식의 고리를 이룩하고 있다. 그 고유한 움직임을 확대해가는 언어 진화 덕분에, 우주는 자신을 깨닫는 거대한 지능이다. 이 과정은 이제 시작 단계에 불과하다. 인류의 임무는 세계의 두뇌를 기르는 것이다. 그 본질 안에 세계를 포괄하는 점점 더 강력하고 자유로운 두뇌다. 사랑으로 만들어진 무한한 꽃처럼 만개하게 될 우주적 두뇌다.

■ 역자 후기

정보화 사회를 살고 있는 우리의 생태 환경은 어떻게 규정될 수 있을까? 문자 이전의 구전 시대, 문자와 함께 했던 역사 시대 그리고 각종 정보 기기와 함께 하는 현대에 인간이 생각하고 표상하고 의사 소통하는 방식은 어떤 차이가 있을까? 컴퓨터를 중심으로 이루어진 오늘날의 지적 테크놀로지가 인간 생태에 앞으로 어떤 변화를 초래할까? 이러한 질문은 현대를 살아가는 사람들의 보편적 의문점이 될 수 있다.

이 책의 주된 목표는, 저자의 말을 빌면 "문화의 형성과 집단의 지능에서 정보 과학적 테크놀로지의 역할을 알아보려는 것"이다. 즉, 컴퓨터를 중심으로 하는 정보 과학 및 통신 테크놀로지가 현대를 살아가는 우리의 지적 작업 및 집단적 문화 형성과 어떠한 상호 연관성을 갖는지를 논의하려는 것이다.

이 책은 크게 세 부로 나뉘는데, 제 I 부는 하이퍼텍스트에 대한 것이다. 하이퍼텍스트는 오늘날의 소프트웨어에서 광범위하게 사용되는 상호 참조 방식으로서, 저자는 이 용어를 통신 주체들의 의미 산출 방식, 더 나아가서 모든 사회-기술적 과정의 속성 그리고 의미작용이 문제되는 모든 실제 영역의 속성을 설명해주는 핵심어로 사용하고 있다. 저자는 하이퍼텍스트를 이용한 소프트웨어들을 예시하고, 개인용 컴퓨터의 역사를 개관하면서 하이퍼텍스트가 쓰기와 읽기의 한 가지 미래상을 나타낸다는 것을 설명하고 있다. 즉, 기술적 창조가 의미의 해석과 생산의 모델에 의해 좌우되며, 그 모델이 되는 것이 바로 하이퍼텍스트 방식이라는 것이다.

제Ⅱ부에서는, 오늘날의 정보 과학-기술에서 비롯된 특별한 사회적 시간 개념과 지식의 유형이 있는 것처럼, 과거의 지적 테크놀로지들도 인간 사회의 지적 유형, 시공적 범위를 설정하는 데 결정적인 역할을 했다는 전제에서 출발한다. 따라서 구전, 문자, 인쇄술 등의 지적 테크놀로지와 그것에 연관된 문화 형태의 역사를 살펴보고, 그 연속선상에서 정보 과학의 영향 아래에 있는 현대의 모습을 다시 분석하고 있다. 음영상 편집을 비롯한 모든 통신 기술을 결집하고 있는 현대의 디지털망을 설명하기 위해, 통신과 컴퓨터에 의한 정보 처리에 관한 기술 전체에 대해 기술한다. 또한 이를 바탕으로, 이러한 새로운 지적 테크놀로지를 사용함으로써 나타나는 새로운 지식 유형, 시간 개념 등에 대해 질문을 던진다. 이러한 질문의 답으로서 정보 과학의 시대에서 나타난 고유한 것으로서 “실제적 시간성” 및 “시뮬레이션에 의한 지식”을 제안한다.

마지막 제Ⅲ부에서 저자는 인지 생태를 그리고 있다. 즉, 개인적 사고, 사회적 제도, 의사 소통 기술 사이 등 일견 어울리지 않는 요소들이 결합되어서 만드는 인간-사물의 범세계적 집단을 기술한다. 이 과정에서 주체와 객체를 구분하는 칸트식 접근법이나 하이데거의 형이상학을 거부한다. 인지심리학과 정신분석의 성과를 바탕으로, 저자는 모든 보편적이고 항구적인 본질 대신에 인터페이스적, 분자적, 개별적인 해석을 제안한다.

이를 통해 저자가 주장하는 인지생태학의 주된 주제는, 개개인과 제도, 기술로 구성된 범세계적 집단은 단지 사고를 위한 배경이나 환경이 아니라 사고의 진정한 주체며, 그렇기 때문에 지적 테크놀로지의 역사는 사고의 역사를 결정하지는 않지만 조건짓는다는 것이다.

따라서 이러한 지적 테크놀로지의 성격을 잘 이해하는 것이 그것과 관련된 집단의 성격을 잘 파악하는 것이며, 기술적 민주주의를 이루는 것이라고 저자는 말한다. 이러한 논의를 통해서 주체, 이성, 문화의 미래에 관한 논쟁에 보탬이 되는 것이다.

다음은 저자 관련 인터넷 페이지에 게시된 저자의 소개를 요약한 것이다.

저자 피에르 레비는 1956년에 튀니지에서 태어났다. 그는 미셸 세르의 지도로 소르본느대학에서 과학철학 분야의 석사 학위를 마치고, 파리의 인문-사회과학 분야 고등 교육 기관인 EHESS에서 카스토리아디(Cornélieus Castoriadis) 교수의 지도 아래 사회학 분야로 박사 학위를 마쳤다.

아주 일찍부터 일반적 문화 발전에서 의사 소통 기술과 기호체계의 중요성을 이해한 그는 우선 철학, 미학, 교육, 인류학 분야에서 디지털 혁명의 여파에 대해 연구를 시작했다. 그는 2년 동안(1984~1985년) 에콜 폴리테크닉(Ecole Polytechnique)에서 프랑스 인지과학 분야에서 대표적인 학자들인 장 피에르 뒤피(Jean-Pierre Dupuy), 다니엘 앙들러(Daniel Andler), 이사벨 스탕제(Isabelle Stengers) 등과 함께 사이버네틱스와 인공 지능의 탄생에 관한 연구를 하였다. 그는 미셸 세르(Michelle Serre)를 중심으로 한 『과학 역사 개론(*Élements d'histoire des sciences*)』(1989)의 발간에 참여하는데, 그는 이 책에서 "컴퓨터의 역사" 부분을 담당하였다. 그의 첫 번째 저서인 『기계 세계(*La machine Univers*)』는 정보화의 문화적 파급 효과와 서구 역사에서의 그 뿌리를 밝히려는 책이었다.

캐나다 몬트리올의 퀘벡대학에서 그는 2년 동안(1987~1989) 초빙 교수로 있으면서 인지 과학 분야의 지식을 넓혀갔고, 하이퍼텍스트와 대화형 멀티미디어의 세계를 발견하였다. 그는 또한 인지 기술자 입장에서 전문가 시스템 개발에 참여하였다. 그의 두 번째 저서인 이 책은 바로 북아메리카에서의 경험의 산물이다. 그는 여기서 하이퍼텍스트 개념에 철학적 바탕을 세우려했고, "인지생태학" 프로그램을 수립했다.

유럽으로 돌아온 그는 컴퓨터 화면상에 아이콘 형식의 상호작용 표기 형태를 구상했다. 고정된 매체가 아니라 동적이고 상호 작용적인 매체를 보유할 경우 어떤 표기법이 필요할까? 틀림없이 알파벳처럼 소리를 표기하는 것이 아니라 정신적 모델을 표기하는 표기법이 될 것이다. 그의 책『역동적 표의표기법(*L'idéographie dynamique*)』은 바로 이러한 기호 체계에 이론적으로 근거하면서, 과학 연구 분야에서의 상호적 그래픽 시뮬레이션과 컴퓨터 게임에서의 사용법을 체계화하였다.『지식의 테크놀로지』와『역동적 표의표기법』에서의 이론적 분석은 여러 예술가의 실제 작업에 영감을 주었다.

1989~1991년 동안 파리10대학(Nanterre)에서 교육공학과 인지과학 분야의 강의를 했고,『에스프리(*Esprit*)』 잡지의 편집위원이 되었다. 그리고 그는 그의 친구들과 함께 제네바 근처에 Neurope Lab. 유럽 연구소를 설립했다. 여기서는 지식의 경제학과 지식을 망에 연결하는 것에 관한 응용 연구를 수행하였고, 유럽의 대기업과 정부의 자문 역할을 담당하였다. Neurope Lab 활동은 1991년에서 1995년까지 이어진다.

1990년부터 그는 미셸 오티에(Michel Authier)와 함께, 디지털 기구에 의해 가능해진 새로운 형태의 지식 접근 방법을 연구하고, "cosmopédie"를 만들어내는데, 그것은 사용자의 검색과 질문에 따라 자동적으로 재구성되고 증식되는 가상 세계 형태의 백과사전이다.

프랑스의 크레송 내각(Edith Cresson : 1991~1993)이 제창한 원격 교육에 관한 프로젝트에 참가하면서, 그는 cosmodédie의 구체적 적용법을 고안했다. 그것이 바로 "지식의 나무(arbres des connaissances)" 시스템이다. 이것은 개인들, 교육자들, 고용주들 사이에 의사 소통을 위한 개방 시스템으로서, 사람들의 여러 다양한 능력을 인식해내고, 교육과 학습을 조절하며, 개인의 사생활을 침해하지 않으면서도 인간 집단(학교, 기업, 취업 현장)들의 "지식 공간"을 역동적인 지도 형태로 구현하는 것이다. 이 "지식의 나무" 프로젝트는 동일한 이름의 서적에서 기술되었다(1992). 같은 해(1992)에 트리비엄(Trivium) 회사를 설립하는데, 여기서는 "지식의 나무" 소프트웨어와 방법론을 개발하고 상업화했다. 지식의 나무는 오늘날 여러 기업, 지역, 교육기관에서 실제로 자라고 있다. 또한 1992년에는 "예술의 한 분야로 생각된 프로그래밍(De la programmation considérée comme un des beaux-arts)"에서 프로그래머에 의해 구현된 인지 사회적 행위의 네 가지 경우를 분석하였다. 즉, 정보 과학은 사람들이 상상하는 것처럼 차가운 기술이 아니라는 것을 보여주었다.

1993년부터는 파리8대학의 하이퍼미디어학과 교수로 재직하면서, 현재에는 디지털망과 장치의 미학적 사용에 관심을 보인다. 그는 퐁피두센터의 예술자문위원회에 참여하며, 퐁피두센터의 『가상 잡지(*revue virtuelle*)』 편집위원으로 3년간 일했으며, 여러 예술가들과 관계하고 있다.

1994년에 발간된 『집단적 지성(*L'intelligence collective*)』은 그에게 현대 불행에 대립되는 유일한 유토피아로 비추어진 것으로서, 상호 작용적 통신 테크놀로지를 가장 잘 이용한 것이다.

1995년에 그의 책 『가상 현실이란 무엇인가?(Qu'est-ce que le virtuel?)』에서는 신체, 문화, 경제의 현대적 변화를 분석하였다. 몇몇 파국적 견해에 반대하여 이 책에서는 현대 가상 세계에 대해 인간화를 추구하는 것으로 분석하였다.

그가 현재 추구하는 가장 큰 프로젝트로서 내재성 철학 시스템을 개발중에 있다. 이것은 본질적으로 하이퍼텍스트적이며 아이콘 방식을 사용한다. 또한 웹에서 상호 작용식으로 검색되며, 철학과 인문과학 연구의 방향 표지판 역할과 교육 분야에서 연구-실천 매체가 될 것이다.

그는 수백 회의 학회 발표와 논문을 실었으며, 10권의 저서를 출판했는데, 그 중에는 다음의 것들이 있다.

▷『사이버 문화(*Cyberculture*)』(Odile Jacob, Paris, 1997), 카탈랑 번역, 이테리어 번역(예정) 등).
▷『가상 현실이란 무엇인가?(*Qu'est-ce que le virtuel?*)』(La Découverte, Paris, 1995, 150p.), 미국, 독일, 이탈리아, 브라질, 스페인, 그리스에서 번역 혹은 번역 예정.
▷『집단적 지능 사이버 공간의 인류학(*L'intelligence collective. Pour une anthropologie du cyberspace*)』(La Découverte, Paris, 1994, 245p.), 미국, 브라질, 한국, 독일, 이탈리아, 포르투갈에서 번역.
▷『지식의 나무(*Les arbres de connaissances*)』(Michel Authier

공저, La Découverte, 1992, 180p.), 이탈리아, 브라질, 포르투갈에서 번역.

▷『예술의 하나로 생각된 프로그래밍에 대해(*De la programmation considérée comme un des beaux-arts*)』(La Découverte, Paris, 1992, 245p.).

▷『역동적 표의표기법 인공적 상상을 향하여(*L'ideographie dynamique. Vers une imagination artificielle?*)』(La Découverte, Paris, 1991, 180p.), 포르투갈, 브라질 번역.

▷『지식의 테크놀로지, 정보화 시대의 사고의 미래(*Les technologies de l'intelligence. L'avenir de la pensée à l'ère informatique*)』(La Découverte, Paris, 1990, 234p. Seuil출판사의 Points-sciences 시리즈에 1993년 재판), 스페인어, 이탈리아어, 브라질어, 포르투갈어 번역.

▷『기계 세계, 정보 과학의 창조, 인식, 문화(*La Machine Univers. Création, cognition et culture informatique*)』(La Découverte, Paris, 1987, 240p. Seuil출판사의 Points-sciences 시리즈에 1992년 재판), 브라질, 포르투갈에서 번역.

◆ 한국어 번역판을 위해 서문을 보내준 것에 그치지 않고, 자신의 현재 생각을 정리한 후기를 보내준 저자의 열정에 경의를 표한다. 참고로 저자 관련 인터넷 페이지 주소를 몇 개 나열하겠다.

▷http : // www.ipct.pucrs.br / istec / praxis / biolev.htm

▷http : // www.archipress.org / press / levy.htm

▷http : // www.cplus.fr / html / cyberculture / cyberculture / levy.htm

■ 찾아보기

【다】

【라】

【마】

【바】

【사】

【아】

【자】

【차】

【카】

【타】

【파】

【하】

□ 강형식

연세대학교에서 문학 박사(불어학 전공) 학위를 받았으며, 현재 한남대학교 교수로 있다. 기욤언어학 관련 연구 및 정보 처리 관련 프로젝트를 수행하고 있다.

□ 임기대

파리7대학에서 언어학 박사(언어학사 전공) 학위를 받았으며, 현재 한남대학교와 배재대학교 강사로 있다. 언어학사 관련 연구를 수행하고 있다.

지능의 테크놀로지

정보화 시대의 사고의 미래

초판 1쇄 인쇄 / 2000년 8월 25일
초판 1쇄 발행 / 2000년 8월 30일

지은이 / 피에르 레비
펴낸이 / 강형식 · 임기대
펴낸곳 / 철학과현실사
서울특별시 서초구 양재동 338의 10호
전화 579—5908～9

등록일자 / 1987년 12월 15일(등록번호 : 제1—583호)

ISBN 89-7775-303-1 03300
*잘못된 책은 바꾸어 드립니다.

값 12,000원